# Guia DE Escrita

COMO CONCEBER UM TEXTO COM
CLAREZA, PRECISÃO E ELEGÂNCIA

Proibida a reprodução total ou parcial em qualquer mídia
sem a autorização escrita da editora.
Os infratores estão sujeitos às penas da lei.

A Editora não é responsável pelo conteúdo deste livro.
O Autor conhece os fatos narrados, pelos quais é responsável,
assim como se responsabiliza pelos juízos emitidos.

Consulte nosso catálogo completo e últimos lançamentos em **www.editoracontexto.com.br**.

# STEVEN PINKER

# *Guia de Escrita*

COMO CONCEBER UM TEXTO COM
CLAREZA, PRECISÃO E ELEGÂNCIA

*Tradução e apresentação
da edição brasileira*
**Rodolfo Ilari**

The Sense of Style *Copyright* © 2014 by Steven Pinker.
All rights reserved.

Direitos para publicação no Brasil adquiridos
pela Editora Contexto (Editora Pinsky Ltda.)

*Montagem de capa e diagramação*
Gustavo S. Vilas Boas

*Revisão de tradução*
Mayumi Denise Senoi Ilari
Mirna Pinsky

*Revisão*
Lilian Aquino
Daniela Marini Iwamoto

Dados Internacionais de Catalogação na Publicação (CIP)
Andreia de Almeida CRB-8/7889

Pinker, Steven
Guia de escrita: como conceber um texto com clareza, precisão
e elegância / Steven Pinker; tradução de Rodolfo Ilari. –
1. ed., 1ª reimpressão. – São Paulo : Contexto, 2018.
256 p.

Bibliografia
ISBN 978-85-7244-974-8

Título original: The sense of style: the thinking person's guide
to writing in the 21$^{st}$ century

1. Redação técnica  2. Linguística  3. Linguagem e línguas
4. Escrita  I. Título  II. Ilari, Rodolfo

16-0852 CDD 469.8

Índices para catálogo sistemático:
1. Redação técnica

2018

EDITORA CONTEXTO
Diretor editorial: *Jaime Pinsky*

Rua Dr. José Elias, 520 – Alto da Lapa
05083-030 – São Paulo – SP
PABX: (11) 3832 5838
contexto@editoracontexto.com.br
www.editoracontexto.com.br

# Sumário

**Introdução** ............................................................ 7
**Prólogo** ................................................................ 13

**Escrever bem** ....................................................... 23
**Uma janela para o mundo** ................................... 41
**A maldição do conhecimento** ............................... 79
**A rede, a árvore e a sequência** ........................... 103
**Arcos de coerência** ............................................ 177

**Agradecimentos** ................................................ 239
**Glossário** ........................................................... 241
**Referências** ....................................................... 249
**O autor** ............................................................. 253
**O tradutor** ......................................................... 255

# Introdução

Qualquer editora do mundo se orgulharia de ter Steven Pinker em seu catálogo, mas o que justifica a publicação deste livro é que ele tem muito a dizer ao leitor brasileiro. Em primeiro lugar, porque entre os dois contextos – o brasileiro e o americano – há muitos pontos em comum: lá como aqui é forte a crença de que a língua está se deteriorando em consequência do descaso com que é tratada pelas últimas gerações, e por efeito das novas mídias, que estariam jogando sobre o vernáculo a última pá de cal. Segundo Pinker, essa ideia é não só incorreta (as pessoas escrevem mais do que nunca, precisamente graças ao e-mail e às redes sociais), mas nociva. Além disso, embora seja possível, lá como aqui, encontrar manuais de estilo notáveis, esses livros preocupam-se sobretudo em apontar o certo e o errado a respeito de determinadas construções, ou em passar recomendações muito genéricas (como a de cortar todas as palavras "desnecessárias"). Pinker reconhece que muitas dessas recomendações têm um fundo de razão, mas adverte que sua aceitação incondicional cria mais problemas do que resolve.

Mais do que tomar partido em velhas questões de correção ou oferecer recomendações genéricas, interessa a Pinker construir, para seus leitores, um modo novo de conceber a atividade da escrita. Nessa construção entra a convicção de que a escrita (ao contrário da fala) não é uma atividade natural, mas que é possível resgatá-la dessa condição encarando-a na perspectiva de uma metáfora-guia pela qual o papel do escritor não é "informar", "comunicar" ou "comentar" fatos, mas sim mostrar coisas do mundo. É o ideal de texto que ele denomina "prosa clássica", desenvolvido pelos estudiosos americanos contemporâneos Francis Noël Thomas e Mark Turner, que por sua vez o estudaram em dois importantes autores franceses do século XVII: Descartes e La Rochefoucauld. Para quem persegue esse ideal, a prosa é uma janela para o mundo, e sua maior virtude não é a capacidade de reter nossa atenção (realizando, quem sabe, a função poética de que falava Jakobson), mas sim a de mostrar coisas com a maior transparência possível. Como realizar esse ideal de transparência? Quais os obstáculos a superar?

Segundo Pinker, os maiores entraves não são encontrados nem no assunto, nem na língua, nem na falta de preparo dos leitores, mas no próprio escritor. Quanto mais ele for versado numa determinada área de conhecimento, mais tende a expressar-se numa linguagem especializada e hermética, fugindo da linguagem de todos os dias. É o fenômeno que ele denomina "maldição do conhecimento", cujas manifestações, nas sociedades tecnologicamente avançadas, vão desde a incompreensibilidade dos manuais de instalação e uso dos aparelhos eletrônicos de última geração, até a obrigação de suportar tantas línguas de especialistas (o economês, o juridiquês e o computadorês são apenas algumas delas). Ressaltemos que, na exposição de Pinker, a "maldição do conhecimento" não é apenas uma vaga tendência à qual os escritores estão naturalmente sujeitos: ela se manifesta em escolhas verbais inoportunas, que tornam pesada a leitura de seus textos. Para mostrar o que entende por escolhas inoportunas, Pinker comenta um bom número de exemplos de prosa ruim, e isso dá a seu texto um caráter eminentemente prático; invariavelmente apoiadas na descrição sintática, suas observações nunca perdem de vista a metáfora-guia: quando uma determinada escolha verbal é declarada questionável (como é o caso do uso excessivo de termos abstratos e nominalizações), o motivo nunca é a obediência a uma tradição que se mantém por inércia, mas uma dificuldade de compreensão que os leitores sentem concretamente em seu contato com textos reais, e que o escritor tinha a obrigação de evitar. Há, em suma, neste livro, muita análise de textos reais, originários de várias áreas e, como não poderia deixar de ser, essa análise é no mais das vezes uma análise... sintática.

Para os mais velhos dentre os leitores brasileiros, a palavra "sintaxe" evoca o antigo exercício da escola que consistia em recortar sentenças ou períodos gramaticais, atribuindo funções "sintáticas" às palavras e aos grupos de palavras. Mesmo quando esse exercício era praticado seriamente, suas motivações nunca chegavam a ser explicitadas. Para leitores mais jovens, é possível que a palavra "sintaxe" evoque representações da sentença inspiradas pela gramática gerativa ou por outro modelo linguístico prestigiado das últimas décadas. Pinker vai além de tudo isso, e dá um sentido à sintaxe, explicando-a como uma espécie de aplicativo, que transforma em sequências lineares de palavras as redes de conexões que temos em nossa mente. É, pois, a sintaxe que torna comunicáveis nossos pensamentos; mas ao mesmo tempo que opera essa espécie de milagre enquadrando as coisas que pensamos em suas árvores, também faz com que nossos pensamentos se encaixem nos moldes disponibilizados pela língua, e a escolha entre esses moldes pode ser mais ou menos "amigável" do ponto de vista do processamento feito por nossos leitores ou ouvintes. Dizer isso é confirmar que um profundo conhecimento das opções oferecidas pela sintaxe é essencial para quem escreve, não para garantir uma expressão correta (embora seja desejável escrever corretamente), mas para apresentar ao leitor as formulações mais favoráveis em termos de processamento. No Brasil, entre os estudiosos de Linguística, mais particularmente entre os que ensinam a língua materna, essa ideia de Pinker merece ser trabalhada a fundo porque confirma a importância da sintaxe no estudo da língua materna, ao mesmo tempo que lança uma ponte entre duas práticas que, desde o advento da Linguística (mas não por culpa da Linguística), foram sendo representadas como incompatíveis. Cobrar do escritor que saiba sintaxe para antecipar-se ao modo como o leitor processará seus escritos constitui um passo enorme, que só seria possível a partir de uma reflexão inspirada pela pesquisa mais avançada sobre processamento mental. Mas aqui também importa assinalar que o livro traz inúmeras amostras concretas de textos que acabam por exemplificar uma rica série de opões gramaticais possíveis: os fenômenos descritos (voz ativa *vs.* voz passiva, colocação de adjuntos, omissão do sujeito) são às vezes os mesmos que vinham apontados em manuais mais antigos, mas o autor os submete a um tratamento inteligente, pelo qual parece impossível passar sem um ganho de conhecimento enorme a respeito das possibilidades da língua.

O último capítulo desta edição de *Guia de escrita* é dedicado à coerência. Velha conhecida dos estudiosos de Linguística Textual, a coerência é um tema de tratamento difícil, porque obriga a considerar textos relativamente extensos e não pode ser reduzida a um pequeno inventário de esquemas (como seria o caso da sintaxe). Para falar de coerência, Pinker usa uma definição intuitiva (é preciso que as sentenças "fluam") e enfrenta a tarefa nada fácil de comparar textos em que a coerência é perfeita com outros cuja compreensão fica prejudicada precisamente por falhas de coerência. Seus principais materiais de trabalho são, nesse caso, um artigo sobre pássaros escrito para um jornal local e um tratado acadêmico sobre a guerra que alcançou grande prestígio em meados do século xx, e ele não hesita em declarar que há mais coerência no primeiro do que no segundo, valendo como prova os impasses que os leitores encontram neste, e como explicação a organização que os dois autores dão à sua matéria, levando em conta as expectativas dos leitores. Mais uma vez, Pinker parte de reflexões teóricas sólidas (como a velha classificação de Hume a respeito das relações possíveis entre pensamentos) para fundamentar uma análise cujos objetos são textos variados de nossos dias; a riqueza e a lucidez de seus comentários fazem deles um modelo de análise.

Com os parágrafos que precedem, penso ter mostrado ao leitor que este livro dá a oportunidade de refletir sobre alguns princípios ricos em consequências: que a escrita é uma forma de mostrar o mundo, que o conhecimento pode nos tornar incapazes de comunicar, que a sintaxe pode ser colocada a serviço da clareza, que, trabalhando a língua de nossas frases, damos fluência, isto é, coerência a nossos textos. Parece impossível passar por toda essa discussão e pelas densas e divertidas passagens de análises que a acompanham sem começar a ver a atividade de redigir com novos olhos. Mas nesse ponto, qualquer leitor teria o direito de perguntar: "Como fica a questão da correção? De que adianta tudo isso que aprendi se um único erro de concordância ou regência, ou uma escolha inadequada de palavras, basta para comprometer a aceitação do que escrevo?" Steven Pinker se colocou essa questão e dedicou ao problema um capítulo inteiro, o último e mais extenso da edição americana, no qual discute minuciosamente questões de certo e errado da língua inglesa que têm sido motivo de polêmica nos jornais, nos meios de comunicação, nos manuais de redação tradicionais e, hoje, na internet. Um exemplo dessas discussões é se o cartaz do caixa rápido dos supermercados deveria dizer *"Ten items or less"* ou *"Ten items or fewer"*. Esse capítulo tem o grande mérito de mostrar que muitas dessas dúvidas foram criadas artificialmente por pessoas que querem ignorar a mudança da língua ou que veem em determinadas escolhas uma possibilidade de aparentar cultura. Não há dúvida de que essa explicação se aplica em cheio, no Brasil, a quem tenta nos convencer de que a forma correta da quadrinha não é "Batatinha quando nasce esparrama pelo chão", mas "Batatinha quando nasce espalha a rama pelo chão". No entanto o último capítulo da edição americana não foi traduzido pela simples razão de que interessaria sobretudo a leitores que já têm um conhecimento avançado do inglês, e que, portanto, têm condições de ler o original. A edição brasileira foi pensada, ao contrário, para leitores de língua portuguesa.

A questão de como tratar os exemplos de Pinker, que são todos exemplos em inglês, teve, aliás, que ser colocada para o livro como um todo: nos cinco capítulos que constituem a edição brasileira, a maioria dos exemplos foram mantidos em inglês e vêm acompanhados por uma tradução tanto quanto possível literal, acrescida eventualmente de algum comentário do tradutor. Optei por reproduzir os trechos que são analisados do ponto de vista da forma (em sua sintaxe, em sua fonologia, por exemplo) sempre que a tradução portuguesa dificultaria a compreensão das análises feitas pelo autor. Isso me levou a considerar cada caso individualmente, numa análise nem sempre fácil, na qual tive que correr o risco de cometer incoerências. De um modo geral, os trechos mais longos que Pinker cita têm a função de exemplificar o que ele entende por escrita original (como no capítulo inicial), ou para falar de coerência/incoerência, como no último capítulo traduzido. Os comentários que ele faz quando fala desses longos trechos não perdem sua pertinência quando são aplicados à tradução portuguesa. Sempre que isso me pareceu ser o caso, deixei de incluir o trecho em inglês. Achei que essa era a maneira mais honesta de lidar com esses exemplos. Num livro escrito com grande inteligência, entendi que seria legítimo contar com um leitor disposto a comparar e refletir.

Concluo dizendo que a tradução deste livro foi para mim um grande desafio e uma grande aventura, mas principalmente uma grande experiência de leitura. Desejo aos que o lerem a mesma satisfação e o mesmo proveito.

Rodolfo Ilari, tradutor.

# Prólogo

Amo manuais de estilo. Desde que me mandaram estudar *Elements of Style*, de Strunk e White, num curso de Introdução à Psicologia, os guias de redação têm sido um dos meus gêneros literários preferidos. Não é só porque considero bem-vindo um apoio no desafio de sempre aperfeiçoar a habilidade de escrever. É também porque um aconselhamento confiável nesse campo precisa ser bem escrito, e os melhores manuais são boas amostras de seu próprio aconselhamento. Os apontamentos do curso sobre a escrita de William Strunk, que seu aluno Elwin Brooks White transformou no famoso livrinho deles, traziam pérolas de autoexemplificações como "Escreva com substantivos e verbos", "Ponha as palavras enfáticas da sentença no final" e, a melhor de todas, sua diretriz fundamental: "Corte as palavras desnecessárias". Muitos estilistas eminentes aplicaram seu talento para explicar sua arte, entre eles Kingsley Amis, Jacques Barzun, Ambrose Bierce, Bill Bryson, Robert Graves, Tracy Kidder, Stephen King, Elmore Leonard, F. L. Lucas, George Orwell, William Safire e, naturalmente, o próprio White, amado autor de *Charlotte's Web* e *Stuart Little**. Eis como o grande ensaísta recorda seu professor:

> Nos dias em que eu assistia às suas aulas, ele cortava tantas palavras desnecessárias e as omitia de maneira tão forçada e com tanta gana e evidente satisfação que, muitas vezes, parecia ter se enganado de propósito – como alguém que ficou sem assunto, mas precisou encher o tempo, como um radialista enchendo linguiça. William Strunk se safava dessa situação com um truque simples: dizia três vezes cada frase. Quando, em classe, falava sobre brevidade, costumava se debruçar sobre a mesa, agarrava as lapelas do paletó com as mãos e dizia com voz rouca e conspiratória: "Regra dezessete. Corte as palavras desnecessárias! Corte as palavras desnecessárias! Corte as palavras desnecessárias!".[1]

Gosto de ler os manuais de estilo também por outra razão – a mesma que leva botânicos para o jardim e químicos para a cozinha: é uma aplicação prática de nossa ciência. Sou psicolinguista e cientista da cognição, e, afinal, o que é o estilo se não o uso efetivo das palavras para acionar a mente humana? É portanto muito cativante para alguém que quer explicar esses campos para um público leitor amplo. Penso no modo como a língua funciona para explicar da melhor maneira possível como a língua funciona.

Mas minha relação profissional com a língua tem me levado a ler os manuais tradicionais com um sentimento crescente de mal-estar. Strunk e White, apesar da grande sensibilidade intuitiva para o estilo, tinham um entendimento fraco de gramática.[2] Definiam erradamente termos como *frase*, *particípio* e *oração relativa* e, ao afastar os leitores dos verbos passivos, orientando-os para verbos transitivos ativos, lidavam mal com exemplos de ambos. Por exemplo, não é verdade que *There were a great number of dead leaves lying on the ground* [*Havia um grande número de folhas mortas pousadas no chão*] esteja na voz passiva, nem que *The cocks crow came with dawn* [*O canto triunfante dos galos chegou com o nascer do sol*] contenha um verbo transitivo. Por falta de ferramentas para analisar a língua, eles se debatiam frequentemente com dificuldades ao transformar suas intuições em conselhos, ape-

---

\* N.T.: Dois clássicos da literatura infantil norte-americana que, mais recentemente, ganharam adaptação à língua portuguesa na forma de DVDs, com os títulos *O pequeno Stuart Little* e *A menina e o porquinho*.

lando inutilmente para o "ouvido" do leitor. E parecem não ter percebido que um ou outro de seus conselhos se contradizia a si próprio: *"Many a tame sentence... can be made lively and emphatic by substituting a transitive in the active voice"* ["Muitas sentenças inexpressivas podem ser tornadas sentenças vívidas e enfáticas se nelas for introduzido um verbo transitivo na voz ativa"] usa a voz passiva para alertar contra a voz passiva. George Orwell, em seu alardeado *Politics and the English Language*, caiu na mesma armadilha quando, sem ironia, fez pouco da prosa na qual "a voz passiva é usada sempre que possível de preferência à voz ativa".[3]

Autocontradições à parte, sabemos hoje que pedir aos escritores que evitem a voz passiva é um mau conselho. A pesquisa linguística mostrou que a construção passiva tem inúmeras funções indispensáveis devido ao modo como mobiliza a atenção e a memória do leitor. Um escritor habilidoso precisa saber quais são essas funções e resistir aos revisores que, influenciados por manuais de estilo gramaticalmente limitados, trocam por uma construção ativa qualquer construção passiva que encontram pela frente.

Os manuais de estilo que são ingênuos em matéria de Linguística também são deficientes quanto a um aspecto da escrita que envolve mais emoção: o uso correto e incorreto. Muitos manuais de estilo encaram as regras tradicionais do uso da mesma forma que os fundamentalistas encaram os Dez Mandamentos: como leis infalíveis esculpidas em safira que existem para serem cumpridas pelos mortais sob pena de danação eterna. Mas os céticos e os livres pensadores que sondam a história dessas regras descobriram que elas pertencem a uma tradição oral feita de folclore e mito. Os manuais que são crédulos acerca da infalibilidade das regras tradicionais prestam um mau serviço aos escritores por várias razões. Embora algumas dessas regras possam aperfeiçoar a prosa, muitas comprometem a qualidade, e quem escreve se dá melhor ignorando-as. As regras, com frequência, misturam questões de correção gramatical, coerência lógica, estilo formal e de variedade linguística padrão, mas um escritor habilidoso precisa ter clareza dessas coisas. E os livros de estilo ortodoxos são mal equipados para lidar com um fato inescapável da língua: ela muda com o tempo. A língua não é um protocolo imposto por uma autoridade, mas um "sistema *wiki*" que reúne as contribuições de milhões de escritores e falantes, os quais submetem continuamente o idioma às suas necessidades e que, fatalmente, envelhecem, morrem e são substituídos pelos filhos, que modificam a língua por sua vez.

Os autores dos manuais clássicos encararam a língua na qual cresceram como imortal e perderam a chance de treinar o ouvido para as mudanças em curso. Strunk e White, escrevendo nas décadas iniciais e meados do século xx, condenaram verbos novos para aquelas épocas como *personalize, finalize, host, chair* e *debut* [*personalizar, finalizar, hospedar, presidir, estrear*] e alertaram os escritores para nunca usar *fix* no sentido de "consertar" ou *claim* no sentido de "declarar". E pior, justificaram sua irritação com racionalizações mirabolantes. "O verbo *contact* – argumentaram – é vago e arrogante. Evitem dizer que vocês *contact people* [*contatam as pessoas*]; digam que estão *in touch with them* [*interagem com elas*], *look them up* [*que as procuram*], *phone them* [*que vocês lhes telefonam*], *find them* [*as encontram*] ou *meet them up* [*têm encontros com elas*]. Mas é claro que a vagueza de *to contact* foi exatamente o motivo pelo qual esse verbo se firmou: às vezes, quem escreve não precisa saber de que modo uma pessoa se relaciona com outra, basta que o faça. Ou veja-se este raciocínio duvidoso para explicar por que um escritor só poderia usar numerais com a palavra *persons*, nunca com *people*: "Se de *six people*, cinco foram embora, quantos *people* ficaram? Resposta: *one people*". Pela mesma lógica, os escritores deveriam evitar usar numerais com plurais irregulares como *men, children* e *teeth* (Se de *six children*, cinco forem embora...").*

Na última edição publicada em vida, White bem que reconheceu que a língua tinha sofrido mudanças, instigadas por "jovens" que "falam com outros jovens numa linguagem só deles: reformam a língua com uma energia selvagem, como fariam com um apartamento no porão". A condescendência de White para com esses "jovens" (que agora estão todos aposentados) levou-o a predizer a aceitação de *nerd, psyched, ripoff, dude, geek* e *funky* [*nerd, surtado,*

---

\* N.T.: No sentido relevante para esta passagem, *people* refere-se sempre a uma pluralidade de pessoas. Para falar de uma única pessoa, *one people* é tão impróprio como *uma gente*.

*fraude, cara, vidrado em tecnologias, legal/bom*], todas formas depois incorporadas à língua.

As sensibilidades um tanto "grisalhas" dos especialistas em estilo são decorrência de subestimarem mudanças no idioma, e de não refletirem sobre sua própria psicologia. À medida que envelhecem, as pessoas confundem mudanças que ocorrem nelas com mudanças no mundo, e mudanças no mundo com decadência moral – é a ilusão dos bons tempos de outrora.[4] E assim, cada geração acredita que os jovens estão degradando a língua e afundando a civilização junto:[5]

> A língua comum está desaparecendo. Está sendo lentamente esmagada sob o peso do conglomerado verbal, uma pseudofala ao mesmo tempo pretensiosa e fraca, que é criada diariamente por milhões de asneiras e descuidos de gramática, sintaxe, fraseologia, metáfora, lógica e senso comum... Na história do inglês moderno não há nenhum período em que uma semelhante vitória sobre o pensamento-na-fala tenha sido tão ampla. – 1978

> Os recém-formados, inclusive aqueles com título universitário, parecem não ter absolutamente nenhum domínio da língua. Não conseguem construir uma sentença declarativa simples, oralmente ou por escrito. Não conseguem soletrar palavras correntes do dia a dia. A pontuação, pelo que parece, não é mais ensinada. A gramática é um absoluto mistério, para quase todos os recém-formados. – 1961

> De cada faculdade no país eleva-se o apelo, "Nossos calouros não sabem soletrar, não sabem pontuar". Todos os colégios estão desesperados, pois os alunos desconhecem os rudimentos básicos. – 1917

> O vocabulário da maioria dos alunos da escola média é espantosamente reduzido. Tenho tentado usar um inglês simples, e ainda assim, falando às classes, somente uma minoria dos alunos compreendia mais do que a metade do que eu dizia. – 1889

> A menos que se ponha um fim no atual avanço de mudanças... não resta dúvida de que, em um século, o dialeto dos americanos se tornará totalmente incompreensível para um inglês. – 1833.

> Nossa língua (quer dizer, o inglês) está degenerando muito rapidamente... estou começando a achar que vai ser impossível controlar isso. – 1785

As queixas sobre o declínio da língua são tão antigas quanto a invenção da tipografia. Depois de instalar a primeira na Inglaterra em 1478, William Caxton lamentava: *"And certaynly our language now vsed veryeth ferre from what whiche was vsed and spoken when I was borne"* ["E certamente nossa língua tal como é usada hoje difere de longe daquela que era usada e falada quando eu nasci"]. Na realidade, o pânico moral sobre o declínio da escrita pode ser tão antigo quanto a própria escrita.

*Non Sequitur* © Wiley Ink, Inc. Dist. by Universal Uclick. Reprinted with permission. All rights reserved.

O quadrinho não chega a ser um exagero. De acordo com o estudioso inglês Richard Lloyd-Jones, algumas das tabuletas decifradas do sumério antigo incluem queixas sobre a deterioração da habilidade de escrita dos jovens.[6]

Meu desconforto com manuais de estilo clássicos me convenceu de que precisamos de um guia do escritor para o século xxi. Não é que eu tenha a intenção (para não dizer capacidade) de suplantar os *Elements of Style*. As pessoas que escrevem serão beneficiadas em ler mais de um manual de estilo, e boa parte do conteúdo do "Strunk and White" (como é conhecido) é tão eterno como fascinante. Mas boa parte não é. Strunk nasceu em 1869, e os escritores de hoje não podem se apoiar exclusivamente nos conselhos de alguém que desenvolveu seu sentido do estilo antes da invenção do telefone (para não falar da internet), antes do advento da Linguística moderna e da Ciência Cognitiva, antes da onda de informalismo que varreu o mundo na segunda metade do século xx.

Um manual para o novo milênio não pode limitar-se a perpetuar os ditames dos manuais anteriores. As pessoas que escrevem hoje estão imbuídas do espírito de ceticismo científico e do *ethos* de questionar autoridade. Não se satisfariam com justificativas como "É assim que se faz" ou "Porque eu falei" e não merecem ser tratadas como incapazes, em qualquer idade. Corretamente, esperam explicações para qualquer conselho que lhes chega de cima.

Hoje, podemos dar essas explicações. Temos uma compreensão dos fenômenos gramaticais que vai muito além das taxionomias tradicionais, baseadas em analogias grosseiras com o latim. Temos um corpo de pesquisas sobre a dinâmica mental da leitura: o aumento e diminuição das cargas de memória à medida que os leitores compreendem uma passagem, o incremento do conhecimento à medida que captam o sentido, os becos sem saída que podem desnorteá-los. Temos um corpo de história e de crítica que permite distinguir as regras que favorecem a clareza, a graça e a ressonância emocional daquelas que se baseiam em mitos e equívocos. Substituindo o dogma relativo ao uso pela razão e pela evidência, espero não só evitar conselhos canhestros, mas também tornar meus conselhos mais fáceis de lembrar do que uma lista do que fazer e do que evitar. Fornecer os fundamentos ajudaria os escritores e revisores a aplicar criteriosamente as orientações conscientes do que lhes cabe fazer, e não como robôs.

Este *Guia de escrita* não é um manual de referência com respostas para cada dúvida sobre hifenização ou sobre uso da letra maiúscula. Não é um programa de recuperação para estudantes com má-formação e em busca do domínio das frases. Como os guias clássicos, foi pensado para pessoas que já sabem escrever, mas querem escrever melhor. Isso inclui estudantes que esperam aprimorar a qualidade de seus trabalhos, aspirantes a críticos e jornalistas que querem começar um *blog*, uma coluna ou uma série de resenhas, e profissionais que procuram se livrar de seu academiquês, burocratês, corporativês, legalês, mediquês ou oficialês. O livro também foi escrito para leitores que não procuram ajuda para escrever, mas se interessam pelas letras e pela literatura, e querem saber como as ciências da mente podem tornar mais claro o funcionamento da língua.

Meu foco é a não ficção, particularmente os gêneros que valorizam a clareza e a coerência. Mas, à diferença dos autores dos guias clássicos, não identifico essas virtudes com expressão austera, estilo formal e palavras diretas.[7] É possível escrever ao mesmo tempo com clareza e com discernimento. E embora a ênfase recaia sobre a não ficção, as explicações deveriam ser úteis também para os escritores de ficção, porque muitos princípios estilísticos se aplicam à descrição do mundo real e imaginário. Gosto de pensar que possam ser úteis também para poetas e oradores, e para outros artífices que têm como matéria-prima a palavra, pois estes também precisam conhecer os cânones da prosa rasteira para desconsiderá-los em busca de efeitos retóricos.

As pessoas me perguntam frequentemente se hoje alguém ainda liga para o estilo. A língua inglesa, dizem elas, enfrenta uma nova ameaça com o crescimento da internet e suas práticas de *"texting"* tuítes, e-mails e salas de chat. Certamente a arte da escrita declinou, comparando com antes dos *smartphones* e da web. Você se lembra daquele tempo, não? Lá pelos anos 1980, quando os adolescentes falavam em parágrafos fluentes, os burocratas escreviam num inglês claro e todo trabalho acadêmico era uma obra-prima na arte do ensaio? (Ou seria nos anos 1970?) O problema com a teoria de que a internet-está-nos-tornando-analfabetos, claro, é que a prosa ruim oprimiu os leitores em todos os tempos. O professor Strunk tentou fazer alguma coisa a esse respeito em 1918, quando Evelyn White, então jovem, frequentava suas aulas de inglês em Cornell.

O que os derrotistas de hoje não conseguem perceber é que, precisamente, o que eles deploram é que as mídias faladas – rádio, telefone, televisão – estão cedendo o lugar para mídias escritas. Não faz muito tempo, o rádio e a televisão eram acusados de estarem destruindo a língua. Mais do que nunca, agora a moeda corrente de nossas vidas sociais e culturais é a palavra escrita. E nem tudo é fanfarrice semianalfabeta do folclore da internet. Surfando um pouco, vê-se que muitos usuários da internet valorizam a linguagem clara, gramatical, em boa ortografia e pontuação, não só nos livros impressos e nas mídias tradicionais, mas também nos zines eletrônicos, nos blogs, nos verbetes de Wikipedia, nas avaliações de consumidores, e mesmo em boa parte dos e-mails. Levantamentos mostraram que universitários estão escrevendo mais do que seus colegas de gerações anteriores, e que não fazem um número de erros maior por página.[8] E, contradizendo uma lenda urbana, não salpicam seus trabalhos com carinhas sorridentes e abreviações de mensagens instantâneas como imho e L8TR* mais do que as gerações anteriores se equivocavam no uso das preposições e artigos, pelo hábito de omitir essas palavras nos telegramas. Os membros da geração da internet, como todos os usuários da língua, ajustam a formulação de suas frases ao contexto e à audiência e têm uma boa noção do que é adequado na escrita formal.

O estilo continua importante por pelo menos três razões. Em primeiro lugar, ele garante que os escritores conseguirão que suas mensagens cheguem aos destinatários, poupando os leitores de esbanjar preciosos momentos de vida com a decifração de uma prosa opaca. Quando esse esforço fracassa, o resultado pode ser calamitoso – como apontaram Strunk e White: "morte na rodovia causada por uma placa de sinalização com legenda mal redigida; mágoa entre os namorados causada por uma expressão mal colocada numa carta bem intencionada; angústia de um viajante que conta com um encontro numa estação de trem, e não é encontrado por causa de um telegrama negligente". Governos e grandes empresas descobriram que pequenos aperfeiçoamentos na clareza podem evitar grandes quantidades de erros, frustrações e desperdícios,[9] e muitos países recentemente decidiram tornar clara a língua das leis válidas em seu território.[10]

Em segundo lugar, o estilo traz confiança. Se os leitores percebem que um autor se preocupa com a coerência e qualidade de sua prosa, confiarão que ele se preocupa também com outras virtudes na conduta que não podem ser verificadas com a mesma facilidade. Eis como um executivo do ramo da tecnologia explica por que recusa candidaturas de emprego cheias de erros de gramática e pontuação: "Se alguém leva mais de vinte anos para fazer o uso correto de *it's*, essa é uma curva de aprendizado com a qual não me sinto à vontade."[11] E se isso não basta para levar você a polir sua prosa, considere a revelação do site de encontros OKCupid, de que uma gramática ou uma ortografia descuidada em um perfil são poderosas "duchas de água fria". Como disse um cliente: "Quem está tentando marcar

---

\* N.T.: "*In my humble opinion*", isto é, "na minha modesta opinião" e "*later*", isto é, "mais tarde".

encontro com uma mulher não espera uma prosa floreada de Jane Austen. Mas não deveria dar a melhor impressão de si?".[12]

Em particular, o estilo acrescenta beleza ao mundo. Para um leitor culto, uma sentença concisa, uma metáfora surpreendente, um aparte espirituoso, uma formulação elegante estão entre os maiores prazeres da vida. E, como veremos no primeiro capítulo, é por essa qualidade pouco prática da boa escrita que o esforço prático de dominar o escrever bem precisa começar.

## NOTAS

[1] Extraído da introdução de *The Elements of Style* (Strunk & White, 1999), p. xv.

[2] Pullum, 2009, 2010; Jan Freeman, "Clever horses: Unhelpful advice from 'The Elements of Style'", *Boston Globe*, 12 de abril de 2009.

[3] Williams, 1981; Pullum, 2013.

[4] Eibach & Libby, 2009.

[5] Exemplos tirados de Daniels, 1983.

[6] Lloyd-Jones, 1976, citado em Daniels, 1983.

[7] Ver Garvey, 2009, para uma discussão das críticas feitas a Strunk & White por sua insistência no estilo plano. Ver também Lanham, 2007, para uma crítica da abordagem unidimensional do estilo que percorre o que ele chama de "Os livros"("The Books").

[8] Herring, 2007; Connor & Lunsford, 1988; Lunsford & Lunsford, 2008; Lunsford, 2013; Thurlow, 2006.

[9] Adams & Hunt, 2013; Cabinet Office Behavioural Insights Team, 2012; Sunstein, 2013.

[10] Schriver, 2012. Para mais leituras sobre as leis do *"plain language"*, ver Center for Plain Language (http://centerforplainlanguage.org) e as organizações Plain (http:// www.plain-language.gov) e Clarity (http:// www.clarity-international.net).

[11] K. Wiens, "I won't hire people who use poor grammar. Here's why", *Harvard Business Review Blog Network*, 20 de julho de 2012. http:// blogs. hbr.org/cs/2012/07/i_ wont_ hire_people_who_use_poo.html.

[12] http:// blog. okcupid. com/ index. php/online-dating-advice-exactly-what-to-say-in-a-first-message/. O trecho citado provém do escritor Twist Phelan em "Apostrophe now: Bad grammar and the people who hate it", BBC *News Magazine*, 13 de maio de 2013

# Escrever bem

**ENGENHARIA REVERSA.
A BOA PROSA COMO CHAVE PARA
DESENVOLVER UMA SENSIBILIDADE DE ESCRITOR**

"A educação é uma coisa admirável", escreveu Oscar Wilde, "mas é bom lembrar de tempos em tempos que nada digno de ser conhecido pode ser ensinado".[1] Em momentos difíceis da escrita deste livro, temi às vezes que Oscar Wilde estivesse certo. Quando indaguei a alguns escritores de sucesso que manuais de estilo tinham consultado durante seu aprendizado, a resposta mais comum foi "nenhum". Disseram que escrever, para eles, aconteceu naturalmente.

Eu seria o último dos mortais a duvidar que os bons escritores foram abençoados com uma dose inata de fluência mais sintaxe e memória para as palavras. Mas ninguém nasceu com competência para redigir em inglês enquanto tal. Essa competência pode não ter se originado nos manuais de estilo, mas deve ter vindo de algum lugar.

Esse algum lugar é a escrita de outros escritores. Bons escritores são leitores ávidos. Assimilaram um grande inventário de palavras, expressões idiomáticas, construções, tropos e truques retóricos e, com eles, a sensibilidade para o modo como se combinam ou se repelem. Essa é a ardilosa "sensibilidade" de um escritor hábil – o tácito sentido de estilo que os manuais de estilo honestos, concordando com Wilde, admitem ser impossível ensinar explicitamente. Os biógrafos dos grandes autores sempre tentam rastrear os livros que seus personagens leram na juventude, porque sabem que essas fontes escondem o segredo de seu aperfeiçoamento como escritores.

Eu não teria escrito este livro se não acreditasse, ao contrário de Wilde, que muitos princípios do estilo podem, sim, ser ensinados. Mas o ponto de partida para alguém tornar-se um bom escritor é ser um bom leitor. Os escritores adquirem sua técnica identificando, saboreando e aplicando engenharia reversa em exemplos de boa prosa. O objetivo deste capítulo é oferecer um vislumbre de como isso se faz. Separei quatro trechos de prosa do século XXI, diferentes em estilo e conteúdo, e vou pensar em voz alta, à medida que tento entender o que explica seu bom funcionamento. Meu propósito não é elogiar esses trechos como se estivesse entregando um prêmio, nem fazer deles modelos a serem imitados. Quero ilustrar, espreitando meu fluxo de consciência, o hábito de debruçar-se sobre bons exemplos de escrita sempre que esbarramos neles, refletindo sobre o que os torna bons.

Saborear boa prosa não é apenas uma maneira mais efetiva de desenvolver uma sensibilidade de escritor do que obedecendo a comandos; é também uma maneira mais atraente. Muitas recomendações sobre estilo são severas e cheias de censuras. Um *best-seller* recente recomendava "tolerância zero" para com os erros, e brandia as palavras *horror, satânico* e *queda dos padrões* em sua primeira página. Os manuais clássicos, escritos por ingleses engomados e ianques inflexíveis, tentam tirar toda a graça do escrever, conjurando obstinadamente o escritor a evitar palavras excêntricas, figuras de linguagem e aliterações divertidas. Uma famosa advertência dessa escola passa o limite entre o obstinado e o infanticida: "Sempre que você sentir um impulso para perpetrar uma amostra de escrita excepcionalmente boa, siga-o sem reservas e apague-a em seguida, antes de mandar seu manuscrito para o editor. *Mate seus bem-amados*".[2]

Um aspirante a escritor poderia ser perdoado por pensar que aprender a escrever é como enfrentar um percurso de obstáculos num campo de treinamento, com um sargento berrando em seu ouvido. Em vez disso, por que não encarar esse aprendizado como algo prazeroso, como cozinhar ou fotografar? Aperfeiçoar a própria competência num ofício é programa para uma vida, e os erros fazem parte do jogo. Embora a busca por aperfeiçoamento possa ser alimentada por lições e aprimorada pela prática, tem que ser estimulada antes de mais nada pelo prazer da leitura dos mestres e pelo desejo de alcançar a excelência deles.

> We are going to die, and that makes us the lucky ones. Most people are never going to die because they are never going to be born. The potential people who could have been here in my place but who will in fact never see the light of day outnumber the sand grains of Arabia. Certainly, those unborn ghosts include greater poets than Keats, scientists greater than Newton. We know this because the set of possible people allowed by our DNA so massively exceeds the set of actual people. In the teeth of these stupefying odds it is you and I, in our ordinariness, that are here.

> Vamos morrer, e isso faz de nós os premiados pela sorte. A maioria das pessoas nunca vão morrer, porque nunca vão nascer. As pessoas que, por hipótese, poderiam estar aqui no meu lugar, mas que de fato nunca verão a luz do dia, ultrapassam os grãos de areia da Arábia. Certamente, esses fantasmas não nascidos incluem poetas maiores do que Keats, cientistas maiores do que Newton. Sabemos disso porque o conjunto de possíveis pessoas permitidas por nosso DNA excede amplamente o conjunto das pessoas reais. Nas garras dessas estonteantes improbabilidades, somos eu e você, com nossa insignificância, que estamos aqui.

Nas linhas iniciais do livro *Unweaving the Rainbow* [*Destecendo o arco-íris*], Richard Dawkins, intransigente ateu e incansável advogado da ciência, explica por que sua visão de mundo, ao contrário do que temem os românticos e os religiosos, não extingue um sentido de perplexidade ou um apreço pela vida.[3]

*We are going to die, and that makes us the lucky ones* [*Vamos morrer, e isso faz de nós os premiados pela sorte*]. Uma boa escrita começa forte. Não com um clichê ("Desde o começo dos tempos"), não com uma banalidade ("Recentemente, os estudiosos têm-se preocupado cada vez mais com a questão do..."), mas com uma observação rica em conteúdo que provoca curiosidade. O leitor de *Unweaving the Rainbow* abre o livro e recebe um bofetão: um lembrete do fato mais aterrador que conhecemos, seguido de uma elaboração paradoxal. Temos sorte porque vamos morrer? Quem não gostaria de saber o resto do raciocínio? A aspereza do paradoxo é reforçada pelo modo de dizer e pela métrica: palavras breves e simples, um monossílabo acentuado seguido por seis pés iâmbicos.

*Most people are never going to die* [*A maioria das pessoas nunca vão morrer*]. A resolução do paradoxo – que uma coisa ruim, morrer, implique uma coisa boa, ter vivido – é explicada por construções paralelas: nunca estar para morrer, nunca estar prestes a nascer. A próxima sentença restabelece o contraste, também numa linguagem paralelística, mas evita o tédio de repetir palavras mais de uma vez, justapondo idiomatismos conhecidos que têm o mesmo ritmo: *been here in my place... see the light of day* [*estar aqui em meu lugar... ver a luz do dia*].

*The sand grains of Arabia* [*os grãos de areia da Arábia*]. Um toque poético, mais adequado à grandeza que Dawkins procura evocar do que um adjetivo sem cor como *massive* ou *enormous* [*maciço, enorme*]. A expressão é salva do risco de parecer um clichê por uma formulação diferenciada (*sand grains* em vez de *sands*) e por soar vagamente exótica. A frase *sands of Arabia*, embora fosse comum no início do século XIX, decaiu em popularidade desde então, e nem mesmo existe hoje um lugar que seja chamado correntemente de Arábia; os nomes para esse lugar são hoje Arábia Saudita ou Península Arábica.[4]

*Unborn ghosts* [*Fantasmas não nascidos*]. Uma imagem vívida, para passar a noção abstrata de uma combinação de genes matematicamente possível, e um astuto reaproveitamento de um conceito sobrenatural para apresentar um argumento naturalista.

*Greater poets than Keats, scientists greater than Newton* [*Poetas maiores do que Keats, cientistas maiores do que Newton*]. O paralelo é uma poderosa figura de linguagem, mas depois de morrer e nascer, estar em meu lugar e ver a luz do dia, já chega. Para evitar a monotonia, Dawkins inverte a estrutura de uma das linhas nesse par. A frase alude sutilmente a outra reflexão sobre genialidade não realizada: "*Some mute inglorious Milton here may rest*", da "Elegy Written in a Country Churchyard" ["Um Milton mudo e inglório pode estar descansando aqui", da "Elegia escrita num cemitério de igreja do campo"] de Thomas Gray.

*In the teeth of these stupefying odds* [*nas presas dessas estonteantes improbabilidades*]. Essa expressão traz à mente a boca aberta e ameaçadora de um predador, reforçando nossa gratidão por estarmos vivos: para existir, nós escapamos por pouco de uma ameaça mortal, a saber, a alta probabilidade disso não acontecer. Alta até que ponto? Todo escritor defronta-se com o desafio de encontrar na horda de palavras do inglês um superlativo que ainda não tenha sido inflado pela hipérbole e pelo uso excessivo. *In the teeth of these incredible* ["incríveis"] *odds? In the teeth of these awesome* ["espantosas"] *odds?* Bah. Dawkins achou um superlativo – cair no estupor, estupidificar – que ainda tem o poder de impressionar.

A boa escrita pode inverter o modo de perceber o mundo, como a silhueta em manuais de Psicologia que oscila entre uma taça e dois rostos. Em seis sentenças, Dawkins alterou o modo como pensamos a morte e formulou uma questão racional para o sentido da vida com palavras tão comoventes que muitos humanistas meus conhecidos já pediram que fossem lidas em seus enterros.

> O que é que faz uma pessoa ser exatamente o que é, ela e não outra, uma integridade de identidade que se mantém ao longo do tempo, sofrendo mudanças, mas ainda assim continuando a ser – até não continuar mais, pelo menos não sem problemas?

> Olho fixamente para a foto de uma criancinha num piquenique de verão, agarrando a mão da irmã mais velha com uma de suas mãozinhas, enquanto a outra segura precariamente uma enorme fatia de melancia, que ela parece ter lutado para que se acertasse com o pequeno "o" de sua boca. Essa criança sou eu. Mas por que sou eu? Não tenho nenhuma lembrança daquele dia de verão, sou tão incapaz quanto qualquer outra pessoa de dizer se a criança conseguiu pôr a melancia na boca. É verdade que uma suave progressão de acontecimentos físicos contíguos pode ser traçada desde seu corpo até o meu, de modo que poderíamos querer dizer que seu corpo *é* o meu; e talvez a identidade pessoal não passe disso, identidade de corpos. Mas a persistência corpórea ao longo do tempo também apresenta dilemas filosóficos. A progressão de acontecimentos físicos contíguos tornou o corpo da criança muito diferente daquele que eu olho de relance neste momento. Os próprios átomos que compunham seu corpo já não compõem o meu. E se nossos corpos são diferentes, nossos pontos de vista o são ainda mais. O meu seria tão inacessível para ela – imagine-a tentando compreender a *Ética* [de Spinoza] – quanto o dela é atualmente para mim. Seus processos de pensamento, pré-linguísticos, me enganariam amplamente.

> E, contudo, aquela coisa minúscula e determinada vestindo um avental branco de babados sou eu. Ela continuou a existir, sobreviveu às doenças de sua infância, escapou de se afogar numa correnteza da praia de Rockaway Beach aos doze anos, e de outros dramas. Há presumivelmente aventuras pelas quais essa criança – isto é, eu – não pode passar e continuar a ser ela mesma. Seria eu outro alguém, ou simplesmente eu deixaria de existir? Se eu viesse a perder

toda consciência de mim mesma – fosse a esquizofrenia ou a possessão demoníaca, o coma ou uma demência progressiva o fator que me faz sair de mim mesma – seria eu quem passaria por essas provas ou eu teria que desocupar os locais? Nesse caso, haveria aí outra pessoa ou não haveria ninguém?

É a morte uma dessas aventuras das quais eu posso emergir como eu mesma? A irmã cuja mão estou segurando na foto já morreu. Eu me pergunto todo dia se ela ainda existe. Uma pessoa que se amou parece ser uma coisa significativa demais para simplesmente desaparecer por completo do mundo. Uma pessoa que se ama é um mundo, exatamente como cada um sabe ser ele mesmo um mundo. Como podem mundos como esses simplesmente cessarem de todo? Mas se minha irmã existe, então o que é ela, e o que faz com que essa coisa que ela é agora seja idêntica à linda moça que sorria para sua irmãzinha naquele dia esquecido?

Nesta passagem retirada de *Betraying Spinoza*, a filósofa e romancista Rebecca Newberger Goldstein (com quem sou casado) explica o quebra-cabeça filosófico da identidade pessoal, um dos problemas que envolveram o pensador judeu-holandês que é assunto de seu livro.[5] Como seu colega humanista Dawkins, Goldstein analisa o vertiginoso enigma da existência e da morte, mas seus estilos não poderiam ser mais diferentes – um lembrete das diversas maneiras como os recursos da língua podem ser mobilizados para iluminar um tópico. Dawkins bem poderia ser chamado de masculino, com sua abertura-confrontação, suas abstrações frias, suas imagens agressivas, sua glorificação dos machos-alfa. A abertura de Goldstein é pessoal, evocativa, reflexiva e ainda assim intelectualmente tão correta e rigorosa.

*At least not unproblematically* [*pelo menos não sem problemas*]. As categorias da gramática refletem as peças de construção do pensamento – o tempo, o espaço, a causalidade, a matéria – e um trabalho filosófico com as palavras pode jogar com elas para despertar os leitores para enigmas filosóficos. Aqui temos um advérbio, *unproblematically* [*de maneira não problemática*] modificando o verbo *continue* [*continuar*], elíptico para *continue to be* [*continuar a ser*]. Normalmente, *to be* não é o tipo de verbo que pode ser modificado por um advérbio. Ser ou não ser – é difícil ver "tons de cinza" ali. O advérbio inesperado coloca na mesa, diante de nós, um leque de questões metafísicas, teológicas e pessoais.

*A big slice of watermelon that she appears to be struggling to have intersect with the small "o" of her mouth* [*uma enorme fatia de melancia que ela parece ter lutado para que se acertasse com o pequeno "o" de sua boca].* A boa escrita se compreende com o olho da mente.[6] A inesperada descrição do ato banal de comer em termos de sua geometria – uma fatia da fruta intersectando-se com um *"o"* – obriga o leitor a se deter e evoca uma imagem mental do ato em vez de passar batido sobre um resumo verbal. Achamos a garotinha da foto graciosa não porque a autora parou para dizer que ela o é com palavras como *cute* ou *adorable* [*bonitinha, adorável*], mas porque podemos visualizar seus modos infantis – como a própria autora está fazendo ao analisar a pequena "alienígena" que de algum modo é ela própria. Vemos a falta de jeito da mão, pequena, que manipula um objeto de tamanho adulto, a determinação em superar um desafio para o qual temos uma solução óbvia, a boca mal sincronizada antecipando a recompensa doce e suculenta. A linguagem geométrica também nos prepara para o pensamento pré-linguístico que Goldstein introduz no parágrafo seguinte: voltamos a uma idade em que "comer" ou mesmo "pôr na boca" são abstrações, distantes alguns níveis do desafio físico de intersectar um objeto com uma parte do corpo.

*That child is me. But why is she me?... [My point of view] would be as inaccessible to her...as hers is now to me... There are presumably adventures that she – that is that I – can't undergo and still continue to be herself. Would I then be someone else? [Essa criança sou eu. Mas por que sou eu?... [Meu ponto de vista] seria tão inacessível para ela quanto o dela é atualmente para mim... Há aventuras pelas quais essa criança – isto é, eu – não pode passar e continuar a ser ela mesma. Seria eu outro alguém?]* Goldstein justapõe repetidamente nomes e pronomes de primeira e terceira pessoa: *essa criança... eu; ela... eu... ela mesma; eu... outro alguém.* A confusão sintática sobre qual pessoa gramatical pertence a que frase reflete nossa confusão intelectual sobre o próprio sentido do conceito de "pessoa". Ela também joga com *to be* [*ser*], o verbo existencial por excelência, para provocar nossa perplexidade: *Would I be someone else or would I just no longer be? Would there be someone else, or would there be no one? [Seria eu outro alguém ou eu simplesmente deixaria de existir? Haveria aí outra pessoa ou não haveria ninguém?].*

*Frilly white pinafore* [*avental branco de babados*]. O uso de um termo antiquado para uma peça de vestuário antiquada ajuda-nos a localizar no tempo a foto, evitando o clichê *faded photograph* [*foto desbotada*].

*The sister whose hand I am clutching in the Picture is dead* [*A irmã cuja mão estou segurando na foto já morreu*]. Depois de duas dúzias de sentenças que misturam saudade melancólica e abstração filosófica, o devaneio é quebrado por uma revelação dura. Por mais penoso que tenha sido predicar as palavras *is dead* [*já morreu*] de uma irmã amada, nenhum eufemismo – *has passed away, is no longer with us* [*passou desta para melhor, não está mais entre nós*] – poderia concluir essa sentença. O tópico da discussão é como lutamos para reconciliar o fato indubitável da morte com nossa incompreensão da possibilidade de que uma pessoa deixou de existir. Nossos antepassados linguísticos transformaram essa incompreensão em eufemismos como *passed on* [*passou desta para melhor*], nos quais a morte consiste numa viagem para um lugar distante. Se Goldstein tivesse optado por essas palavras evasivas, ela teria minado sua análise antes de começá-la.

*I wonder every day whether she still exists. A person whom one has loved seems altogether too significant a thing to simply vanish altogether from the world. A person whom one loves is a world, just as one knows oneself to be a world. How can worlds like these simply cease altogether?* [*Eu me pergunto todo dia se ela ainda existe. Uma pessoa que se amou parece ser uma coisa significativa demais para simplesmente desaparecer por completo do mundo. Uma pessoa que se ama é um mundo, exatamente como cada um sabe ser ele mesmo um mundo. Como podem mundos como esses simplesmente cessarem de todo?*]. Este trecho enche meus olhos de lágrimas toda vez que o leio, e não é apenas porque fala de uma cunhada que nunca encontrarei. Acrescentando uma reformulação da questão que os filósofos chamam de o difícil problema da consciência [*A person... is a world, just as one knows oneself to be a world* /*Uma pessoa... é um mundo, exatamente como cada um sabe que é um mundo*], Goldstein cria um efeito que é ricamente emocional. A perplexidade de ter que fazer sentido desse enigma filosófico abstrato mistura-se com a dor de ter que lidar com a perda de alguém que se ama. Não é apenas a constatação egoísta de que fomos privados de sua companhia em terceira pessoa, mas a constatação sem egoísmos de que eles foram privados de sua experiência em primeira pessoa.

O trecho nos faz lembrar da superposição nas técnicas para escrever ficção e não ficção. O entrelaçamento do pessoal e do filosófico nesse excerto está sendo usado como um recurso expositivo, para nos ajudar a entender os problemas de que tratou Spinoza em seus escritos. Mas é também um tema que percorre a ficção de Goldstein, ou seja, as obsessões da filosofia acadêmica – identidade pessoal, consciência, verdade, vontade, significado, moralidade – formam um todo com as obsessões dos seres humanos na medida em que eles procuram dar um sentido a suas vidas.

**Maurice Sendak, autor de esplêndidos pesadelos, morre aos 83.**

Maurice Sendak, amplamente considerado o mais importante ilustrador de livros infantis do século XX, que arrancou o livro ilustrado do cofre, expulsou do mundo a praga das creches e o mergulhou nos obscuros, aterradores e assombrosamente maravilhosos recantos da psique humana, morreu na última terça-feira em Danbury, Connecticut.
Abertamente elogiados, vez ou outra censurados e ocasionalmente devorados, os livros de Sendak foram um ingrediente essencial da infância para a geração nascida depois da década de 1960 ou perto disso, e depois para seus filhos.

**Pauline Phillips, a áspera conselheira de milhões em Dear Abby, morre aos 94.**

*Cara Abby: Minha esposa dorme pelada. Aí ela toma uma ducha, escova os dentes e prepara nosso café da manhã, ainda em pelo. Somos recém-casados, e somos somente nós dois, portanto, acho que não há nada errado nisso. O que você acha? – Ed.*
*Caro Ed: Eu acho que está tudo certo. Mas diga a ela para pôr um avental quando for fritar o bacon.*

Pauline Phillips, uma dona de casa da Califórnia, que há cerca de 60 anos, procurando alguma coisa mais interessante para fazer do que jogar o mahjongg, se transformou na sarcástica colunista Dear Abby, e com isso se tornou uma conselheira respeitada, de língua ácida, para dezenas de milhões de pessoas, morreu nesta quarta em Minneapolis.
Com sua voz gaiata e sarcástica, mas fundamentalmente solidária, a senhora Phillips ajudou na contenda de afastar a coluna de conselhos de um passado vitoriano piegas, e entrar no presente intransigente do século XX...

*Cara Abby: Nosso filho casou-se com uma garota quando estava no serviço militar. Eles se casaram em fevereiro, e ela deu à luz uma menina de 3,8 kg em agosto. Ela diz que a menina era prematura. É possível um bebê de 3,8 kg ser tão prematuro? – A interessada em saber*
*Cara Interessada: A criança chegou na hora. O casamento foi tarde. Esqueça.*

A Sra. Phillips começou a vida como a colunista Abigail Van Buren em 1956. Logo se tornou conhecida por suas respostas ácidas, muitas vezes gentilmente maliciosas a consultas que incluíam questões conjugais, médicas, e às vezes as duas coisas juntas.

**Helen Gurley Brown, que deu à "garota solteira" uma vida plena, morre aos 90.**

Helen Gurley Brown, que como autora de *Sex and the Single Girl* [*O sexo e a jovem solteira*] chocou a América do começo dos anos 1960 com a notícia de que as mulheres solteiras não só faziam sexo, como gostavam muito disso – e que como redatora da revista *Cosmopolitan* passou as três décadas seguintes dizendo a essas mulheres exatamente como tirar mais prazer disso –, morreu na última segunda-feira em Manhattan. Ela tinha 90 anos, embora algumas partes dela fossem consideravelmente mais jovens.
Redatora-chefe da *Cosmopolitan* de 1965 a 1997, a Sra. Brown é amplamente reconhecida como a primeira pessoa a incluir discussões francas sobre sexo nas revistas femininas. A aparência que as revistas femininas têm hoje – um mar de modelos voluptuosas e de chamadas excitantes na capa – deve-se em grande parte à sua influência.

Minha terceira seleção, também relacionada à morte, traz um tom e um estilo diferentes, sendo mais uma prova de que a boa escrita não cabe numa única fórmula. Com certo cinismo, propensão para a excentricidade e um uso hábil do léxico do inglês, a linguista e jornalista Margalit Fox aperfeiçoou a arte do obituário.[7]

*Plunged* [*the picture book*] *into the dark, terrifying, and hauntingly beautiful recesses of the human psyche* [*mergulhou (o livro ilustrado) nos obscuros, aterradores e assombradoramente maravilhosos recantos da psique humana*]; *a trusted, tart-tongued adviser to tens of millions* [*uma conselheira respeitada, de língua ácida, para dezenas de milhões de pessoas*]; *a sea of voluptuous models and titillating cover lines* [*um mar de modelos voluptuosas e de chamadas excitantes*]. Quando tem que capturar uma vida em não mais que oitocentas palavras, você tem que escolher essas palavras cuidadosamente. Fox encontrou alguns *mots justes* e embalou-os em frases legíveis que desmentem a desculpa esfarrapada de que é impossível resumir um assunto complexo – neste caso, as realizações de uma vida – em poucas palavras.

*Roundly praised, intermittently censored, and occasionally eaten* [*Abertamente elogiados, vez ou outra censurados e ocasionalmente devorados*]. Isto é um zeugma: a justaposição intencional de diferentes sentidos de uma mesma palavra. Nessa lista, a palavra *books* [*livros*] está sendo usada ora no sentido de seus conteúdos narrativos (que podem ser *praised* ou *censored* [*elogiados* ou *censurados*], ora no sentido e sua forma física (que podem ser *eaten*, devorados). Assim como provoca um sorriso na face do leitor, o zeugma mexe sutilmente com os moralistas que objetavam contra a nudez presente nos desenhos de Sendak, justapondo censura com inocência do público leitor dos livros.

*And in turn for their children* [*e depois para seus filhos*]. Uma frase simples que conta uma história – uma geração de crianças cresceu com tão boas lembranças dos livros de Sendak que os leu para seus próprios filhos – e vale como um tributo implícito ao grande artista.

*Dear Abby: My wife sleeps in the raw* [*Cara Abby: Minha mulher dorme pelada*]. Ao começar o obituário com uma declaração explosiva, esse trecho da coluna traz instantaneamente uma pontada de saudade para os milhões de leitores que cresceram lendo Dear Abby e apresenta com vivas pinceladas o trabalho da colunista para quem não a conheceu. Vemos com nossos próprios olhos, em vez de ouvirmos relatos dos problemas excêntricos seguidos das respostas espirituosas de uma sensibilidade liberal (para aqueles tempos).

*Dear Abby: Our son married a girl when he was in the service* [*Cara Abby: Nosso filho casou-se com uma garota quando estava no serviço militar*]. O uso deliberado de marcações surpreendentes – dois pontos, barras, citações em destaque num box – é uma das marcas registradas da prosa viva.[8] Um escritor menor poderia ter introduzido essa passagem com um arrastado "Aqui vai mais um exemplo de coluna de Mrs. Phillips", mas Fox interrompe sua narrativa sem aviso, redirecionando nossa atenção para Phillips na sua plenitude. Um escritor, assim como um cineasta, manipula a perspectiva de quem acompanha uma história em andamento, com os recursos verbais equivalentes a ângulos de câmera e cortes repentinos.

*The marital, the medical and sometimes both at once* [*conjugais, médicas, e às vezes as duas coisas juntas*]. Os manuais de estilo como o de Killjoy recomendam que os escritores evitem a aliteração, mas a boa prosa ganha vida com momentos de poesia, como esta linha com sua métrica agradável e seu malicioso emparelhamento de *marital* e *medical*.

*She was 90, but parts of her were much younger* [*Ela tinha 90 anos, embora algumas partes dela fossem consideravelmente mais jovens*]. Um toque travesso no relato estereotipado e grave dos obituários convencionais. Ficamos sabendo desde cedo que Brown era uma campeã da autodefinição sexual das mulheres, e portanto compreendemos a alusão à cirurgia plástica como bem intencionada e não como traição – como uma brincadeira que agradaria à própria Brown.

*Hauntingly, tart-tongued, flinty, weepy, hard-nosed, astringent, genteelly, risqué, voluptuous, titillating* [assombrosamente, cáustico, sarcástico, piegas, intransigente, ácida, gentilmente, maliciosa, voluptuoso, excitante]. Ao escolher esses adjetivos e advérbios pouco comuns, Fox transgride duas das advertências mais comuns dos manuais de estilo: "Escreva com substantivos e verbos, não com adjetivos e advérbios" e "Nunca use uma palavra incomum ou fantasiosa quando uma palavra comum e simples resolve".

Mas as regras estão mal formuladas. É certamente verdade que existe uma quantidade enorme de prosa inchada, recheada de latinismos polissilábicos (*cessation* [cessação] em vez de *end* [fim], *eventuate* [ocasionar] em vez de *cause* [causar]) e adjetivos inflados (*is contributive to* em vez de *contributes to, is determinative of* em vez de *determines* [é colaborativo em vez de colabora, é determinante de em vez de determina]). E se exibir usando palavras sofisticadas que poucos entendem pode deixar o texto pomposo e eventualmente ridículo. Mas um autor habilidoso pode avivar e às vezes energizar sua prosa mediante a inserção judiciosa de uma palavra surpreendente. De acordo com estudos da qualidade da escrita, um vocabulário arejado e o uso de palavras incomuns são duas das qualidades que distinguem a prosa com vitalidade da prosa sem graça.[9]

As melhores palavras não só apontam para uma ideia melhor do que qualquer alternativa como também a ecoam em seu som e articulação, um fenômeno chamado fonoestética, o sentimento do som.[10] Não é por coincidência que *haunting* significa "*haunting*" ["caçar"] e *tart* significa "*tart*" ["torta"], antes pelo contrário: apenas ouça sua própria voz e sinta seus músculos enquanto você articula essas palavras. *Voluptuous* [voluptuoso] tem um aperta-e-afrouxa voluptuoso entre os lábios e a língua, e *titillating* [excitante] também obriga a língua a um exercício enquanto provoca o ouvido com uma superposição ocasional mas impossível de ignorar com uma palavra maliciosa.* Essas palavras tornam *a sea of voluptuous models and*

---

\* N.T.: A palavra evocada é, evidentemente, *tit* [teta].

*titillating cover lines* [*um mar de modelos voluptuosas e chamadas excitantes na capa*] mais vivo do que *a sea of sexy models and provocative cover lines* [*um mar de modelos sexy e títulos provocantes*]. E *a sea of pulchritudinous models* [*um mar de modelos pulcras*] teria valido por uma lição de como não escolher as palavras: feia como é, a palavra *pulchritude* soa como o oposto daquilo que significa, e é uma daquelas palavras que ninguém usa, a menos que queira se exibir.

Às vezes, mesmo palavras "cheguei" podem funcionar. Em seu obtuário do jornalista Mike McGrady, que planejou em 1979 uma farsa literária graças à qual um deliberadamente horrível rasgador de corpetes se tornou um best-seller internacional, Fox escreveu: "Naked came the stranger *was written by 25* Newsday *journalists in an era when newsrooms were arguably more relaxed and inarguably more bibolous*" ["Naked came the Stranger *foi escrito por 25 jornalistas do* Newsday *numa época em que redações eram defensavelmente mais descontraídas e indefensavelmente mais bebuns*"].[11] Essa forma brincalhona, *bibolous*, "com tendência a beber em excesso", relaciona-se a *beverage* [*bebida*] e *imbibe* [*embeber*], e traz à mente *babbling, bobbling, bubbling* e *burbling* [*balbuciar, deixar cair uma bola, borbulhar e balbuciar*]. Leitores que querem tornar-se escritores deveriam ter à mão um dicionário quando leem (há vários deles disponíveis como aplicativos de smartphones) e os escritores não deveriam hesitar em remeter leitores a consultá-los, se a palavra é apropriada do ponto de vista do sentido, evocativa no som e não tão obscura que o leitor nunca mais a encontrará. (Você conseguirá sobreviver sem saber o que significam *maieutic, propedeutic* e *subdoxastic* [*maiêutico, propedêutico e subdoxástico*]). Eu escrevo tendo à mão um grande dicionário alfabético e tendo sempre presente o conselho encontrado num manual de conserto de bicicletas sobre como desamassar um aro com um alicate de pressão: "Não se deixe levar pelo potencial destrutivo desta ferramenta".

> From the early years of the twentieth century to well past its middle age, nearly every black family in the American South, which meant nearly every black family in America, had a decision to make. There were sharecroppers losing at settlement. Typists wanting to work in an office. Yard boys scared that a single gesture near the planter's wife could leave them hanging from an oak tree. They were stuck in a caste system as hard and unyielding as the red Georgia clay, and they each had a decision before them. In this, they were not unlike any one who ever longed to cross the Atlantic or the Rio Grande.

*Guia de escrita*

It was during the First World War that a silent pilgrimage took its first steps within the borders of this country. The fever rose without warning or notice or much in the way of understanding by those outside its reach. It would not end until the 1970s and would set into motion changes in the North and South that no one, not even the people doing the leaving, could have imagined at the start of it or dreamed would take a lifetime to play out.

Historians would come to call it the Great Migration. It would become perhaps the biggest underreported story of the twentieth century...

The actions of the people in this book were both universal and distinctly American. Their migration was a response to an economic and social structure not of their making. They did what humans have done for centuries when life becomes untenable – what the pilgrims did under the tyranny of British rule, what the Scotch-Irish did in Oklahoma when the land turned to dust, what the Irish did when there was nothing to eat, what the European Jews did during the spread of Nazism, what the landless in Russia, Italy, China, and elsewhere did when something better across the ocean called to them. What binds these stories together was the back-against-the-wall, reluctant yet hopeful search for something better, any place but where they were. They did what human beings looking for freedom, throughout the history, have often done.

They left.

Desde os primeiros anos do século XX até bem depois de o século ficar adulto, praticamente toda família negra no sul dos Estados Unidos, o que significava quase toda família negra dos Estados Unidos, tinha uma decisão para tomar. Havia meeiros que eram roubados nos acertos. Datilógrafas que queriam trabalhar num escritório. Aprendizes de jardineiro com medo de que um único gesto perto da mulher do fazendeiro pudesse deixá-los pendendo de um carvalho. Eles estavam aprisionados num sistema de castas tão duro e intratável como a cal vermelha da Geórgia, e cada um deles tinha que tomar uma decisão. Nisso, eles não se distinguiam de ninguém que já sonhou cruzar o Atlântico ou o Rio Grande.

Foi durante a Primeira Guerra Mundial que uma peregrinação silenciosa deu os primeiros passos no interior deste país. A febre cresceu sem avisar, sem ser notada ou compreendida por aqueles que não estavam envolvidos nela. Não terminaria até os anos 1970, e impulsionaria mudanças no norte e no sul que ninguém, nem mesmo os protagonistas da marcha, poderia ter imaginado no início ou sonhado que levaria o tempo de uma vida para terminar.

Os historiadores chamariam a isso a Grande Migração. Seria talvez a maior história não contada do século XX... As ações das pessoas deste livro foram ao mesmo tempo universais e claramente americanas. Sua migração foi em resposta a uma estrutura social e econômica pela qual não eram responsáveis. Elas fizeram aquilo que os seres humanos têm feito por séculos quando a vida se torna insustentável – aquilo que os *pilgrims* fizeram sob a tirania do poder britânico, que os escoceses-irlandeses fizeram em Oklahoma quando a terra virou pó, que os irlandeses fizeram quando não havia nada para comer, que os judeus europeus fizeram durante a expansão do nazismo, que os sem-terra na Rússia, Itália, China e tantos outros lugares fizeram quando algo melhor os chamava do outro lado do oceano. O que liga essas histórias é a busca sem possibilidade de retorno, busca relutante ainda assim esperançosa, por algo melhor, em qualquer lugar menos aquele em que estavam. Eles fizeram aquilo que têm feito com frequência, ao longo da história, os seres humanos que procuram a liberdade.

Partiram.

Com o livro *The Warmth of Other Suns* [*O calor de outros sóis*], a jornalista Isabel Wilkerson fez com que a história da Grande Migração deixasse de ser uma história não contada.[12] Chamar essa migração de "grande" não é exagero. O deslocamento de milhões de afro-americanos do extremo sul para as cidades do norte pôs em marcha o movimento dos direitos civis, redesenhou a paisagem urbana, re-escreveu a agenda da política e da educação americanas e transformou a cultura americana, e com ela a cultura do mundo.

Wilkerson não só corrige a ignorância do mundo a respeito da Grande Migração, mas com mil e duzentas entrevistas e uma prosa cristalina nos faz entendê-la em toda sua realidade humana. Vivemos numa época de ciência social, e nos acostumamos a compreender o mundo social em termos de "forças", "pressões", "processos" e "desenvolvimentos". É fácil esquecer que essas "forças" são resumos estatísticos dos feitos de milhões de homens e mulheres que agem a partir de suas crenças em busca de seus desejos. O hábito de fazer submergir o indivíduo em abstrações pode levar não só a uma ciência ruim (como se as "forças sociais" obedecessem às leis de Newton), mas também à desumanização. Estamos propensos a pensar "Eu (e meus semelhantes) escolho fazer coisas por certas razões; ele (e seus semelhantes) é parte do processo social". Essa era a moral do ensaio de Orwell "Politics and the English Language" ["A política e a língua inglesa"], que alertava contra a abstração que desumaniza: "Milhões de camponeses são privados de suas terras e mandados peregrinar pelas estradas levando somente aquilo que conseguem carregar: isso é chamado *population transfer* [*transferência de população*] ou *rectification of frontiers* [*retificação de fronteiras*]. Com alergia por abstrações e fobia a clichê, Wilkerson aponta uma lupa para o ponto chamado "a Grande Migração" e revela a humanidade das pessoas que o compõem.

*From the early years of the twentieth century to well past its middle age.* [*Desde os primeiros anos do século* XX *até bem depois de o século ficar adulto*]. Nem mesmo a cronologia é descrita em termos convencionais: o século é uma pessoa que envelhece, um coetâneo dos protagonistas da narrativa.

*Typists wanting to work in an office.* [*Datilógrafas que queriam trabalhar num escritório*]. Nada de "queda de oportunidades econômicas". Referindo-se a uma profissão hoje desaparecida e que exige pouco preparo, Wilkerson nos convida a imaginar o desespero de uma mulher que adquiriu a qualificação que poderia tirá-la dos campos de algodão e levá-la para um escritório, mas é impedida pela cor de sua pele.

*Yard boys scared that a single gesture near the planter's wife could leave them hanging from an oak tree* [*Aprendizes de jardineiro com medo de que um único gesto perto da mulher do fazendeiro poderia deixá-los pendendo de um carvalho*]. Nada de "opressão", de "ameaça de violência", nem mesmo "linchamento", mas uma imagem física horrível. Vemos até mesmo de que árvore se trata.

*As hard and unyielding as the red Georgia clay* [*tão duro e intratável como a cal vermelha da Geórgia*]. Mais uma vez a prosa ganha vida graças a um fragmento de poesia, como neste símile que apela para os sentidos e tem o sopro de uma alusão (estou pensando nos "red hills of Georgia" [*colinas vermelhas da Geórgia*] de Martin Luther King) e sua métrica lírica de anapesto.

*Anyone who longed to cross the Atlantic or the Rio Grande* [*qualquer um que já sonhou cruzar o Atlântico ou o Rio Grande*]. Não são "imigrantes da Europa ou do México". Mais uma vez as pessoas não são categorias sociológicas. A autora força-nos a visualizar corpos em movimento e a lembrar os motivos que os conduziam.

*What the pilgrims did... what the Scotch-Irish did... what the European Jews did... what the landless in Russia, Italy, China and elsewere did.* [*o que fizeram os* pilgrims... *o que fizeram os escoceses e irlandeses... o que fizeram os judeus europeus... o que fizeram os sem-terra na Rússia, na Itália, na China e em todos os outros lugares*]. Wilkerson começa o parágrafo afirmando que as ações de seus protagonistas são universais, mas não se detém na generalização. Ela Inclui a Grande Migração numa lista de migrações historicamente importantes (mencionadas numa sintaxe agradavelmente paralelística) das quais muitos de seus leitores certamente descendem. Ficam, assim, implicitamente convidados a aplicar o respeito que têm pela coragem e sacrifício de seus antepassados aos *pilgrims* esquecidos da Grande Migração.

*When the land turned to dust.* [*Quando a terra virou pó*], não "*the Dust Bowl*";* *when there was nothing to eat* [*quando não havia nada para comer*] e não "*The Potato Famine*" ["A fome da batata"]; *the landless* [*os sem-terra*] e não "*the peasants*" ["os camponeses"]. Wilkerson não nos permitirá cochilar ao som de um vocabulário conhecido. Formulações novas e imagens concretas nos forçam a continuar atualizando o placar virtual da realidade em nossas mentes.

*They left* [*Partiram*]. Entre as tantas regras estúpidas sobre a divisão em parágrafos, impingidas aos estudantes nos cursos de redação, há uma que diz que um parágrafo não pode consistir em apenas uma sentença. Wilkerson termina um capítulo de introdução ricamente descritivo por meio de um parágrafo composto exatamente por duas sílabas. O final abrupto e o espaço em branco no final da página espelham o caráter definitivo da decisão da partida e a incerteza da vida que se estende à frente. Um bom escrito termina forte.

Os autores dos quatro trechos compartilham certo número de práticas: a preferência por palavras com frescor e imagens concretas a palavreados banais e sínteses abstratas; atenção ao ponto de vista do leitor e ao foco de seu olhar; inserção da palavra incomum, tendo por pano de fundo substantivos e verbos simples; uso de uma sintaxe paralelística; uma surpresa ocasional planejada; a apresentação de um detalhe revelador que dispensa uma afirmação explícita; o uso da métrica e do som, em harmonia com o sentido e o espírito.

---

\* N.T.: Literalmente: "a tigela de pó". Deu-se este nome a um fenômeno climático caracterizado por longos períodos de seca e tempestades de areia que escondiam o sol por dias a fio, inviabilizando a vida e a atividade produtiva em boa parte dos Estados Unidos durante a década de 1930.

Os autores também compartilham uma atitude: não escondem a paixão e o prazer que os leva a desenvolver seus temas. Escrevem como quem tem alguma coisa importante para dizer. Não, isso não é tudo. Escrevem como quem tem alguma coisa importante para mostrar. E isso, como veremos, é um ingrediente-chave do sentido do estilo.

## NOTAS

[1] Tirado de "A few maxims for the instruction of the over-educated", editado originalmente de forma anônima no *Saturday Review*, 17 de nov. de 1894.

[2] Embora seja geralmente atribuída a William Faulkner, a citação provém do escritor inglês Sir Arthur Quiller-Couch em suas palestras de 1916, *On the Art of Writing*.

[3] Richard Dawkins, *Unweaving the rainbow: Science, delusion and the appetite for wonder* (Boston: Houghton Mifflin, 1998), p. 1.

[4] De acordo com Google ngram viewer: http://ngrams.googlelabs.com.

[5] R. N. Goldstein, 2006, *Betraying Spinoza: the renegade Jew who gave us modernity* (New York: Nextbook/Schocken, 2006), pp. 124-125.

[6] Kosslyn, Thompson & Ganis, 2006; Miller, 2004-2005; Sadoski, 1998; Shepard, 1978.

[7] Margalit Fox, "Maurice Sendak, author of splendid nightmares, dies at 83", *New York Times*, 8 de maio de 2012; "Pauline Phillips, flinty adviser to millions as Dear Abby, dies at 94", *New York Times*, 17 de jan. de 2013 ; "Helen Gurley Brown, who gave 'Single Girl' a life in full, dies at 90", *New York Times*, 13 de aug. de 2013. Alterei a pontuação para adequá-la ao estilo deste livro e, no trecho dedicado a Phillips, transcrevi duas das quatro cartas "Cara Abby" presentes no obituário original, mudando a ordem.

[8] Poole et al., 2011.

[9] McNamara, Crossley & McCarthy, 2010; Poole et al., 2011.

[10] Pinker, 2007, cap. 6.

[11] Margalit Fox, "Mike McGrady, known for a literary hoax, dies at 78", *New York Times*, 14 de maio de 2012.

[12] Isabel Wilkerson, *The warmth of other suns: The epic story of America's great migration* (New York: Vintage, 2011), pp. 8-9, 14-15.

# Uma janela para o mundo

O ESTILO CLÁSSICO COMO UM ANTÍDOTO PARA O ACADEMIQUÊS, O BUROCRATÊS, O CORPORATIVÊS, O LEGALÊS, O OFICIALÊS E OUTROS TIPOS DE PROSA MAL VENTILADA

Escrever é um ato não natural.[1] Como observou Charles Darwin, "O homem tem uma tendência instintiva para falar, basta ver o balbucio de nossas crianças pequenas, ao passo que criança alguma tem tendência instintiva para cozinhar, preparar infusões ou escrever". A palavra falada é mais velha do que nossa espécie, e o instinto para a linguagem permite que as crianças engatem em conversas articuladas anos antes de entrar numa escola. Mas a palavra escrita é uma invenção recente que não deixou marcas em nosso genoma e precisa ser adquirida mediante esforço ao longo da infância e depois.

A fala e a escrita diferem em seus mecanismos, é claro, e essa é uma das razões pelas quais as crianças precisam lutar com a escrita: reproduzir os sons da língua com um lápis ou com o teclado requer prática. Mas a fala e a escrita diferem também de outra maneira, o que faz da aquisição da escrita um desafio para toda uma vida, mesmo depois que seu funcionamento foi dominado. Falar e escrever envolvem tipos diferentes de relacionamentos humanos, e somente o que diz respeito à fala nos chega naturalmente. A conversação falada é instintiva porque a interação social é instintiva: falamos às pessoas "com quem temos diálogo". Quando começamos um diálogo com nossos interlocutores, temos uma suposição do que já sabem e do que poderiam estar interessados em aprender, e durante a conversa monitoramos seus olhares, expressões faciais e atitudes. Se eles precisam de esclarecimentos, ou não conseguem aceitar uma afirmação, ou têm algo a acrescentar, podem interromper ou replicar.

Não gozamos dessa troca de *feedbacks* quando lançamos ao vento um texto. Os destinatários são invisíveis e imperscrutáveis, e temos que chegar até eles sem conhecê-los bem ou sem ver suas reações. No momento em que escrevemos, o leitor existe somente em nossa imaginação. Escrever é, antes de tudo, um ato de faz de conta. Temos que nos imaginar em algum tipo de conversa, ou correspondência, ou discurso, ou solilóquio, e colocar palavras na boca do pequeno avatar que nos representa nesse mundo simulado.

A chave para um bom estilo, muito mais do que a obediência a uma lista de preceitos, consiste em ter uma concepção clara do mundo de faz de conta em que você está fingindo comunicar-se. Há muitas possibilidades. Uma pessoa digitando com os polegares pode dar conta da tarefa como se estivesse participando de uma conversa real.* Um universitário redigindo o trabalho final de uma disciplina está fingindo saber mais sobre seu assunto do que o leitor, e que sua meta é oferecer ao leitor a informação de que este precisa, quando, na realidade, seu leitor sabe mais sobre o assunto do que ele, e não precisa de informações; o objetivo do exercício é fornecer ao estudante um treinamento para uma situação real. Um ativista redigindo um manifesto ou um pastor rascunhando um sermão precisam escrever como se estivessem diante de uma multidão, empenhados em fustigar suas emoções.

Em que simulação precisaria mergulhar quem redige um texto destinado a um público leitor genérico, como um ensaio, um artigo, um editorial, um boletim informativo ou uma postagem num blog? Os estudiosos da literatura Francis-Noël Thomas e Mark Turner propuseram um modelo para o qual deveriam voltar-se as aspira-

---

\* N.T.: Neste ponto do original, o escritor avisa que, para tornar mais leve a exposição, usará os pronomes pessoais masculino e feminino para referir-se, respectivamente, ao escritor e ao leitor dos trechos analisados. Corrente entre os linguistas de língua inglesa, o uso deste recurso não é comum entre nós, por isso não será usada na tradução portuguesa.

ções desses escritores hoje. Chamaram-no de "estilo clássico", e o expuseram num maravilhoso livrinho chamado *Clear and Simple as the Truth* [*Claro e simples como a verdade*].

A metáfora-guia do estilo clássico é ver o mundo. O escritor está em condições de ver algo que o leitor ainda não percebeu, e orienta o olhar do leitor para que possa ver esse algo por si mesmo. O objetivo da escrita é a apresentação, e sua motivação é a verdade desinteressada. Tem sucesso quando alinha a linguagem com a verdade, sendo provas do sucesso a clareza e a simplicidade. A verdade pode ser conhecida, e não é a mesma coisa que a linguagem que a revela; a prosa é uma janela para o mundo. O escritor conhece a verdade antes de colocá-la em palavras; ele não está usando o ato de escrever para organizar o que pensa. Além disso, o escritor de prosa clássica não precisa argumentar em favor da verdade; só precisa apresentá-la. Isso porque o leitor é competente e capaz de reconhecer a verdade quando a vê, desde que lhe deem uma visão desobstruída. A relação entre o escritor e o leitor é de igualdade, e o processo de dirigir o olhar do leitor toma a forma de uma conversa.

Um escritor de prosa clássica precisa simular duas experiências: mostrar ao leitor alguma coisa no mundo e envolvê-lo numa conversa. A natureza dessas experiências indica a forma como a prosa clássica é escrita. A metáfora de mostrar algo implica que há alguma coisa para se ver. Portanto as coisas para as quais o escritor está apontando são *concretas*: pessoas (ou outros seres animados) que se movimentam pelo mundo e interagem com objetos.[2] A metáfora da conversa implica que o leitor é *cooperativo*. O escritor pode contar com o leitor para ler nas entrelinhas, para entender insinuações e para ligar os pontos, sem precisar enunciar em voz alta cada passo do pensamento.[3]

A prosa clássica, segundo Thomas e Turner, é apenas um entre muitos tipos de estilo, cuja invenção creditam a escritores franceses do século XVII como Descartes e La Rochefoucauld. A diferença entre o estilo clássico e os demais estilos pode ser avaliada por sua maneira de colocar-se no cenário comunicativo: como o escritor imagina relacionar-se com o leitor e o que o escritor está tentando realizar.

O estilo clássico não é um estilo contemplativo ou romântico, no qual um escritor tenta compartilhar suas reações idiossincráticas, emocionais e principalmente inefáveis diante de alguma coisa. E também não é um estilo profético, oracular ou retórico no qual o escritor tem o dom de ver coisas que ninguém mais vê, e usa a melodia da linguagem para criar laços com o auditório.

Ainda que menos óbvio, o estilo clássico difere também do estilo prático presente em ofícios, manuais, trabalhos de conclusão de curso e relatórios de pesquisa (os livros de estilo tradicionais, como o de Strunk e White, são acima de tudo guias para o estilo prático). No estilo prático, o escritor e o leitor têm papéis definidos (supervisor e empregado, professor e aluno, técnico e consumidor), e o objetivo do escritor é satisfazer uma necessidade do leitor. A escrita do estilo prático pode precisar ajustar-se a formatos preestabelecidos (uma dissertação em cinco parágrafos, uma comunicação em uma revista científica), e é breve porque o leitor precisa da informação num tempo hábil. A redação em estilo clássico, ao contrário, usa qualquer forma e tempo necessários para que o autor apresente uma verdade interessante. A concisão do escritor clássico "nasce da elegância de sua mente, nunca de pressões de tempo ou emprego".[4]

O estilo clássico também difere sutilmente do estilo corrente, no qual tudo está à vista, e o leitor não precisa de ajuda para ver nada. No estilo clássico, o autor trabalhou com afinco para achar algo que mereça ser mostrado e uma perspectiva perfeita de onde enxergá-lo. O leitor pode precisar de um trabalho árduo para discernir esse algo, mas seus esforços serão recompensados. O estilo clássico, segundo Thomas e Turner, é aristocrático, não igualitário. "A verdade está disponível para todos que queiram esforçar-se por alcançá-la, mas a verdade certamente não é possuída por todos, e ninguém é dono dela por direito de nascença".[5] Por exemplo, *The early bird gets the worm* [*O pássaro madrugador fica com a minhoca*] é estilo corrente; *The early bird gets the worm, but the second mouse gets the cheese* [*O pássaro madrugador fica com a minhoca, mas o segundo camundongo fica com o queijo*] é estilo clássico.

O estilo clássico tem aspectos comuns com o estilo corrente e o estilo prático. E os três diferem dos estilos autocentrado, relativista, irônico e pós-moderno, nos quais "a principal, embora não declarada, preocupação do escritor é escapar da acusação de ser ingênuo acerca de sua própria iniciativa". Como observam Thomas e Turner, "Quando abrimos um livro de receitas, deixamos completamente de lado – e esperamos que o autor também o faça – o tipo de pergunta que leva ao âmago de certas tradições filosóficas e religiosas. É possível falar de cozinhar? Ovos realmente existem? Comida é algo passível de conhecimento? Será que alguém, algum dia, poderá formular alguma grande verdade sobre cozinhar?... O estilo clássico também descarta como inadequadas as elocubrações sobre sua iniciativa. Se aceitasse lidar com essas questões, nunca conseguiria tratar do seu próprio assunto, e o objetivo é unicamente tratar do seu próprio assunto".[6]

Os diferentes estilos de prosa não são nitidamente demarcados, e muitos tipos de escrita misturam os diferentes estilos ou alternam entre eles (a escrita acadêmica, por exemplo, tende a misturar os estilos prático e autocentrado). O estilo clássico é um ideal. Nem toda prosa precisa ser clássica, e nem todos os escritores conseguem concretizar essa pretensão. Mas conhecer as características da prosa de estilo clássico torna o escritor melhor, e é o melhor remédio que conheço para a doença que enfraquece a prosa acadêmica, burocrática, corporativa, legal e técnica.

À primeira vista, o estilo clássico soa ingênuo e tosco, apropriado somente para um mundo de coisas que acontecem concretamente. Não é o caso. O estilo clássico não é como o conselho inútil de "evitar a abstração". Às vezes, precisamos escrever sobre ideias abstratas. O que o estilo clássico faz é explicá-las como se elas fossem objetos e forças que podem ser reconhecidos por qualquer pessoa que esteja em condições de vê-las. Vejamos como o estilo clássico é usado pelo físico Brian Greene para explicar uma das mais exóticas ideias que a mente humana já concebeu, a teoria dos universos múltiplos.[7]

Greene começa pela observação de astrônomos na década de 1920 de que as galáxias estão se afastando umas das outras.

> If space is now expanding, then, at ever earlier times the universe must have been even smaller. At some moment in the distant past, everything we now see – the ingredients responsible for every planet, every star, galaxy, even space itself – must have been compressed to an infinitesimal speck that then swelled outward, evolving into the universe as we know it.
>
> The big-bang theory was born... Yet scientists were aware that the big-bang theory suffered from a significant shortcoming. Of all things, it leaves out the bang. Einstein's equations do a wonderful job of describing how the universe

> evolved from a split second after the bang, but the equations break down (simi-
> lar to the error message returned by a calculator when you try to divide I by 0)
> when applied to the extreme environment of the universe's earliest moment. The
> big-bang thus provides no insight into what might have powered the bang itself.
>
> Se o espaço está se expandindo, então, em qualquer momento do passado,
> o universo deve ter sido menor. Em algum momento num passado distante,
> tudo aquilo que vemos agora – os ingredientes responsáveis pela existência
> de todo planeta, toda estrela, galáxia e o próprio espaço – devia estar com-
> primido numa mancha infinitesimal que em seguida foi inchando e evo-
> luindo para o universo como o conhecemos.
>
> Assim nasceu a teoria do big-bang... Mas os cientistas tinham consciência
> de que a Teoria do Big-bang sofria de uma falha importante. Por incrível
> que pareça, deixa de fora o bang. As equações de Einstein fazem um traba-
> lho maravilhoso de descrever como o universo evoluiu desde uma fração
> de segundo depois do bang, mas as equações fracassam (como na mensa-
> gem de erro que nos vem de uma calculadora quando tentamos dividir um
> por zero) quando aplicadas ao contexto extremo dos primeiros momentos.
> A Teoria do Big-bang não oferece nenhuma intuição sobre o que poderia ter
> acionado o próprio bang.

Greene não se aflige com o fato de que este raciocínio depende de uma matemática complexa. Ao contrário, ele nos mostra, com imagens e exemplos do dia a dia, o que a matemática revela. Acei-tamos a teoria do big-bang assistindo de frente pra trás a um fil-me sobre expansão do espaço. Avaliamos o complicado conceito de equações que falham através de um exemplo, a divisão por zero, que podemos entender, sem a ajuda de ninguém, de duas maneiras: refletindo a respeito (o que poderia realmente significar dividir um número por zero?) ou digitando os números em nossa calculadora e vendo a mensagem de erro.

Nesse ponto, Greene conta-nos que os astrônomos fizeram re-centemente uma descoberta surpreendente, que ele ilustra median-te uma analogia:

> Just as the pull of earth's gravity slows the ascent of a ball tossed upward, the
> gravitational pull of each galaxy on every other must be slowing the expansion
> of space... [but] far from slowing down, the expansion of space went into over-
> drive about 7 billion years ago and has been speeding up ever since. That's like
> gently tossing a ball upward, having it slow down initially, but then rocket upward
> ever more quickly.

Assim como a atração da gravidade terrestre freia a subida de uma bola atirada para cima, a atração gravitacional de cada galáxia sobre outra deve estar reduzindo a expansão do espaço... [mas] longe de ficar mais lenta, a expansão do espaço passou por uma aceleração há cerca de sete bilhões de anos e foi se acelerando cada vez mais desde então. Isso é como jogar uma bola para cima, delicadamente, com o resultado de que há uma redução de velocidade inicial, mas depois a bola dispara para cima numa velocidade cada vez maior.

Mas logo os astrônomos acharam uma solução, que ele ilustra com um símile mais vago:

We're all used to gravity being a force that does only one thing: pull objects toward each other. But in Einstein's ... theory of relativity, gravity can also... push things apart... If space contains... an invisible energy, sort of like an invisible mist that's uniformly spread through the space, then the gravity exerted by the energy mist would be repulsive.

Estamos todos acostumados ao fato de a gravidade ser uma força que só faz uma coisa: causar a atração recíproca dos objetos. Mas na Teoria da Relatividade de Einstein... a gravidade também pode... empurrar coisas afastando-as umas das outras... Se o espaço contém uma energia invisível, algo como uma névoa invisível que está espalhada uniformemente no espaço, então a gravidade exercida pela névoa de energia seria do tipo que afasta.

A hipótese da energia escura, porém, levou a outro mistério:

When the astronomers deduced how much dark energy would have to permeate every nook and cranny of space to account for the observed cosmic speedup, they found a number that no one has been able to explain...:

Quando os astrônomos deduziram quanto de energia escura teria que estar em cada buraco e cada oco do espaço para dar conta da aceleração cósmica observada, eles acharam um número que ninguém tem sido capaz de explicar:

0,0000000000000000000000000000000000000000000000000000000000000000 000000000000000000000000000000000000000000000000000000000000000138

Mostrando esse número em toda sua gloriosa quantidade de zeros, Greene nos sensibiliza para o fato de que é muito pequeno e ainda assim singularmente exato. Então ele assinala que é difícil explicar esse valor, porque parece ser perfeitamente calibrado para permitir que viesse a existir vida na Terra.

In universes with larger amounts of dark energy, whenever matter tries to clump into galaxies, the repulsive push of the dark energy is so strong that the clump gets blown apart, thwarting galactic formation. In universes whose dark-energy value is much smaller, the repulsive push changes to an attractive pull, causing those universes to collapse back on themselves so quickly that again galaxies wouldn't form. And without galaxies, there are no stars, no planets, and so in those universes there's no chance for our form of life to exist.

Em universos com mais energia escura, sempre que a matéria procura formar pelotas em forma de galáxias, a força de repulsão da energia escura é tão grande que a pelota explode e se fragmenta, impedindo a formação da galáxia. Em universos em que o valor de energia escura é muito menor, a força de repulsão transforma-se em força de atração, fazendo com que esses universos voltem a ruir tão rapidamente que, mais uma vez, não há formação de galáxias. E sem galáxias não há estrelas nem planetas, e, portanto, nesses universos não há chances de que exista nossa forma de vida.

A salvação vem de uma ideia que (como Greene mostrou antes) explicou o bang no big-bang. De acordo com a Teoria da Cosmologia Inflacionária, o espaço vazio pode ser a semente de novos bangs, criando um grande número de outros universos: um multiverso. Isso torna menos surpreendente o valor exato da energia escura em nosso universo:

We find ourselves in this universe and not another for much the same reason we find ourselves on earth and not on Neptune – we find ourselves where conditions are ripe for our form of life.

Se nos encontramos neste universo e não num outro, a razão é exatamente a mesma pela qual nos encontramos na Terra e não em Netuno – estamos onde há condições maduras para nossa forma de vida.

Claro! Na medida em que há muitos planetas, um deles tem chance de encontrar-se a uma distância hospitaleira do Sol, e ninguém pensa que faça sentido perguntar por que estamos nesse planeta e não em Netuno. É assim porque existem muitos universos.

Mas os cientistas ainda tinham que encarar um problema, que Greene ilustra por meio de uma analogia:

Just as it takes a well-stocked shoe store to guarantee you'll find your size, only a well-stocked multiverse can guarantee that our universe, with its peculiar amount of dark energy, will be represented. On its own, inflationary cosmology falls short of the mark. While its never-ending series of big bangs would yield an immense collection of universes, many would have similar features, like a shoe store with stacks and stacks of size 5 and 13, but nothing in the size you seek.

*Uma janela para o mundo*

Assim como é necessária uma loja de sapatos com um bom estoque para garantir que você achará o seu tamanho, somente um multiverso com um bom estoque pode garantir que nosso universo, com sua quantidade peculiar de energia escura, estará representado. Por si só, a Cosmologia Inflacionária não chega a tanto. Mesmo que sua interminável série de big-bangs gerasse uma imensa coleção de universos, muitos deles teriam características parecidas, como uma loja de sapatos com prateleiras e prateleiras dos tamanhos 33 e 42, mas nada no tamanho que você procura.

A peça que completa o quebra-cabeça é a Teoria das Cordas, de acordo com a qual, "a conta dos universos possíveis chega a um quase incompreensível $10^{500}$, um número tão grande que desafia qualquer comparação".

By combining inflationary cosmology and string theory... the stock room of universes overflows: in the hands of inflation, string theory's enormously diverse collection of possible universes become actual universes, brought to life by one big bang after another. Our universe is then virtually guaranteed to be among them. And because of the special features necessary for our form of life, that's the universe we inhabit.

Combinando a Cosmologia Inflacionária e a Teoria das Cordas, o estoque de universos transborda; por conta da inflação, a coleção enormemente diversificada de universos da Teoria das Cordas se transforma em universos reais, trazidos à vida por um big-bang depois de outro. Fica então virtualmente garantido que nosso universo estará entre eles. E por causa das características especiais necessárias para nossa forma de vida, esse é o universo que habitamos.

Em apenas 300 palavras, Greene fez com que compreendêssemos uma ideia alucinante, sem desculpar-se pelo fato de que a física e a matemática por trás da teoria possam ser difíceis de explicar (para ele) ou de entender (para os leitores). Ele narra uma série de acontecimentos, seguro de que qualquer pessoa reconhecerá suas implicações, porque os exemplos que ele escolheu são *exatos*. A divisão por zero é um exemplo perfeito de "equações que não dão certo"; a gravidade dá puxões numa bola lançada exatamente da forma como desacelera a expansão cósmica; a improbabilidade de encontrar um item específico num estoque de possibilidades pequeno se aplica tanto aos tamanhos de sapatos numa loja quanto aos valores físicos constantes de um multiverso. Os exemplos são menos metáforas ou analogias do que casos reais dos fenômenos que está explicando, e são casos que os leitores podem ver com seus próprios olhos. Isso é o estilo clássico. Pode não ser coincidência que Greene, como muitos cientistas desde Galileu, seja capaz de expor claramente ideias difíceis, porque o ideal da prosa clássica tem parte comum com a visão do mundo do cientista. Ao contrário dos equívocos correntes segundo os quais Einstein teria provado que tudo é relativo e Heisenberg teria provado que os observadores sempre afetam aquilo que observam, a maioria dos cientistas acredita que existem verdades objetivas a respeito do mundo e que elas podem ser descobertas por um observador livre de preconceitos.

Pelas mesmas razões, a imagem que orienta a prosa clássica está tão longe quanto possível da visão de mundo das ideologias acadêmicas relativistas tais como o pós-modernismo, o pós-estruturalismo e o marxismo literário. E não por acaso são esses os estudiosos que têm ganhado seguidamente o Annual Bad Writing Contest [Concurso Anual de Escrita Ruim], uma ação publicitária mantida pelo filósofo Denis Dutton durante os anos 1990.[8] O primeiro lugar em 1997 coube ao eminente crítico Fredric Jameson pela sentença de abertura de seu livro sobre crítica de cinema.

> The visual is essentially pornographic, which is to say that it has its end in rapt, mindless fascination; thinking about its attributes becomes an adjunct to that, if it is unwilling to betray its object; while the most austere films necessarily draw their energy from the attempt to repress their own excess (rather than from the more thankless effort to discipline the viewer).

> O visual é essencialmente pornográfico, o que quer dizer que ele termina numa fascinação arrebatada e irracional; pensar em seus atributos torna-se um adjunto disso, se não pretende trair seu objeto; ao passo que os filmes mais austeros necessariamente tiram sua energia da tentativa de reprimir seu próprio excesso (e não do esforço ingrato de disciplinar o expectador).

A afirmação de que "o visual é essencialmente pornográfico" não é, para dizer o mínimo, um fato do mundo que qualquer um possa ver. A frase "o que quer dizer" promete uma explicação, mas é igualmente desconcertante: acaso é impossível que alguma coisa "termine numa fascinação arrebatada e irracional" sem ser pornográfica? O leitor desorientado é alertado de que sua capacidade de compreender o mundo não conta nada. Cabe-lhe apenas contemplar os enigmáticos pronunciamentos do grande intelectual. O modo clássico de escrever, com o pressuposto de igualdade entre o escritor e o leitor, faz com que o leitor se sinta um gênio. A escrita ruim faz com que o leitor se sinta um estúpido.

O começo de texto vencedor em 1998, da autoria de outra eminente crítica, Judith Butler, também é um repúdio desafiador do estilo clássico.

> The move from a structuralist account in which capital is understood to structure social relations in relatively homologous ways to a view of hegemony in which power relations are subject to repetition, convergence and rearticulation brought the question of temporality into the thinking of structure, and marked a shift from a form of Althusserian theory that takes structural totalities as theoretical objects to one in which the insights into the contigent possibility of structure inaugurate a renewed conception of hegemony as bound up with the contingent sites and strategies of the rearticulation of power.

> A passagem de uma explicação estruturalista em que o capital é entendido como estruturando as relações sociais de maneiras relativamente homólogas para uma concepção de hegemonia em que as relações de poder estão sujeitas à repetição, convergência e rearticulação trouxe a questão da temporalidade para dentro do pensamento sobre a estrutura, e marcou uma mudança desde uma forma de teoria althusseriana que toma as totalidades estruturais como objetos teóricos para uma [forma de teoria] em que as intuições a respeito da possibilidade contingente de estrutura inauguram uma concepção renovada da hegemonia como ligada com os espaços e estratégias contingentes da rearticulação do poder.

Algum leitor dessa assustadora passagem pode ficar admirado com a capacidade de Butler para fazer malabarismos com proposições abstratas que têm por assunto outras proposições ainda mais abstratas, sem ter em vista nenhum referente do mundo real. Temos uma passagem de uma explicação de um entendimento para uma visão com rearticulação de uma questão, o que me faz lembrar da festa hollywoodiana de *Annie Hall*, na qual se ouve por acaso um produtor cinematográfico comentar "Por enquanto é só uma noção, mas penso que posso conseguir dinheiro para fazer dela um conceito, e mais tarde transformá-la numa ideia". O que o leitor não consegue é compreendê-la – ver com seus próprios olhos aquilo que Butler está vendo. Na medida em que a passagem tem algum sentido, esse sentido parece ser que alguns intelectuais chegaram a dar-se conta de que o poder pode mudar ao longo do tempo.

A incompreensibilidade da escrita dos vencedores do concurso é sedutora. A maioria dos professores universitários é capaz de passar adiante sem esforço esse tipo de lixo, e muitos estudantes, como Zonker Harris na tirinha *Doonesbury*, adquirem essa capacidade sem precisar ser ensinados.

Doonesbury © 1972 G. B. Trudeau. Reprinted with permission of Universal Uclick. All Rights reserved.

A linguagem simples das explicações de Greene sobre o multiverso também é enganosa. É necessário trabalho cognitivo e destreza literária para desbastar um argumento até chegar ao essencial, expô-lo numa sequência bem ordenada e ilustrá-lo com analogias que sejam ao mesmo tempo conhecidas e exatas. Como disse Dolly Parton, "Você não acreditaria como custa caro parecer tão barato".

Apresentar de maneira segura uma ideia em estilo clássico não deve ser confundido com insistir arrogantemente que ela é correta. Num outro ponto de seu ensaio, Greene não esconde o fato de que muitos de seus colegas físicos pensam que a Teoria das Cordas e o multiverso são mirabolantes e carentes de prova. Ele só quer que seus leitores os entendam. Segundo Thomas e Turner, o leitor de prosa clássica "pode concluir que um texto é magistral, clássico, e completamente errado".[9]

E por mais direto que seja, o estilo clássico continua sendo um fingimento, uma impostura, uma encenação. Mesmo os cientistas, com seu compromisso de ver o mundo como ele é, são *um pouquinho* pós-modernos. Reconhecem que é difícil conhecer a verdade, que o mundo não é exatamente como se revela para nós, que nós compreendemos o mundo através de nossas teorias e de nossos construtos, que não são imagens, mas proposições abstratas, e que as maneiras como conhece-

*Uma janela para o mundo*

mos o mundo precisam ser constantemente reavaliadas em busca de vieses ocultos. Só que os bons escritores não ostentam essa ansiedade em todo trecho que escrevem; eles a dissimulam em nome da clareza.

Lembrar que o estilo clássico é uma simulação também justifica a exigência aparentemente extravagante de o escritor conhecer a verdade antes de colocá-la em palavras, e não utilizar o processo de escrever para organizar e tornar claros seus pensamentos. Naturalmente, nenhum escritor trabalha dessa forma, mas isso é irrelevante. O objetivo do estilo clássico é fazer com que *pareça* que os pensamentos do escritor estavam inteiramente formados antes que ele os vestisse de palavras. Assim como no caso do *chef* famoso que, na cozinha impecável da televisão, tira um suflê perfeito do forno no último minuto do programa, quando o trabalho sujo foi feito de antemão e longe das câmeras.

O restante deste capítulo organiza-se como segue. A primeira subseção introduz o conceito de "metadiscurso", seguido por uma de suas principais manifestações, o uso de sinalização. A segunda subseção resenha três questões: o problema de enfocar uma descrição da atividade profissional em vez de uma exposição do assunto em tela, o uso exagerado de desculpas e a desvantagem de ressalvas em excesso [*"excessive hedging"*]. Em seguida, a terceira subseção explica a questão das fórmulas verbais pré-especificadas. A quarta subseção cobre problemas referentes ao excesso de abstração, incluindo o uso excessivo de nominalizações e passivos. E, por fim, retomo os principais pontos da discussão que precedeu.

Deu para entender? Acho que não. Esse parágrafo chato está cheio de metadiscurso – falatório sobre falatório, como subseção, resenhar, discussão. Escritores inexperientes costumam pensar que estão fazendo um favor aos leitores guiando-os pelo texto e antecipando o que será visto. Na realidade, antecipações que são sumários dispensáveis servem para ajudar o escritor, não o leitor. A essa altura da exposição, os termos não significam nada para o leitor, e a lista é longa e arbitrária demais para permanecer na memória por muito tempo.

O parágrafo anterior revisou o conceito de metadiscurso. Este parágrafo introduz uma de suas principais manifestações, o fenômeno da sinalização.

Escritores inábeis fazem muito uso disso também. Sem perceber, seguem a recomendação de dizer o que vai dizer, dizer, e depois dizer o que disse. A recomendação provém da retórica clássica e faz sentido para falas longas: se a mente de um ouvinte divaga momentaneamente, a passagem que lhe escapou está perdida. Não é necessária na escrita, na qual um leitor pode voltar e achar o que perdeu. E pode ser uma intromissão indevida no estilo clássico, que simula uma conversa. Você nunca anunciaria a um amigo: "Vou te dizer três coisas. A primeira coisa é que um pica-pau acabou de pousar naquela árvore". Você simplesmente diz que um pica-pau acabou de pousar na árvore.

O problema com a sinalização impensada é que o leitor tem que dedicar mais trabalho a compreender as próprias sinalizações do que ele poupa vendo o que elas sinalizam, como certas orientações sobre atalhos mais demoradas de entender do que o tempo poupado pelo atalho. O melhor é que o caminho seja previsto com suficiente clareza para que cada nova direção a tomar fique evidente quando você se deparar com ela. A boa escrita aproveita-se das expectativas do leitor sobre o próximo caminho a tomar. Acompanha o leitor num itinerário, ou dispõe a matéria numa sequência lógica (do geral para o específico, do maior para o menor, do mais cedo para o mais tarde) ou conta uma história contendo uma narrativa etc.

Não é que os autores devam evitar as sinalizações por completo. Mesmo a conversa ocasional tem um pouco de sinalização. *Let me tell you a story. To make a long story short. In other words. As I was saying. Mark my words. Did you hear the one about the minister, the priest and the rabbi?* [*Vou contar uma história. Para encurtar a história. Em outras palavras. Como eu estava dizendo. Escreva o que eu estou falando. Você já ouviu aquela sobre o pastor protestante, o padre e o rabino?*]. Como todas as decisões que concernem a escrita, a quantidade de sinalizações exige avaliação e acomodações: se houver demais, o leitor atola na leitura das sinalizações; se houver de menos, ele não sabe para onde está indo.

A arte da prosa clássica consiste em sinalizar com moderação, como fazemos na conversação, e reduzindo ao mínimo o metadiscurso. Uma possibilidade para introduzir um assunto sem metadiscurso consiste em começar com uma pergunta.

This chapter discusses the factors that cause names to rise and fall in popularity.

Este capítulo discute os fatores que fazem com que aumente ou caia a popularidade dos nomes próprios.

What makes a name rise and fall in popularity?

O que faz com que um nome próprio ganhe ou perca em popularidade?

Outra consiste em usar a metáfora-guia que está por trás do estilo clássico, a da visão. O conteúdo numa passagem do texto é tratado como um acontecimento corriqueiro que pode ser visto com os olhos de cada um.

The preceding paragraph demonstrated that parents sometimes give a boy's name to a girl, but never vice versa.

O parágrafo anterior demonstrou que os pais, às vezes, dão um nome de menino a uma menina, mas nunca o contrário.

As we have seen, parents sometimes give a boy's name to a girl, but never vice versa.

Como vimos, os pais às vezes dão um nome de menino a uma menina, mas nunca o contrário.

E, como ver implica que há alguém vendo, não precisamos mais fazer referência a parágrafos que "demonstram", nem a seções que "resumem" outras coisas, como se os blocos de escrita impressos pensassem por conta própria. Os participantes ativos são o escritor e o leitor, que estão acolhendo o espetáculo juntamente, e o escritor pode referir-se a ambos pelo velho e bom pronome *we* [*nós*]. Isso lhe permite mais algumas metáforas que podem substituir o metadiscurso, como caminhar juntos ou cooperar num projeto.

The previous section analyzed the source of word sounds. This section raises the question of word meanings.

A seção anterior analisou a fonte dos sons das palavras. A presente seção levanta a questão da significação das palavras.

Now that we have explored the source of word sounds, we arrive at the puzzle of word meanings.

Tendo explorado a fonte dos sons das palavras, chegamos ao quebra-cabeça do significado das palavras.

| | |
|---|---|
| The first topic to be discussed is proper names. | Let's begin with proper names. |
| O primeiro tópico a ser discutido são os nomes próprios. | Comecemos com os nomes próprios. |

Quanto à recomendação de dizer o que você já disse, a expressão-chave é "em outras palavras". Não faz sentido copiar uma sentença de cada parágrafo e fazer uma colagem delas no final. Isso só força o leitor a imaginar o propósito dessas sentenças, e equivale a uma confissão do autor de que ele não está apresentando ideias (que podem sempre ser vestidas com uma linguagem diferente), mas somente espalhando palavras pela página. Um resumo deveria repetir apenas palavras-chave para que o leitor possa conectá-lo a passagens anteriores que explicitaram os objetivos em detalhe. Mas essas palavras precisariam encaixar-se em novas sentenças que funcionem juntas como um trecho de prosa coerente por si mesmo. O resumo precisaria ser autoexplicativo, quase como se a matéria resumida nunca tivesse existido.

O metadiscurso não é a única forma de egocentrismo que leva para o atoleiro a prosa profissional. Há outra, que é a confusão do assunto do escritor com sua linha de trabalho. Os escritores vivem em dois universos. Um deles é o mundo da coisa que estudam: a poesia de Elisabeth Bishop, o desenvolvimento da linguagem nas crianças, a Rebelião de Taiping na China. Outro é o mundo de sua profissão: conseguir a publicação de artigos, ir a reuniões científicas, manter-se a par das novas tendências teóricas e das fofocas. A maior parte de seu tempo desperto é despendido no segundo desses mundos, e é fácil o pesquisador fazer confusão entre os dois. O resultado é a abertura típica de um artigo acadêmico:

> In recent years, an increasing number of psychologists and linguists have turned their attention to the problem of child language acquisition. In this article, recent research on this process will be reviewed.

> Nos últimos anos, um número cada vez maior de psicólogos e linguistas voltaram suas atenções para o problema da aquisição da língua pela criança. Neste artigo, será resenhada pesquisa recente sobre esse processo.

Sem querer ofender ninguém, são muito poucas as pessoas que querem saber como os professores gastam seu tempo. O estilo clássico ignora os auxiliares de pesquisa e se fixa no que são pagos para estudar.

All children acquire the ability to speak a language without explicit lessons. How do they accomplish this feat?

Todas as crianças adquirem a capacidade para falar uma língua sem ser ensinadas explicitamente. Como realizam essa façanha?

Para ser justo, algumas vezes o tópico da conversação *é* realmente a atividade dos pesquisadores, por exemplo numa apresentação panorâmica cujo objetivo é familiarizar alunos de pós-graduação ou outros iniciados com a bibliografia da profissão que escolheram. Mas os pesquisadores tendem a perder de vista o destinatário e passam a descrever narcisisticamente as obsessões de sua comunidade, em vez de expor o que a plateia realmente quer saber. O narcisismo profissional não fica de maneira alguma confinado à academia. É comum que os jornalistas tratem de uma questão retomando reportagens alheias, criando a notória "câmara de eco" ("*echo chamber*"). No museu, por exemplo, informações ao lado de um fragmento de cerâmica falam da classificação do estilo da cerâmica em vez de indicarem quem fez ou para que servia. Em guias de música e cinema prevalecem dados sobre quanto o trabalho faturou no fim de semana de lançamento ou quantas semanas ficou em cartaz. Os governos e as empresas organizam seus websites tomando por referência sua própria estrutura burocrática, em vez de pensar nos tipos de informações mais procuradas pelos usuários.

Escritores autocentrados se inclinam a se queixar da terrível dificuldade e complicação daquilo que vão abordar.

What are intractable conflicts? "Intractability" is a controversial concept, which means different things to different people.

O que são os conflitos intratáveis? A "intratabilidade" é um conceito controverso, que significa coisas diferentes para pessoas diferentes.

Resilience to stress is a complex multidimensional construct. Although there is no one universally accepted definition of resilience, it is generally understood as the ability to bounce back from hardship and trauma.

> A resiliência ao estresse é um construto multidimensional complexo. Embora não exista uma definição de resiliência universalmente aceita, ela é em geral entendida como a capacidade de reagir em resposta às provações e ao trauma.

---

> The problem of language acquisition is extremely complex. It is difficult to give precise definitions of the concept of "language" and the concept of "acquisition" and the concept of "children". There is much uncertainty about the interpretation of experimental data and a great deal of controversy surrounding the theories. More research needs to be done.

> O problema da aquisição da linguagem é extremamente complexo. É difícil dar definições exatas do conceito de "linguagem", do conceito de "aquisição" e do conceito de "crianças". Há muita incerteza quanto à interpretação dos dados experimentais e muita controvérsia em torno das teorias. Mais pesquisa precisa ser feita.

A última destas citações é um pastiche, mas as outras duas são reais, e são típicas do estilo autoindulgente que torna a escrita acadêmica tão chata. No estilo clássico, o escritor credita ao leitor a inteligência necessária para perceber que muitos conceitos não têm uma definição fácil e que muitas controvérsias não são fáceis de resolver. O leitor entra na história para ver o que o escritor fará com tudo isso.

Outro hábito ruim da escrita autocentrada é o uso afetado das aspas ["*quotation marks*"] – às vezes chamadas de *shudder quotes* [literalmente "aspas de arrepio"] ou *scare quotes* ["aspas de medo"], para distanciar o escritor do modo corrente de falar:

> By combining forces, you could make the "whole more than the sum of its parts".

> Combinando as forças, você poderia chegar a um "todo maior que a soma das partes".

---

> But this is not the "take home message".

> Mas esta não é a "moral da história".

---

> They may be able to "think outside the box" even when everybody else has a fixed approach, but they do not always note when "enough is enough".

> Talvez sejam capazes de "pensar criativamente" mesmo quando todas as outras pessoas têm uma visão comum, mas nem sempre percebem quando "já deu".

*Uma janela para o mundo*

---

It began as a movement led by a few "young turks" against an "old guard" who dominated the profession.

Eles começaram um movimento liderado por uns poucos "jovens turcos", contra uma "velha guarda" que dominava a profissão.

---

She is a "quick study" and has been able to educate herself in virtually any area that interests her.

Ela é do tipo que "aprende rápido", e tem sido capaz de aprender em virtualmente todas as áreas de seu interesse.

---

Os autores parecem dizer "Não consegui pensar numa maneira mais digna de dizer isso, mas, por favor, não pensem que eu sou um tagarela que fala desse jeito; na verdade, sou um intelectual sério". O problema não é só de afetação. No último exemplo, extraído de uma carta de recomendação, o que devemos entender? Que pensemos que a estudante é uma aprendiz esperta ou que ela é uma "aprendiz esperta" – alguém que dizem ser aprendiz esperta, mas que de fato não é? O uso das "aspas de arrepio" é levado ao extremo no estilo agonizantemente autocentrado e acintosamente anticlássico do modernismo, que rejeita a possibilidade de que qualquer palavra possa vir a se referir a qualquer coisa, ou mesmo que haja um mundo objetivo ao qual as palavras se referem. Daí a manchete de 2004 do jornal satírico *The Onion* sobre a morte do luminar do pós-modernismo, Jacques Derrida: *Jacques Derrida "dies"* [*Jacques Derrida "morre"*].

As aspas têm um certo número de usos legítimos, por exemplo, para reproduzir as palavras de alguém (*She said, "Fiddlesticks!"* [*Ela disse "Cacilda!"*]), para mencionar uma palavra enquanto palavra, em vez de usá-la para veicular seu sentido (*The New York Times uses "millenniums", not "millennia"* [*cp. A Folha de S.Paulo usa "os campus da USP" não "os campi da USP"*]), ou para assinalar que o escritor não aceita o sentido de uma palavra tal como ele está sendo usado por outros no mesmo contexto (*They executed their sister to preserve the family's "honor"* [*Eles executaram sua irmã para preservar a "honra" da família*]). Mas a indecisão quanto à própria escolha de palavra não é um desses usos legítimos. O estilo clássico é confiante a propósito de sua própria voz. Se você não se sente bem usando uma expressão sem aspas que pedem desculpas, você simplesmente não deve usá-la.

E assim chegamos ao uso compulsivo de ressalvas. Muitos escritores amaciam sua escrita com chumaços de pelúcia que dão a entender que não estão querendo tomar posição em favor daquilo que estão dizendo, tais como *almost, apparently, comparatively, fairly, in part, nearly, partially, predominantly, presumably, rather, relatively, seemingly, so to speak, somewhat, sort of, to a certain degree, to some extent* [*quase, aparentemente, comparativamente, um tanto, em parte, quase, parcialmente, predominantemente, presumivelmente, um tanto, relativamente, ao que parece, por assim dizer, em alguma medida, tipo, até um certo grau, até um certo ponto*] e o onipresente *I would argue* [*eu diria que*] (acaso isso significa que defenderiam sua posição se a situação fosse outra, mas que não querem defender sua posição agora?). Considere o "*virtually*" no trecho da carta de recomendação citado anteriormente. Será que o escritor quer realmente dizer que há algumas áreas em que a estudante estava interessada nas quais ela não fez questão de se aprofundar, ou que ela tentou se aprofundar nessas áreas, mas lhe faltou competência? E tem ainda o cientista que me mostrou uma foto da filhinha de 4 anos e me disse, radiante: "*We virtually adore her*" ["Nós, virtualmente, a amamos"].

Os escritores adquirem o hábito de fazer ressalvas para obedecer ao imperativo burocrático que se abrevia como CYA, que eu explicito como *Cover Your Anatomy* ["cubra suas partes" = "proteja seu rabo"]. Eles esperam que isso lhes permita sair pela tangente ou pelo menos que sejam julgados por um crime menor, na remota hipótese de que um crítico prove que estão errados. É o mesmo motivo pelo qual jornalistas, temendo ações judiciais, espalham no texto as palavras *allegedly* e *reportedly* [*conforme se alega, conforme se relata*], como em *The alleged victim was found lying in a pool of blood with a knife in his back* [*A alegada vítima foi encontrada deitada num lago de sangue, com uma faca nas costas*].

Existe uma alternativa a *Cover Your Anatomy*: *So Sue Me* [*então me processe*]. Um autor clássico conta com o bom senso e com a caridade habitual de seus leitores, exatamente como, nas conversas do dia a dia, sabemos quando o falante quer dizer "em geral" ou "mantidas as demais condições". Se alguém disser que Liz quer mudar-se de Seattle porque é uma cidade chuvosa, você não interpretará que chove em Seattle vinte e quatro horas por dia e sete dias por semana só porque ele não qualificou a afirmação como *relatively rainy* ou *somewhat rainy* [*relativamente chuvosa* ou *um tanto chuvosa*]. Segundo Thomas e Turner, a exatidão vira pedantismo se a cultivarmos como um fim em si. Um autor clássico vai verbalizar com precisão um ponto secundário, mas sem jurar ser tecnicamente exato. O acordo entre o escritor e o leitor é que o escritor não deve ser questionado sobre esses pontos, porque eles não passam de andaimes.[10] De toda maneira, qualquer adversário suficientemente inescrupuloso para fazer uma leitura menos conciliadora de um enunciado sem ressalvas encontrará uma brecha para atacar o escritor num matagal de enunciados com ressalvas.

Às vezes, um escritor não tem a opção de fugir às ressalvas de um enunciado. Mas ele pode fazer melhor do que isso *qualificando* o enunciado, isto é, explicitando as circunstâncias em que não vale, o que é melhor do que deixar para si próprio uma escapatória, ou ser tímido com o que realmente quer dizer. Um enunciado num documento legal *será* interpretado com intenções contenciosas, sem a expectativa de cooperação que rege as conversações ordinárias, portanto qualquer exceção precisa ser explicitada. Um estudioso que está propondo uma hipótese deve expressar-se publicamente da forma mais precisa possível pelo menos uma vez, para que os críticos possam saber exatamente o que ele está propondo, e possam palpitar melhor. E se houver uma chance razoável de que os leitores se enganem entendendo como lei absoluta o que é somente uma tendência estatística, um escritor responsável se antecipará ao equívoco e qualificará a generalização da maneira correspondente. Pronunciamentos como "As democracias não entram em guerras", "Os homens lidam melhor do que as mulheres com problemas de geometria" e "Comer brócolis evita o câncer" não fazem justiça ao fato de que esses fenômenos consistem, na melhor das hipóteses, em diferenças pequenas na média de duas curvas estatísticas. Uma vez que interpretar erroneamente esses enunciados como leis absolutas tem consequências graves, um escritor responsável deveria inserir um qualificador como *em média* [*on average*] ou *em igualdade de condições* [*all things being equal*], somados com algo como *ligeiramente* [*slightly*] ou *um tanto* [*somewhat*]. O melhor é informar explicitamente a ordem de grandeza do efeito e o grau de certeza, em enunciados sem restrições como "Durante o século xx, as democracias estiveram 50% menos propensas a entrar em guerra umas com as outras do que os regimes autocráticos". Não é que os bons escritores nunca restrinjam suas afirmações. É que, para eles, restringir é uma escolha, não um cacoete.

Paradoxalmente, intensificadores como *very*, *highly* e *extremely* [*muito, altamente, extremamente*] também funcionam como restritores. Não só tornam menos clara a prosa de um escritor, mas podem minar seus propósitos. Se estou me perguntando quem surrupiou a caixinha de moedas, é mais tranquilizador ouvir *Not Jones; he is an honest man* do que *Not Jones; he is a very honest man* [*Não o J., ele é uma pessoa honesta /Não o J., ele é uma pessoa muito honesta*]. A razão é que os substantivos e adjetivos usados sem modificadores tendem a ser interpretados categoricamente: *honest* [*honesto*] significa "completamente honesto" ou pelo menos "completamente honesto no sentido que conta aqui" (da mesma forma que *Jack drank the bottle of beer* [*Jack bebeu a garrafa de cerveja*] dá a entender que ele secou a garrafa numa talagada só, não ficou num ou dois goles). Tão logo acrescenta um intensificador, você transforma uma dicotomia do tipo tudo/nada numa escala gradual. É verdade que você vai tentar colocar seu sujeito num ponto alto da escala – digamos, 8,7 num máximo de 10 –, mas teria sido melhor se o leitor não considerasse um grau relativo de honestidade, antes de mais nada. Esse é o fundamento da recomendação (erroneamente atribuída a Mark Twain): "coloque *damn* [*danado de...*] toda vez que estiver inclinado a escrever *very* [*muito...*]. Seu editor vai apagar o que você escreveu, e o texto escrito vai ficar exatamente do jeito que deveria estar" – só que, hoje em dia, a substituição teria que ser feita com uma palavra mais forte do que *damn*.[11]

A prosa clássica é uma ilusão agradável como abandonar-se num jogo. O escritor precisa se empenhar para manter a impressão de que sua prosa é uma janela sobre a cena, e não uma confusão de palavras. Como um ator insípido, um escritor que confia em fórmulas verbais enlatadas quebrará o encanto. Este é o tipo de escritor que dá o pontapé inicial em sua busca pelo Santo Graal, mas descobre que não tem nem uma fórmula mágica, nem gol de placa e, portanto, aguenta o repuxo e deixa que o mundo acabe num barranco, enquanto vê o copo meio cheio, o que é mais fácil falar do que de fazer.*

Evitar clichês como a praga – é moleza.[12] Quando o leitor é forçado a passar por uma expressão idiomática insossa depois de outra, para de converter a linguagem em imagens mentais e passa simplesmente a vocalizar as palavras.[13] Pior ainda, como esse entregador de clichês desliga sua própria inteligência visual enquanto solta suas expressões mortas, ele também acaba por misturar suas metáforas, e um leitor que se mantenha visualmente atento será distraído pela sequência ridícula das imagens.

> The price of chicken wings, the company's bread and butter, had risen.
> Leica had been coasting on its laurels.
> Microsoft began a low-octane swan song.
> Jeff is a renaissance man, drilling down to the core issues and pushing the envelope.
> Unless you bite the bullet, you'll shoot yourself in the foot.
> No one has yet invented a condom that will knock people's socks off.
> How low can the team sink? Sky's the limit.

> O preço da asa de frango, galinha dos ovos de ouro da companhia, tinha aumentado.**
> A Leica tem vivido de glórias passadas.
> A Microsoft entrou num discreto canto do cisne.
> Jeff é um homem da Renascença, que vai fundo nas questões centrais, e está constantemente tentando fazer o melhor.
> Se você não morder a bala, vai atirar no próprio pé.
> Ninguém ainda inventou uma camisinha que deixe as pessoas de queixo caído.
> Até que ponto o time pode se rebaixar? O céu é o limite.

Mesmo quando uma imagem que já passou de mão em mão é a melhor maneira de veicular uma ideia, um escritor clássico pode manter seu leitor atento reportando-se àquilo a que a frase feita se refere, e jogando com uma imagem para manter isso na mente do leitor.

---

\* N.T.: O autor construiu este período acumulando frases feitas, e o resultado é um texto pouco claro. Traduzi pelos equivalentes aproximados.

\*\* N.T.: Os dois clichês desta frase são chicken wings (que traduzi ao por "as asas de frango") e bread and butter, (que traduzi por "galinha dos ovos de ouro"). "Chicken wings" faz alusão ao fato de que os frangos não voam, motivo pelo qual suas asas são um exemplo privilegiado de inutilidade. "Como cascas de alho" seria, em português, uma expressão aproximadamente equivalente.

When Americans are told about foreign politics, their eyes gaze over.

Quando os americanos ouvem falar de política exterior, suas vistas se embaralham.

Ever tried to explain to a New Yorker the finer points of Slovakian coalition politics? I have. He almost needed an adrenaline shot to come out of the coma.[14]

Você já tentou explicar a um nova-iorquino os detalhes da coalizão política eslovaca? Eu já. Ele quase precisou de uma injeção de adrenalina para sair do coma.

---

Electronic publication is scholarship on steroids.

As publicações eletrônicas são o conhecimento movido a anabolizantes.

With electronic publication, you can see your stuff published just 15 seconds after you write it. It's scholarship on methamphetamines. Publication for speed freaks.[15]

Com a publicação eletrônica, você pode ver seu texto publicado apenas 15 segundos depois de escrevê-lo. É um conhecimento movido a anabolizantes. Publicação para doidos por velocidade.

---

Trying to direct team owners is like herding cats.

Tentar orientar os proprietários de times é como pastorear gatos.

To suggest that directing team owners is like herding cats is to give cats a bad name.[16]

Sugerir que dar orientações aos proprietários de times é como pastorear gatos é insultar os gatos.

---

Hobbes stripped the human personality for any capacity for love or tenderness or even simple fellow-feeling, leaving instead only fear. He threw out the baby with the bathwater.

Hobbes despiu a personalidade humana de qualquer capacidade de amor ou ternura ou mesmo de qualquer sentimento de amizade, deixando no lugar somente o medo. Ele jogou o bebê com a água do banho.

Hobbes stripped the human personality for any capacity for love or tenderness or even simple fellow-feeling, leaving instead only fear. The bath was dry, and the baby had vanished.[17]

Hobbes despiu a personalidade humana de qualquer capacidade de amor ou ternura ou mesmo de qualquer sentimento de amizade, deixando no lugar somente o medo. A banheira estava seca, e o bebê tinha sumido.

# Uma janela para o mundo

E se você precisar usar um clichê, por que não usá-lo de modo que faça sentido fisicamente? Quando você pensa nele, o destino de um objeto esquecido [*overlooked*] é cair através ou dentro das [*through, into*] frestas do assoalho, não entre [*between*] elas, e o protótipo do desejo impossível é *comer o bolo e ainda tê-lo*, não *estar com o bolo e comê-lo* [é fácil fazer isso, nesta ordem]. E, com frequência, você ficará surpreso, e sua escrita mais viva, se gastar alguns segundos examinando como é formulado, originalmente, um clichê. *To gild the lily* [literalmente *enfeitar o lírio* e, metaforicamente, *realizar uma ação trabalhosa e desnecessária*] não é somente desgastado, mas menos adequado do que qualquer uma das duas metáforas que esse clichê misturou originalmente (em *Vida e Morte do Rei João*, de Shakespeare) *to paint the lily* e *to gild refined gold* [*pintar o lírio* e *enfeitar ouro fino*], sendo que esta última ecoa claramente a redundância visual na superposição entre *gild* e *gold* [*enfeitar* e *ouro*]. Aliás, você poderia pura e simplesmente evitar o clichê, adaptando uma das outras imagens na sentença completa: *"To gild refined gold, to paint the lily, to throw a perfume on the violet, to smooth the ice, or add another hue unto the rainbow, or with taper-light to seek the beauteous eye of haven to garnish, is wasteful and ridiculous excess"* ["Dourar o ouro fino, pintar o lírio, jogar perfume na violeta, alisar o gelo ou acrescentar uma nova cor ao arco-íris, ou procurar à luz de vela o lindo olho do céu para adorná-lo, são excessos caros e inúteis"].

Clichês usados sem pensar podem inclusive ser perigosos. Às vezes me pergunto quanta irracionalidade já foi desculpada no mundo pela afirmação sem sentido *"Consistency is the hobgoblin of little minds"* ["A perseverança é o bicho-papão das mentes limitadas"], uma corruptela da observação de Ralph Valdo Emerson sobre *"a foolish consistency"* ["uma perseverança sem juízo"]. Recentemente, um funcionário da Casa Branca referiu-se à Comissão para os Negócios Americanos com Israel como *"the 800-pound gorilla in the room"* [literalmente, "o gorila de 360 quilos na sala"], confundindo *the elephant in the room* [literalmente, "o elefante na sala"] – ou seja, algo que causa preocupação e que todos fingem ignorar – com *an 800-pound gorilla* (qualquer coisa suficientemente poderosa para fazer o que quiser, emprestado da piada *"Where does an 800-pound go-*

*rilla sit?"* ["Onde senta um gorila de 360 quilos?"].* Dada a controvérsia sobre o lobby de Israel, que para alguns é pouco lembrado na política exterior norte-americana, e para outros está nefastamente controlando tudo, o sentido do primeiro clichê é um lugar-comum, o sentido do segundo é incendiário.

Embora nenhum escritor possa evitar de todo as frases feitas – já que fazem parte do léxico da língua** em pé de igualdade com as palavras de uma só unidade –, os bons escritores buscam comparações inusitadas e metáforas que mantenham plugado o córtex sensorial do leitor. Shakespeare adverte contra "acrescentar uma nova tonalidade de cor ao arco-íris"; Dickens descreve um homem "com pernas tão compridas que ele parecia a sombra da tarde de outra pessoa"; Nobokov faz Lolita "afundar numa cadeira abrindo as pernas como uma estrela do mar".[18] Mas você não precisa ser um grande escritor de ficção para ativar o imaginário do leitor. Um psicólogo explicou uma simulação feita por computador em que a ativação vai se acumulando num neurônio até explodir "como uma pipoca numa panela".[19] Um editor que procurava recrutar novos talentos escreve ter estado num enterro em que "a concentração de autores era tão densa que eu me senti como um urso pardo no pé de uma cachoeira, postado para tirar salmões da água, tantos quantos as patas podiam agarrar".[20] O baixista da banda de rock fictícia Spinal Tap também merece nossa admiração, se não por sua acuidade literária, pela atenção que ele dedica às imagens quando diz a um entrevistador: "Temos muita sorte na banda, porque temos dois visionários diferentes, David e Nigel; eles são como poetas, como Shelley e Byron... É como se fosse fogo e gelo, basicamente. Sinto que meu papel na banda é ficar em algum lugar no meio disso, tipo uma água morna".

Na prosa clássica, o escritor dirige o olhar do leitor para coisas do mundo que este pode ver por si mesmo. Todos os olhos estão sobre um agente, um protagonista, alguém que se move e se agita, uma

---

\* N.T.: Cuja resposta óbvia é "Onde ele quiser".

\*\* N.T.: Aqui e em outros lugares o autor não fala em "língua", mas em "língua inglesa". Sempre que suas explicações valem tanto para o inglês quanto para o português, omito a referência ao inglês.

força condutora. O agente empurra ou cutuca alguma coisa, e ela se movimenta ou se modifica. Ou uma coisa interessante aparece e o leitor a examina parte por parte. O estilo clássico minimiza as abstrações, que não podem ser vistas a olho nu. Isso não significa que evite os *assuntos abstratos* (lembre-se da explicação de Brian Greene sobre multiverso), mas que apresenta os acontecimentos que constituem aquele assunto de maneira transparente, contando um enredo que se desenrola com personagens reais que fazem coisas, em vez de citar um conceito abstrato que encapsula esses acontecimentos numa única palavra. Olhem para as passagens pesadas da esquerda, que estão cheias de substantivos abstratos (sublinhados), e comparem com as versões mais diretas da direita.

The researchers found that groups that are typically associated with low alcoholism <u>levels</u> actually have moderate amounts of alcohol <u>intake</u>, yet still have low <u>levels</u> of high <u>intake</u> associated with alcoholism, such as Jews.

The researchers found that in groups with little alcoholism, such as Jews, people actually drink moderate amounts of alcohol, but few of them drink too much and become alcoholics.

Os pesquisadores descobriram que os grupos que estão tipicamente associados com baixos <u>níveis</u> de alcoolismo na realidade têm quantidades moderadas de <u>consumo</u> de álcool, e ainda assim têm baixos <u>níveis</u> de alto <u>consumo</u> associados com o alcoolismo, como é o caso dos judeus.

Os pesquisadores descobriram que, em grupos com alcoolismo moderado, como os judeus, as pessoas efetivamente consomem pequenas quantidades de álcool, mas poucos bebem em excesso e se tornam alcoólatras.

I have serious doubts that trying to amend the Constitution would work on an actual <u>level</u>. On the aspirational <u>level</u>, however, a constitutional amendment <u>strategy</u> may be more valuable.

I doubt that trying to amend the Constitution would actually succeed, but it may be valuable to aspire to it.

Tenho sérias dúvidas de que tentar emendar a Constituição funcionaria no <u>nível</u> dos fatos. No <u>nível</u> das aspirações, porém, uma <u>estratégia</u> pró-emenda constitucional pode ser mais válida.

Duvido que uma tentativa de emendar a Constituição teria efetivamente sucesso. Mas essa pode ser uma aspiração válida.

Individuals with mental health <u>issues</u> can become dangerous. It is important to approach this subject from a variety of <u>strategies</u>, including mental health assistance but also from a law enforcement <u>perspective</u>.

As pessoas com <u>problemas</u> de saúde mental podem ficar perigosas. É importante abordar este assunto a partir de uma variedade de <u>estratégias</u>, incluindo o acompanhamento da saúde mental, mas também de uma <u>perspectiva</u> de aplicação da lei.

People who are mentally ill can become dangerous. We need to consult mental health professionals, but we also may have to inform the police.

As pessoas que são mentalmente doentes podem ficar perigosas. Precisamos consultar profissionais da área da saúde mental, mas talvez precisemos também informar a polícia.

What are the <u>prospects</u> for reconciling a prejudice reduction <u>model</u> of change, designed to get people to like one another more, with a collective action <u>model</u> of change, designed to ignite struggles to achieve intergroup equality?

Quais são as <u>perspectivas</u> de reconciliar um <u>modelo</u> de mudança pela redução do preconceito que vise a fazer com que as pessoas gostem mais umas das outras, com um <u>modelo</u> de mudança coletivo voltado a instigar lutas para conseguir a igualdade entre grupos?

Should we try to change society by reducing prejudice, that is, by getting people to like one another? Or should we encourage disadvantaged groups to struggle for equality though collective action? Or can we do both?

Devemos tentar mudar a sociedade reduzindo os preconceitos, isto é, fazendo com que as pessoas gostem umas das outras? Ou devemos incentivar os grupos desfavorecidos a lutar pela igualdade mediante a ação coletiva? Ou podemos fazer as duas coisas?

Você consegue reconhecer um "nível" ou uma "perspectiva" quando os encontra na rua? Ou apontá-los para outras pessoas? E como fica uma abordagem, um pressuposto, um conceito, uma condição, um contexto, um âmbito de discussão, uma questão, um modelo, um processo, uma escala [*range*], um papel, uma estratégia, uma tendência ou uma variável? Tudo isso são metaconceitos, conceitos a propósito de conceitos. Funcionam como uma espécie de material para embalagens com que os acadêmicos, os burocratas e os porta-vozes das corporações empacotam seus assuntos. Somente depois que a embalagem é rasgada é que o objeto se torna visível.

A frase *on the aspirational level* [*no nível das aspirações*] não acrescenta nada a *aspire* [*aspirar*], e *a prejudice reduction model* [*um modelo de redução do preconceito*] não é nem um pouco mais articulado do que *reducing prejudice* [*reduzindo o preconceito*]. Lembre-se de que a sentença ganhadora no Concurso Anual de Escrita Ruim de 1998 era formada quase exclusivamente por metaconceitos.

Juntamente com urnas funerárias como *model* [*modelo*] e *level* [*nível*], em que os escritores sepultam seus atores e ações, a língua fornece a eles uma arma perigosa chamada nominalização: a transformação de qualquer coisa num nome. A regra de nominalização toma um verbo perfeitamente ágil e o mumifica num substantivo sem vida, acrescentando sufixos como *-ance, -ment, -ation*, ou *-ing*. [*-ância, -mento, -ação/-agem, -nte*].* Em vez de *afirmar* uma ideia, você faz uma *afirmação*, em vez de *pospor* algo, você implementa uma *posposição*. A estudiosa da escrita Helen Sword chama essas palavras de "substantivos zumbis", porque eles se metem na cena sem que um agente consciente dirija seus movimentos.[21] Eles conseguem transformar a prosa numa noite dos mortos-vivos.

| | |
|---|---|
| <u>Prevention</u> of neurogenesis diminished social <u>avoidance</u>. | When we prevented neurogenesis, the mice no longer avoided other mice. |
| A <u>prevenção</u> da neurogênese diminuiu a <u>não integração</u> social. | Quando evitamos a neurogênese, os ratos pararam de evitar outros ratos. |

| | |
|---|---|
| Participants read <u>assertions</u> whose <u>veracity</u> was either affirmed or denied by the subsequent <u>presentation</u> of an assessment word. | We presented participants with a sentence, followed by the words TRUE or FALSE. |
| Os participantes leram <u>afirmações</u> cuja <u>veracidade</u> foi afirmada ou negada pela subsequente <u>apresentação</u> de uma palavra de aferição. | Apresentamos aos participantes uma sentença seguida pelas palavras VERDADEIRO OU FALSO. |

---

\* N.T.: Os mesmos sufixos existem em português, mas não formam necessariamente as mesmas palavras.

| | |
|---|---|
| Comprehension checks were used as exclusion criteria. | We excluded people who failed to understand the instruction. |
| Checagens de compreensão foram usadas como critérios de exclusão. | Excluímos pessoas que não conseguiram entender a instrução. |
| It may be that some missing genes are more contributive to the spatial deficit. | Perhaps some missing genes contribute to the spatial deficit. |
| Pode ser que alguns genes faltantes sejam mais contributivos com o déficit espacial. | Talvez alguns genes faltantes contribuam para o déficit espacial. |

O último exemplo mostra que os verbos também podem ser esvaziados de vida quando são transformados em adjetivos, por exemplo, quando *contribute to* passa a *contributive* [*contribuir/contributivo*] ou *aspire* passa a *aspirational level* [*aspirar a / nível das aspirações*]. Como sugere o quadrinho de Tom Toles, os nomes e os substantivos zumbis são uma das marcas registradas do academiquês.

Toles © The Washington Post. Reprinted with permission of Universal Uclick. All rights reserved.

---

\*   N. T.: O SAT (Scholastic Aptitude Test) é uma prova aplicada a estudantes que terminaram o nível médio, obrigatória nos Estados Unidos para o ingresso na universidade.

Perguntas? Mas não são só os estudiosos ligados à universidade que soltam esses zumbis pelo mundo. Em resposta a um furacão que quase levou a cancelar a Convenção Republicana Nacional em 2012, o governador Rick Scott disse à imprensa *"There is not any anticipation there will be a cancellation"* ["Não há nenhuma antecipação de que haverá um cancelamento"], isto é, ele não estava antecipando que ele teria que cancelar o evento. E em 2014, o secretário de Estado John Kerry anunciou: "O presidente está desejoso de tentar ver como podemos fazer esforços com o objetivo de achar um meio de facilitar", isto é, o presidente queria ajudar. Mais uma vez. Esse hábito profissional não tem escapado à atenção dos cartunistas, como neste quadrinho de McNelly que saiu quando Alexander Haig, o notório criador de sufixos que foi secretário de Estado na gestão de Reagan, demitiu-se.

Quando uma construção gramatical é associada a políticos, pode-se ter certeza de que ela fornece um meio para fugir da responsabilidade. Os substantivos zumbis, à diferença dos verbos dos quais afanaram os corpos, podem arrastar-se por aí sem sujeitos. É isso que eles compartilham com a construção passiva, que também prejudica estes exemplos: *was affirmed* [foi afirmado] e *were used* [fo-

*ram usados*]. E, numa terceira manobra evasiva, muitos estudantes e políticos mantêm distância dos pronomes *I*, *me* e *you* [*eu*, *me* e *você*]. O psicólogo social Gordon Allport denunciou essas táticas numa "Epístola aos escritores de teses":

> Por ansiedade e insegurança, vocês serão tentados a fazer um uso excessivo da voz passiva:
>
>> Com base na análise que foi feita dos dados que foram coletados, sugere-se que a hipótese nula pode ser rejeitada.
>
> "Por favor, meu senhor, eu não fiz isso, isso foi feito!" Tratem de vencer a covardia e comecem o capítulo de conclusões com a asserção criativa: "Pronto! Eu achei..."
> Vocês podem tentar defender seu uso enervante da voz passiva dizendo que a única alternativa é o uso excessivo do pronome pessoal da primeira pessoa, ou do *Nós* majestático. É mais seguro – vocês concluem – escolher a modéstia nesse momento crítico de sua carreira. Respondo: mesmo em momentos críticos, não vejo nenhum perigo em dizer "eu" quando quero dizer "eu".[22]

Muitas vezes, os pronomes *I*, *me* e *you* [*eu*, *me* e *você*] são não só inofensivos, mas absolutamente úteis. Estimulam a conversa, como recomenda o estilo clássico, e são dádivas para o leitor cuja memória está sendo posta à prova. É necessária uma boa dose de esforço mental para manter sob controle um elenco de personagens identificadas por *he*, *she*, *they* [*ele*, *ela*, *eles/elas*]. Mas, a não ser que a pessoa esteja passando pelos paroxismos de um transe meditativo ou de um arrebatamento místico, ela nunca se esquece de si mesma ou da pessoa a quem está dirigindo a palavra (*I*, *we*, *you* [*eu*, *nós*, *você*\*]). É por isso que as orientações que ensinam a evitar o juridiquês e outros estilos profissionais opacos aconselham a usar os pronomes de primeira e segunda pessoa, converter as passivas em ativas e deixar os verbos serem verbos, e não substantivos zumbis. Aqui vão alguns exemplos de verbalizações desaconselhadas e recomendadas extraídas do *Pennsylvania Plain Language Consumer Contract Act* (*Lei sobre linguagem clara nos contratos com o consumidor*):

---

\* N.T.: *Você* é a palavra que identifica o interlocutor na maioria das variedades do português brasileiro. É portanto um pronome de segunda pessoa, independentemente de sua origem e da concordância verbal que comanda.

If the Buyer defaults and the Seller commences collection through an attorney, the Buyer will be liable for attorney's fees.

Se o Comprador falhar e o Vendedor iniciar uma ação de cobrança através de um advogado, o Comprador estará sujeito ao pagamento das despesas com o advogado.

If the Buyer is behind in making payments, the Seller may
1. Hire an attorney to collect the money.
2. Charge the Buyer for the attorney's fees.

Se o Comprador estiver atrasado em fazer seus pagamentos, o Vendedor pode
1. contratar um advogado para receber o dinheiro.
2. cobrar do Comprador as despesas com o advogado.

---

If the outstanding balance is prepaid in full, the unearned finance charge will be refunded.

Se o saldo devedor vencido for pago integralmente, o rendimento financeiro não obtido será ressarcido.

If I pay the whole amount before the due date, you will refund the unearned portion of the finance charge.

Se eu pagar a importância integral antes do vencimento, você me ressarcirá a parte não devida dos encargos financeiros.

---

The Buyer is obligated to make all payments hereunder.

O Comprador é obrigado a fazer todos os pagamentos a seguir.

I will make all payments as they become due.

Farei todos os pagamentos à medida que forem vencendo.

---

Membership fees paid prior to the opening of the club will be placed in trust.

As quotas de filiação pagas antes da abertura do clube serão depositadas sob fideicomisso.

If I pay membership fees before the club opens, the club will put the money in a trust account.[23]

Se eu pagar quotas de filiação antes que o clube abra, o clube colocará esse dinheiro numa conta fiduciária.

Um estilo concreto e em tom coloquial faz mais do que tornar mais fácil a leitura do palavrório profissional; pode ser uma questão de vida ou morte. Veja-se esta advertência num adesivo colocado num gerador portátil:

*Guia de escrita*

Mild Exposure to CO can result in accumulated damage over time. Extreme Exposure to CO may rapidly be fatal without producing significant warning symptoms. Infants, children older adults and people with health conditions are more easily affected by Carbon Monoxide and their symptoms are more severe.

Uma exposição moderada ao CO pode resultar em danos acumulados ao longo do tempo. Uma exposição extrema ao CO pode rapidamente ser letal sem causar sintomas de advertência significativos.
Bebês, crianças, idosos e pessoas com problemas de saúde são mais facilmente afetados pelo Monóxido de Carbono e seus sintomas são mais graves.

Está na terceira pessoa, e recheada de substantivos zumbis como *extreme exposure* [*exposição extrema*] e passivos como *are more easily affected* [*são mais facilmente afetados*]. As pessoas podem lê-la e não ter a impressão de que alguma coisa terrível vá acontecer. Talvez seja por isso que, a cada ano, mais de uma centena de americanos inadvertidamente transformam suas casas em câmaras de gás e executam a si e à família ligando geradores e aquecedores que funcionam por combustão no interior das casas. Bem melhor é o adesivo encontrado num modelo recente:

Using a generator indoors CAN KILL YOU IN MINUTES.
Generator exhaust contains carbon monoxide. This is a poison you cannot see or smell.
NEVER use inside a home or garage. EVEN IF doors and windows are open.
Only use OUTSIDE and far away from windows, doors and vents.

Usar um gerador dentro de casa PODE MATAR VOCÊ EM POUCOS MINUTOS. As emissões de um gerador contêm monóxido de carbono. É um veneno que você não vê e não tem cheiro.
NUNCA use dentro de casa ou da garagem. MESMO QUE as portas e janelas estejam abertas.
Só use FORA e longe das janelas e das saídas de ventilação.

Neste adesivo, um verbo concreto na voz ativa e na segunda pessoa narra um acontecimento concreto: se você fizer isso, você vai morrer. E aquilo que pretende ser uma advertência é expresso num imperativo (*Never use inside* [*Nunca use dentro de casa*]). Exatamente como alguém faria numa conversa, e não como uma generalização impessoal (*Mild exposure can result in damage* [*Uma exposição moderada pode resultar em danos*]).

O conselho de trazer de volta à vida os substantivos zumbis como verbos e de converter os passivos em ativos é onipresente nos guias de estilo e nas leis da linguagem clara. Pelas razões que acabamos de ver, é geralmente um bom conselho. Mas é um bom conselho somente quando o escritor ou revisor compreende por que é dado. Nenhuma construção do inglês poderia ter sobrevivido por um milênio e meio se não tivesse sido continuamente útil para algum propósito, e isso inclui os passivos e as nominalizações. Pode ser que eles sejam usados em excesso, e são frequentemente mal usados, mas isso não significa que nunca devam ser usados. As nominalizações, como veremos no capítulo "Arcos de coerência", podem ser úteis para conectar uma sentença com as que precedem, garantindo a coerência. A voz passiva também tem alguns usos na língua. Um deles (vou me referir aos outros nos capítulos "A rede, a árvore e a sequência" e "Arcos de coerência") é indispensável para o estilo clássico: a passiva permite ao escritor dirigir o olhar do leitor, como um cineasta que escolhe o melhor ângulo de filmagem.

Muitas vezes o escritor precisa desviar a atenção do leitor para longe do agente de uma ação. A passiva lhe dá essa possibilidade, porque o agente pode ficar não mencionado, o que é impossível na voz ativa. Você pode dizer *O ursinho Puf comeu o mel* (voz ativa, agente mencionado), *O mel foi comido pelo ursinho Puf* (voz passiva, agente mencionado) – mas não *Comeu o mel* (voz ativa, agente não mencionado). Às vezes, a omissão é questionável do ponto de vista ético, como quando um político enrolador admite somente que "foram cometidos erros", omitindo o agente da passiva que identificaria os responsáveis pelos erros. Mas às vezes o recurso de omitir o agente vem a propósito, porque as personagens secundárias da história seriam um fator de distração. Como observou o linguista Geoffrey Pullum, não há nada errado numa reportagem que diga na voz passiva *Helicopters were flow in to put out the fires* [Helicópteros foram levados (ao lugar do incêndio) para combater o fogo"].*[24] Aos leitores não interessa saber que um tal de Betão foi o piloto de um dos helicópteros.

---

\* N.T.: *Were flown* é uma forma passiva do verbo *fly*, que significa, no caso, "fazer voar". Traduzi esse *fly* por "levar (ao lugar do incêndio)" para não alterar a sintaxe do inglês. Uma tradução com "voar" não seria possível porque este verbo é intransitivo e não tem voz passiva.

Mesmo quando o agente e o alvo de uma ação estão ambos visíveis na cena, a escolha da voz ativa ou passiva permite que o autor mantenha o leitor focado numa das personagens, antes de introduzir um fato interessante a respeito dela. Isso porque a atenção do leitor está inicialmente focada na entidade nomeada pelo sujeito da sentença. A voz ativa e a passiva diferem quanto a qual personagem é o sujeito e, portanto, qual personagem está inicialmente presente no foco de luz mental do leitor. A construção ativa dirige o olhar do leitor para alguém que está fazendo algo: *See the lady with the shopping bag? She's pelting a mime with zucchini* [Está *vendo a senhora com a sacola de compras? Ela está alvejando um mímico com abobrinhas*].* A passiva dirige a atenção do leitor para alguém que é alvo de alguma coisa: *See that mime? He's being pelted with zucchini by the lady with the shopping bag* [Está *vendo esse mímico? Ele está sendo alvejado com abobrinhas pela senhora com a sacola de compras*]. O uso da voz errada pode fazer com que o leitor vire a cabeça prum lado e pro outro, como um espectador de uma partida de tênis: *See the lady with the shopping bag? A mime is being pelted with zucchini by her* [Está *vendo a senhora com a sacola de compras? Um mímico está sendo alvejado com abobrinhas por ela*].

O problema com as passivas que afundam a linguagem burocrática e acadêmica é que elas não são escolhidas tendo em mente esses propósitos. São um sinal de desatenção de um escritor esquecido de que lhe caberia organizar em etapas um evento para o leitor. Ele sabe no que a história deu e só descreve o desfecho (alguma coisa foi feita). Mas o leitor, não tendo em vista o agente, não tem como visualizar o evento que avança pela iniciativa de seu instigador. O leitor é forçado a imaginar um efeito sem causa, o que é tão difícil como visualizar sem gato o riso arreganhado imaginado por Lewis Carroll.

Neste capítulo tentei chamar a atenção de meus leitores para muitos dos hábitos referentes à escrita que resultam numa prosa empapada: o metadiscurso, a sinalização, o uso de restritivos, as desculpas, o narcisismo profissional, os clichês, as metáforas que se misturam, os metaconceitos, as passivas desnecessárias e os substantivos zumbis.

---

* N.T.: Na cultura americana, atirar abobrinhas é uma alternativa possível a jogar ovos ou tomates para manifestar desagrado durante um espetáculo.

Os escritores que pretendem dar vigor à sua prosa poderiam tentar memorizar essa lista de proibições. Mas é melhor lembrar a metáfora que guia o estilo clássico: o escritor, conversando com o leitor, dirige a atenção do leitor para alguma coisa no mundo. Cada uma das proibições corresponde a um modo de o escritor desviar-se desse roteiro.

O estilo clássico não é a única maneira de escrever. Mas é um ideal que pode afastar escritores de muitos dos seus piores hábitos, e funciona particularmente bem porque faz com que o ato antinatural de escrever fique parecido com dois dos nossos atos mais naturais: conversar e olhar.

## NOTAS

[1] Versões destes dizeres foram usadas pelo estudioso da escrita James C. Raymond, pelo psicólogo Philip Gough, pela especialista em teoria literária Betsy Draine e pela poeta Mary Ruefle.

[2] Para uma discussão da ubiquidade das metáforas concretas na linguagem, ver Pinker, 2007, cap. 5.

[3] Grice, 1975; Pinker, 2007, cap. 8.

[4] Thomas & Turner, 1994, p. 81.

[5] Thomas & Turner, 1994, p. 77.

[6] Ambas as citações foram tiradas da p. 79.

[7] Brian Greene, "Welcome to the multiverse", *Newseek/ The Daily Beast*, 21 de maio de 2012.

[8] D. Dutton, "Language crimes: A lesson in how not to write, courtesy of the professoriate", *Wall Street Journal*, 5 de fevereiro de 1999. http://denisdutton.com/bad_writing.htm.

[9] Thomas & Turner, 1994, p. 60.

[10] Thomas & Turner, 1994, p. 40.

[11] Dito mais provavelmente por William Allen White, redator do jornal de Kansas; http://quoteinvestigator. com/2012/08/29/substitute-damn/.

[12] *"Avoid clichés like the plague"* é uma das regras destruidoras da escrita popularizadas por William Safire em seu livro de 1990, *Fumblerules*. O gênero já existia nos anos 1970, tempo em que era hábito circular o folclore dos *campi* por meio de cópias-xerox. Ver http://alt-usage-english.org/humorousrules.html.

[13] Keysar et al., 2000; Pinker, 2007, cap. 5.

[14] Do historiador Niall Ferguson.

[15] Do linguista Geoffrey Pullum.

[16] Do político, advogado, executivo e imortal goleiro do Montreal Canadiens Ken Dryden.

[17] Do historiador Anthony Pagden.

[18] O símile de Dickens é de *David Copperfield*.

[19] Roger Brown, num artigo inédito.

[20] Adam Bellow, "Skin in the game: A conservative chronicle", *World Affairs*, verão, 2008.

[21] H. Sword, "Zombie nouns", *New York Times*, 23 de julho de 2012.

[22] G. Allport, "Epistle to thesis writers", fotocópia passada de mão em mão por gerações de alunos de pós-graduação em psicologia, sem data, mas presumivelmente dos anos 1960.

[23] Do Pennsylvania Plain Language Consumer Contract Act, http://www.pacode.com/secure/data/037/capítulo 307/s307. 10. html.

[24] G. Pullum, "The BBC enlightens us on passives", *Language Log*, 22 de fev. De 2011, http://languagelog.ldc.upenn.edu/nll/?p= 2990.

# A maldição do conhecimento

**A PRINCIPAL CAUSA DA PROSA INCOMPREENSÍVEL
É A DIFICULDADE DE IMAGINAR COMO É, PARA O OUTRO,
NÃO SABER ALGUMA COISA QUE VOCÊ SABE**

Por que há tantos textos escritos difíceis de entender? Por que um leitor típico precisa batalhar para acompanhar um artigo acadêmico, as letras pequenas do manual do imposto de renda, ou as instruções para instalar uma nova rede sem fio em casa?

A explicação mais lembrada que conheço é a que vem representada neste quadrinho:

Bom começo. Mas falta o blá-blá-blá.

De acordo com essa teoria, a prosa opaca é uma escolha deliberada. Os burocratas e os gerentes de negócios insistem no blá-blá-blá para se preservar. Os escritores de camisa xadrez conseguem aí sua vingança dos *jocks* que os hostilizaram e das garotas que não lhes deram bola.* Os pseudointelectuais despejam um palavreado obscuro para esconder o fato de que não têm nada para dizer. Os acadêmicos das áreas de software vestem o trivial e o óbvio com os adereços da sofisticação científica, na esperança de enrolar suas audiências com um emaranhado de palavras de sentido inalcançável. Eis como Calvin explica o princípio a Haroldo:

*Calvin and Hobbes* © 1993 Watterson. Reprinted with permission of Universal Uclick. All rights reserved.

Sou cético há muito tempo quanto à teoria da enrolação, porque em minha experiência ela não soa verdadeira. Conheço muitos intelectuais que não têm nada para esconder e nenhuma necessidade de impressionar. Fazem um trabalho inovador em assuntos importantes, raciocinam bem a propósito de ideias claras e são pessoas honestas e realistas, do tipo com quem você gostaria de tomar uma cerveja. Ainda assim, sua escrita não presta.

As pessoas me dizem com frequência que os acadêmicos não têm como não escrever mal porque os guardiães das revistas especializadas e da imprensa universitária insistem em cobrar uma linguagem pesada como prova de seriedade. Essa não tem sido minha experi-

---

\* N.T.: O autor evoca aqui duas figuras masculinas típicas de estudantes americanos: os que chamam a atenção por seu porte físico e são candidatos naturais à prática de atividades esportivas (os *jocks*) e os que se destacam pela inteligência e dedicação ao estudo, mas também pelas dificuldades no convívio social e com garotas (os *nerds*), que são frequentemente vítimas de agressão por parte dos primeiros.

ência, e isso é um mito. Em *Stylish Academic Writing* [*Escrita acadêmica com estilo*] (que, concordo, não é um livro leve), Helen Sword analisou, masoquisticamente, o estilo literário numa amostra de quinhentos artigos em revistas acadêmicas e verificou que uma minoria saudável em cada campo era escrita com elegância e verve.[1]

Para explicar qualquer falha humana, a primeira ferramenta de que lanço mão é a navalha de Hanlon: nunca atribua à má-fé aquilo que pode ser explicado pela estupidez.[2] O tipo de estupidez em que estou pensando não tem nada a ver com ignorância ou QI baixo: com efeito, são frequentemente as pessoas mais brilhantes e bem informadas as mais afetadas por ela. Assisti certa vez a uma aula sobre biologia oferecida a um público numeroso e diversificado num congresso sobre tecnologia, entretenimento e design. A aula estava também sendo filmada para ser distribuída pela internet a um público leigo de milhões de pessoas. O palestrante era um biólogo importante convidado a explicar sua recente descoberta sobre a estrutura do DNA. Começou com uma apresentação cheia de jargão técnico, voltada para colegas especializados em Biologia Molecular e ficou imediatamente claro que ninguém na sala entendia uma só palavra. Só o eminente biólogo não percebeu. Quando o anfitrião o interrompeu e pediu que explicasse seu trabalho de maneira mais clara, ele pareceu sinceramente surpreso e bastante irritado. É dessa estupidez que estou falando.

Vamos chamá-la "maldição do conhecimento": uma dificuldade em imaginar como é, para outra pessoa, não saber alguma coisa que você sabe. O termo foi inventado pelos economistas para ajudar a explicar por que as pessoas não são tão perspicazes ao pechinchar quanto poderiam, em teoria, quando têm informações que seu interlocutor não tem.[3] Um revendedor de carros usados, por exemplo, deveria pôr à venda um carro usado cheio de problemas pelo mesmo preço de um carro da mesma marca e modelo em perfeitas condições, porque os fregueses não têm como perceber a diferença (neste tipo de análise, os economistas imaginam que todo mundo procura a maximização amoral dos lucros, ou seja, ninguém faz nada apenas por honestidade). Mas, pelo menos em mercados experimentais, os vendedores não se aproveitam totalmente de seu conhecimento privado. Colocam preço em seus ativos como se seus fregueses conhecessem a qualidade tanto quanto eles.

A maldição do conhecimento é muito mais do que uma curiosidade na teoria econômica. A incapacidade de desprezar algo que você sabe mas outros não é uma praga tão comum da mente humana que os psicólogos sempre descobrem novas versões dela e as batizam com novos nomes. Há o egocentrismo, a incapacidade das crianças de imaginar uma cena simples, como três montanhas de brinquedo sobre um tampo de mesa, do ponto de observação de outra pessoa.[4] Existe o viés do olhar retrospectivo, a tendência de pensar que um resultado que calha de conhecermos – como a confirmação de um diagnóstico de doença ou o resultado de uma guerra – deveria ter sido também óbvio para alguém que teve de fazer uma previsão sobre isso antes do fato.[5] Há o falso consenso, em que as pessoas tomam uma decisão pessoal delicada (como concordar em ajudar um experimentador, rodando o *campus* com um anúncio com a palavra "Arrependa-se" escrita em duas tábuas) e acham que qualquer pessoa tomaria a mesma decisão.[6] Tem a transparência ilusória, na qual os observadores com informações de bastidores de uma conversa percebem o sarcasmo de um falante e pressupõem que os ouvintes desinformados possam, de algum modo, detectar o sarcasmo também.[7] E há a "cegueira da mente" (incapacidade de mentalizar uma falha numa teorização da mente), em que uma criança de 3 anos vê um brinquedo ser escondido enquanto outra criança está fora do quarto e acha que esta última procurará pelo brinquedo no lugar em que está de fato, e não onde o viu pela última vez[8] (numa demonstração correlata, uma criança entra no laboratório, abre uma caixa de balas e surpreende-se ao descobrir que contém lápis. Essa criança não apenas acredita que uma outra criança que entre no laboratório saberá que a caixa contém lápis, mas também dirá que ela própria sabia que a caixa continha lápis o tempo todo!). Usualmente, quem vai mais longe na incapacidade de separar seu próprio conhecimento do conhecimento alheio são as crianças, mas isso não é regra absoluta. Também para os adultos a probabilidade de preverem que outra pessoa procurará um objeto escondido no lugar onde sabem que está (e a pessoa não sabe) é ligeiramente superior.[9]

Os adultos são particularmente execráveis quando tentam avaliar conhecimento e habilidades de outras pessoas. Se calha de um estudante conhecer o sentido de uma palavra incomum como *apogee* ou *elucidate* [*apogeu*, *elucidar*], ou a resposta de uma pergunta factual como *onde nasceu Napoleão* ou *qual é a estrela mais brilhante do céu*, ele pressupõe que outros estudantes também sabem as respostas.[10] Quando se dá a voluntários num experimento uma lista de anagramas pedindo que encontrem as palavras originais, e alguns anagramas são mais fáceis do que outros, porque as respostas foram mostradas de antemão, eles avaliam que os anagramas que são fáceis para eles (por terem visto as respostas) são magicamente mais fáceis para *qualquer um*.[11] Quando se perguntou a usuários experientes de telefones celulares quanto tempo usuários sem prática levariam para aprender a usar o aparelho, o palpite foi de 13 minutos; na realidade, levou 32.[12] Os usuários com menos prática foram mais precisos, embora os palpites também fossem falhos: predisseram 20 minutos. Quanto mais você conhece alguma coisa, menos você lembra como foi difícil aprendê-la.

A maldição do conhecimento é a melhor explicação que conheço para o fato de que há pessoas boas que escrevem prosa ruim.[13] Simplesmente não passa pela cabeça dessas pessoas que seus leitores não sabem aquilo que elas sabem – os leitores não dominaram o jargão de sua profissão, não conseguem adivinhar os passos faltantes que parecem demasiado óbvios para serem mencionados, não têm como visualizar uma cena que, para elas, é tão clara como o dia. E assim, não se preocupam em explicar o jargão ou explicitar a lógica, ou fornecer pormenores necessários. A experiência mostrada no quadrinho da *New Yorker* é um exemplo familiar:

Quem deseja esconjurar a maldição do conhecimento precisa antes entender quão diabólica é essa maldição. Como um bêbado que está excessivamente incapacitado para dar-se conta de que está excessivamente incapacitado para guiar, nós não percebemos a maldição porque a maldição nos impede de percebê-la. Essa cegueira nos enfraquece em todo ato de comunicação. Os estudantes de um curso que dou em parceria gravam seus trabalhos com o nome do professor que os pediu, de modo que recebo uma dúzia de anexos chamados "pinker.doc". Os professores renomeiam os trabalhos, portanto Lisa Smith recebe de volta uma dúzia de anexos chamados "Smith.doc". Entro num site da web em busca de um programa confiável para viajantes, e tenho que decidir se clico em GOES, Nexus, Global Entry, Sentry, Flux ou FAST — termos burocráticos que não significam nada para mim. O mapa de uma trilha me informa que a caminhada até uma certa cachoeira leva duas horas, sem especificar se isso significa cada um dos sentidos ou a ida e volta, e deixa de indicar várias bifurcações não marcadas que existem ao longo da trilha. Meu apartamento está abarrotado por dispositivos que nunca sei como usar por causa de misteriosas teclas que precisam ficar pressionadas por um, dois ou quatro segundos, às vezes duas teclas ao mesmo tempo, e que, frequentemente, fazem coisas diferentes dependendo de invisíveis "modos" alternativos que obedecem a mais teclas. Quando tenho a felicidade de encontrar o manual, ele me esclarece com explicações como "no estado de {alarme e configuração de concordância}. Pressione a tecla [SET] e a {configuração alarme 'hora'} → {configuração alarme 'minuto' } → {configuração tempo 'hora'} → {configuração tempo 'minuto'} → {configuração 'ano'} → {configuração 'mês'} → {configuração 'dia'} será por sua vez completada. Então pressione a tecla [MODE] para ajustar os itens do conjunto". Tenho certeza de que tudo isso estava perfeitamente claro para os engenheiros responsáveis pelo projeto.

Multipliquem essas frustrações do dia a dia por alguns bilhões e começarão a ver que a maldição do conhecimento é um entrave onipresente nos esforços da humanidade, junto com a corrupção, a doença e a entropia. Equipes de profissionais caros – advogados, contadores, gurus da computação, atendentes de SAC – absorvem grandes somas de dinheiro da economia para esclarecer textos mal rascunhados. Segundo um velho ditado, por falta de uma agulha foi perdida uma batalha, e o mesmo se dá por falta de um adjetivo: a Carga da Brigada Ligeira durante a Guerra da Crimeia é somente o mais famoso exemplo de um desastre militar causado por ordens vagas. A fusão nuclear de Three Mile Island em 1979 foi atribuída a uma verbalização deficiente (os operadores interpretaram erroneamente a etiqueta de uma luz de alarme), da mesma forma que o desastre aéreo mais mortífero da história, no qual o piloto de um 747 no aeroporto de Tenerife comunicou pelo rádio que estava *at takeoff*, querendo dizer *"taking off"* ["decolando"], e um controlador de voo, interpretando que ele estava *"at the take off position"* ["em posição para decolar/prestes a decolar"], não o deteve e com isso ele se chocou com outro 747 que estava na pista.[14] A cédula confusa que os eleitores de Palm Beach receberam na eleição presidencial americana do ano 2000 levou muitos simpatizantes de Al Gore a votar no candidato errado, e isso pode ter impulsionado a eleição de George W. Bush, mudando o curso da História.

Como podemos esconjurar a maldição do conhecimento? O conselho tradicional – lembre-se sempre do leitor debruçado em seu ombro – não é tão eficaz quanto se poderia pensar.[15] O problema é que apenas o empenho de se colocar na pele do outro não garante que se imaginará melhor o que o outro sabe.[16] Quando se aprendeu tão bem alguma coisa a ponto de esquecer que outras pessoas podem ignorá-la totalmente, é comum se esquecer de conferir isso. Vários estudos mostraram que as pessoas não abandonam facilmente a maldição do conhecimento, mesmo quando orientadas a preocupar-se com o leitor, lembradas de como aprenderam alguma coisa e estimuladas a ignorar o que sabem.[17]

Mas imaginar um leitor que se debruça sobre nosso ombro é um começo. Às vezes as pessoas aprendem, sim, a desconsiderar o próprio conhecimento quando percebem como ele compromete seus julgamentos, e se você está me seguindo talvez esteja aberto à advertência.[18] Então, ouça isto: Estou falando com *você*. Teus leitores sabem muito menos do que você pensa que sabem sobre o assunto de que você está tratando. Se você não mantiver o controle do que sabe que não sabem, vai acabar fatalmente por confundi-los.

Um modo melhor de exorcizar a maldição do conhecimento é ficar ciente das armadilhas que ela põe em seu caminho. Com uma delas, todo mundo se preocupa, pelo menos vagamente: o uso de jargão, abreviações e vocabulário técnico. Qualquer passatempo humano – música, culinária, esportes, arte, física teórica – desenvolve um linguajar para poupar adeptos de dizer ou digitar uma descrição longa e complicada toda vez que se referem a conceitos familiares na companhia de iguais. O problema é que, à medida que dominamos nosso hobby ou trabalho, passamos a usar essas palavras-chave com tanta frequência que elas escapam de nossos dedos automaticamente, e esquecemos que os leitores podem não ser membros do clube em que as aprendemos.

Obviamente, os escritores não podem evitar de todo as abreviações e os termos técnicos. Termos que abreviam são irrepreensíveis, e mesmo indispensáveis, quando forem correntes na comunidade para a qual se escreve. Os biólogos não precisam definir *fator de transição* ou trocar em palavras a sigla mRNA*cada vez que se referem a essas coisas, e muitos termos técnicos se tornaram tão comuns e são tão úteis que acabaram por migrar para a fala de todos os dias, como *clonagem, gene* e DNA. Mas a maldição do conhecimento faz com que a maioria dos escritores superestimem o tanto que um termo ficou sendo de uso corrente e quão ampla é a comunidade que o aprendeu.

Grande parte do jargão pode simplesmente ser banida e ninguém sentirá falta dela. Um cientista que substitui *modelo murino* [*murine model*] por *ratos e camundongos* usará pouco espaço na página e nem por isso será menos científico. Filósofos continuarão igualmente rigorosos quando deixarem de lado expressões latinas como *ceteris paribus, inter alia* e *simpliciter* e passarem a escrever *em igualdade de condições, entre outras coisas* e *por si só*. E embora não advogados possam achar que o linguajar de contratos tal como *the party of the first part* [*o primeiro contratante*] atende a algum objetivo da lei, na maior parte ele é supérfluo. Como observa Adam Freedman em seu livro sobre legalês,** "o que caracteriza o discurso pronto da linguagem legal é a combinação de terminologia arcaica com frenética verbosidade, como se saísse da pena de um escriba medieval sob efeito de crack".[19]

---

\*     N.T.: *Messenger* RNA , ou seja "RNA mensageiro".
\*\*    N.T.: *A linguagem do direito. Legalese* no original.

As abreviações são uma tentação para escritores sem ideias porque poupam alguns toques cada vez que precisam usar um termo. Eles esquecem que os poucos segundos que poupam em suas próprias vidas se refletem em muitos minutos roubados às vidas dos leitores. Olho com atenção para uma tabela de números cujas colunas são identificadas pelas siglas DA, DN, AS, SN e tenho que voltar atrás e esquadrinhar o texto em busca da explicação: *Dissimilar Affirmative, Dissimilar Negative, Similar Affirmative, Similar Negative* [Diferente Afirmativo, Diferente Negativo, Semelhante Afirmativo, Semelhante Negativo]. Cada abreviação é cercada por várias polegadas de espaço em branco. Que razão poderia ter levado o autor a não escrever por extenso? As abreviações que são cunhadas para um único fragmento de escrita deveriam ser evitadas para poupar o leitor do notoriamente aborrecido exercício de memória conhecido como memorização de pares associados, no qual os psicólogos obrigam participantes a memorizar pares arbitrários de texto como DAX-QOV. Mesmo abreviações moderadamente comuns deveriam ser explicitadas quando usadas pela primeira vez. Como lembram Strunk e White, "nem todo mundo sabe que SALT significa Strategic Arms Limitation Talks [Conversações para a Limitação das Armas Estratégicas], e mesmo que todos soubessem, crianças nascem a cada minuto e encontrarão algum dia esse nome pela primeira vez. Elas têm direito de ver as palavras, não só as letras iniciais".[20] O risco não fica limitado à linguagem profissional. Alguns de nós recebemos todo ano cartas de Natal em que a pessoa que fala em nome da família escreve: "Irwin e eu tivemos grandes momentos no IHRP depois de despachar as crianças para o UNER, e todos continuamos trabalhando em nossos ECPs do SFBS.*

Um escritor ponderado também cultivará o hábito de acrescentar algumas palavras de explicação a termos técnicos comuns, como em "Arabidopsis, uma variedade de mostarda (a planta) que produz inflorescência", em vez da menção a seco "Arabidopsis" (que encontrei em muitos artigos científicos). Não é um mero ato de magnanimidade: um escritor que explica os termos técnicos pode multiplicar por mil seu público leitor pelo preço de um punhado de caracteres,

---

\* N.T.: Consultado sobre essas siglas, o autor respondeu que esses são exemplos coletados, cujo significado ele próprio desconhece.

o equivalente literário de apanhar notas de cem dólares na calçada. Os leitores também ficarão gratos ao escritor pelo uso abundante de *por exemplo, como em* e *tal como* [*for example, as in* e *such as*], porque uma explicação sem exemplos não é muito melhor do que explicação nenhuma. Por exemplo, aqui está uma explicação do termo retórico *silepse*: "o uso de uma palavra que se relaciona a, qualifica ou rege duas ou mais palavras, mas tem sentidos diferentes em relação a cada uma delas". Entenderam? Digamos agora que eu continue com "...como quando Benjamin Franklin disse '*We must all hang together, or assuredly we shall all hang separately*'" ["Nós precisamos unir-nos ou certamente seremos enforcados separadamente"].* Fica mais claro, não? Às vezes dois exemplos são melhores do que um, porque permitem ao leitor cruzar informações sobre que aspecto do exemplo é relevante para a definição. Que tal se eu acrescentar "...ou quando Groucho Marx disse *You can leave in a taxi, and if you can't get a taxi, you can leave in a huff*" ["Você pode sair de táxi, e se não achar um táxi, você pode sair bufando"]?[21]

E quando os termos técnicos são inevitáveis, por que não escolher os que o leitor entende e lembra com facilidade? Ironicamente, é na Linguística que ocorrem as piores transgressões, com dúzias de termos técnicos enganadores: *temas* que não têm nada a ver com temas; *PRO*s e *pro*s que são pronunciados da mesma maneira, mas se referem a coisas diferentes; predicados *stage level* e *individual level*** que são maneiras contrárias à intuição de dizer "temporários" e "permanentes"; e Princípios A, B e C que poderiam ter sido chamados, com a mesma facilidade, Princípio do Reflexivo, Princípio do Pronome e Princípio do Substantivo. Por muito tempo convivi com a dor de cabeça de ler artigos de Semântica que analisavam os dois sentidos de *some* [*alguns*]. No sentido informal próprio da conversação, *some* implica "*some but not all*" ["alguns, mas não todos"]: se digo que "*Some*

---

\* N.T.: Benjamin Franklin teria pronunciado essa frase ao assinar a Declaração de Independência americana. Há um jogo de palavras em torno de *hang together* e *hang separately*, referida aos futuros Estados americanos: *hang together* significa "ficar unidos"; em *hang separately*, cada uma das duas palavras está por si só, e *hang* pode assumir o sentido de "ficar pendurado" ou seja, "ser punido com a forca"; em outras palavras "Unamo-nos ou seremos enforcados, um de cada vez".

\** N.T.: Para falar desta oposição, exemplificada respectivamente por "O cachorro está com fome" *vs.* "O cachorro é faminto", os linguistas brasileiros usam habitualmente as próprias palavras inglesas *stage level* e *individual level*.

*men are chauvinists* ["Alguns homens são machistas"] é natural que eu seja interpretado como querendo dizer que outros não são. Mas em sentido estrito, lógico, *some* significa "pelo menos um" e não invalida *all* [todos]; não há contradição em dizer *Some men are chauvinists; indeed, all of them are* [*Alguns homens são machistas, e na realidade todos eles são*]. Muitos linguistas se referem a esses dois sentidos como *"upper bounded"* e *"lower bounded"* ["de ligação alta" e "de ligação baixa"], duas etiquetas tiradas da Matemática e que eu nunca consegui distinguir direito. Ultimamente, topei com um semanticista lúcido que se referiu a eles com os sentidos "somente" e "pelo menos", duas etiquetas tiradas da língua de todos os dias, e desde então consegui acompanhar os artigos especializados.

Essa pequena história mostra que pertencer ao mesmo clube profissional como escritor não garante proteção contra a maldição do conhecimento. Sofro diariamente a experiência de ficar desconcertado diante de artigos de minha área, de minha subárea e mesmo de minha sub-subárea. Tome-se esta sentença, extraída de um artigo que acabo de ler, escrito por dois eminentes neurocientistas cognitivos, que saiu numa revista em que se publicam breves resenhas para um público leitor amplo:

> The slow and integrative nature of conscious perception is confirmed behaviorally by observations such as the "rabbit illusion" and its variants, where the way in which a stimulus is ultimately perceived is influenced by poststimulus events arising several hundreds of milliseconds after the original stimulus.
>
> A natureza lenta e integrativa da percepção consciente é confirmada comportamentalmente por observações tais como a "ilusão do coelho" e suas variantes, nas quais o modo como um estímulo é em última análise percebido é influenciado por acontecimentos pós-estímulo que surgem várias centenas de milissegundos depois do estímulo original.

Depois de abrir a facão um caminho por essa selva de passivas, zumbis e redundâncias, localizei o âmago da sentença no termo *"rabbit illusion"* ["ilusão do coelho"], o fenômeno que supostamente demonstra a "natureza integrativa da percepção consciente". Os autores escrevem como se qualquer um soubesse o que é a "ilusão do coelho", mas eu venho lidando com o assunto há quase quarenta anos e nunca tinha ouvido falar dessa ilusão. E a explicação não esclarece. Como alguém supõe que se possa visualizar "um estímulo", "acontecimentos pós-estímulo" e "o modo como um estímulo é em última análise percebido"? E o que tem isso a ver com coelhos? Certa vez Richard Feynman escreveu "Se você se ouve dizendo 'acho que entendi isso', isso significa que você não entendeu". Embora o artigo tivesse sido escrito para meus iguais, o melhor que eu podia dizer depois de lê-lo era "Acho que entendi isso".

Então fui cavoucar e descobri uma tal de "ilusão cutânea do coelho", na qual, se você fecha os olhos e alguém dá uns tapinhas no seu pulso, depois outros no cotovelo e finalmente outros no ombro, a sensação é de uma sequência de tapinhas correndo de baixo para cima em seu braço, como os pulos de um coelho. OK. Agora entendi – a experiência consciente de onde caíram os primeiros tapas depende da localização dos tapas seguintes. Mas por que os autores não falaram simplesmente isso, que não teria exigido palavras como *"stimulus* this" e *"poststimulus* that" [*"estímulo* isto" e *"pós-estímulo* aquilo"]?

A maldição do conhecimento é insidiosa porque esconde de nós não apenas os conteúdos de nossos pensamentos, mas inclusive sua forma. Quando sabemos bem alguma coisa, não nos damos conta do nível de abstração com que lidamos. E esquecemos que outras pessoas, com experiências diferentes, não passaram pelas nossas histórias idiossincráticas de abstratização.

Há duas maneiras pelas quais os pensamentos podem perder pé na terra do concreto. A primeira é chamada fragmentação.* A memória de trabalho dos seres humanos é capaz de reter somente uns poucos itens de cada vez. Os psicólogos costumavam estimar a capacidade em torno de sete itens (dois a mais, dois a menos); mais recentemente reduziram a estimativa, e hoje acreditam que ela está próxima de três ou quatro. Por sorte, o resto do cérebro está equipado para contornar esse gargalo. Pode empacotar ideias em unidades cada vez maiores, que o psicólogo Georges Miller batizou de "blocos" [*chunks*][22] (Miller foi um dos autores que melhor se valeram do estilo clássico para falar de ciências do comportamento e não é coincidência que tenha escolhido esse termo caseiro em vez de inventar um

---

\* N.T.: Ou organização por blocos.

jargão técnico).[23] Cada bloco, independentemente do tanto de informação que contiver, ocupa uma única casa na memória de trabalho. Portanto, nós podemos reter na mente somente um pequeno número das letras de uma sequência arbitrária como M D P H D R S V P C E O I H O P. Mas se elas pertencem a blocos bem conhecidos, como abreviações ou palavras que reconhecemos em agrupamentos como MD PHD RSVP CEO IHOP – cinco blocos –, podemos lembrar todas as dezesseis. Nossa capacidade pode ser multiplicada novamente quando amarramos as letras em blocos ainda maiores, como na história *"The MD and the PHD RSVP to the CEO of IHOP"*,* que pode ocupar somente uma casa, enquanto outras três ou quatro continuam disponíveis para outras histórias. Naturalmente, essa mágica depende da história de aprendizado de cada um. Para alguém que nunca ouviu falar da International House of Pancakes [Casa Internacional das Panquecas], IHOP ocupa quatro casas na memória, não uma. Os mnemonistas, esses performáticos que nos surpreendem com quantidades sobre-humanas de informações, gastaram um monte de tempo construindo um enorme inventário de blocos em suas memórias de longo prazo.

Agrupar em blocos não é apenas um truque para melhorar a memória; é a energia vital da inteligência superior. Em crianças, vemos uma pessoa passar um biscoito a outra, e lembramos disso como um ato de *dar*. Se uma pessoa dá a outra um biscoito em troca de uma banana, agrupamos num bloco os dois atos de dar e pensamos a sequência como *troca*; a Pessoa 1 troca uma banana com a Pessoa 2 por uma peça de metal brilhante, porque sabe que poderá passar essa peça à Pessoa 3 em troca de um biscoito; pensamos nisso como *venda*. Um grande número de pessoas comprando e vendendo formam um *mercado*. A atividade agregada de muitos mercados é agrupada numa *economia*. A economia pode agora ser pensada como uma entidade que responde a intervenções dos bancos centrais. Chamamos a isso *política monetária*. Certo tipo de política monetária, que envolve o banco central comprando ativos de particulares, é juntada num bloco como *flexibilização quantitativa*. E assim por diante.

---

*  N.T.: MD = Medicine Doctor, PhD = Philosophy Doctor, RSVP = Répondez s'il vous plaît, CEO = Chief Executive Office, portanto: Médico e Doutor em filosofia, é favor responderem ao Diretor Executivo da Casa Internacional de Panquecas.

À medida que lemos e aprendemos, dominamos um grande número dessas abstrações, e cada uma se torna uma unidade mental que podemos trazer à mente num instante e compartilhar com outros pronunciando seu nome. Uma mente adulta repleta de blocos é um poderoso motor da razão, mas tem um custo: uma falha em se comunicar com outras mentes que não dominaram os mesmos blocos. Muitos adultos educados seriam excluídos de uma discussão que criticasse o presidente por não comprometer-se com a "flexibilização quantitativa", embora fossem capazes de entender o processo se ele fosse explicitado. Um aluno do ensino médio poderia ficar de fora se você falasse de "política monetária", e uma criança de escola primária poderia não acompanhar nem mesmo uma conversa sobre "a economia".

O tanto de abstração pela qual um escritor pode ficar impune depende da habilidade de seu público leitor. Mas adivinhar os blocos que um leitor típico domina requer um dom de clarividência com o qual poucos de nós fomos abençoados. Quando somos aprendizes na especialidade que escolhemos, entramos num grupinho em que todos os demais membros parecem saber tanto! Eles falam entre si como se o conhecimento fosse uma segunda natureza de todas as pessoas educadas. Quando nos acomodamos no grupinho, ele se torna nosso universo. Deixamos de perceber que ele é uma gotinha num vasto multiverso de grupinhos. Quando fazemos o primeiro contato com extraterrestres de outros universos, e tagarelamos em nosso código local, eles não conseguem entender-nos sem um tradutor universal de ficção científica.

Mesmo quando nos ocorre a suspeita de que estamos falando num jargão especializado, relutamos em voltar para a fala corrente. Isso poderia revelar aos colegas a terrível verdade de que somos principiantes, inexperientes, novatos. E se nossos leitores conhecem o jargão, poderíamos estar insultando sua inteligência ao explicá-lo. Antes correr o risco de confundi-los dando a impressão de sermos articulados do que chover no molhado parecendo ingênuos ou condescendentes.

É verdade que todo escritor precisa calibrar o grau de especialização presente em sua linguagem a partir da melhor estimativa possível da familiaridade que a audiência tem com o tópico. Mas como princípio é melhor apostar no pouco do que no muito. Qualquer público é composto por pessoas que, em termos de sofisticação, se distribuem estatisticamente numa curva em forma de sino, e será inevitável que aborreçamos alguns que estão no topo da curva ao mesmo tempo que deixamos confusos outros, que estão na base; a questão é quantos estão em cada lugar. A maldição do conhecimento significa que somos mais propensos a superestimar a familiaridade do leitor médio com nosso pequeno mundo do que a subestimá-la. E de toda maneira não se deve confundir clareza com condescendência. A explicação de Brian Greene sobre multiverso no capítulo anterior mostra como um autor com estilo clássico de escrita pode explicar uma ideia esotérica em linguagem corrente sem fazer pouco de sua audiência. A chave é admitir que os leitores são tão inteligentes e sofisticados quanto você, mas que acontece não saberem algo que você sabe.

A melhor maneira de lembrar os perigos das abreviações pessoais consiste em recorrer à piada do homem que entra numa estância das montanhas Catskills pela primeira vez e vê um grupo de humoristas judeus aposentados contando piadas aos colegas em volta de uma mesa. Um deles grita "Quarenta e sete!", e os outros riem ruidosamente. Outro grita "Cento e vinte!", e de novo os outros se dobram de rir. O recém-chegado não tem como imaginar o que está acontecendo, e pede a um dos velhos que explique. O homem diz "Esses caras andam juntos há tanto tempo que todos conhecem as mesmas piadas. Então, para poupar tempo, deram a elas um número, e tudo que precisam fazer é gritar o número". O sujeito diz "É brilhante! Deixem-me experimentar". Levanta-se e grita "Vinte e um!". Segue-se um silêncio tumular. Tenta novamente: "Setenta e dois!". Todos olham para ele e ninguém ri. Ele afunda no assento e sussurra para o informante: "O que fiz de errado? Por que ninguém riu?", ao que o homem responde: "Ah tudo depende do jeito de contar".*

O insucesso em perceber que os meus blocos não são os mesmos que os seus consegue explicar por que desconcertamos nossos leitores com uma dose tão grande de abreviações, jargão e sopa de letrinhas. Mas não é só dessa maneira que os desconcertamos. Às vezes o palavreado usado é enlouquecedoramente opaco sem ser composto de termos téc-

---

\* N.T.: As montanhas Catskills são uma região turística do estado americano de Nova York, que recebe esportistas de inverno e interessados em eventos culturais. Abriga também antigos hotéis onde trabalharam humoristas famosos de origem judaica, que criaram o estilo conhecido como *"borschtbelt-comics"*.

nicos derivados de um grupo particular. Mesmo entre cientistas cognitivos, *"poststimulus event"* ["acontecimento pós-estímulo"] não é uma maneira consagrada de se referir a um tapinha no braço. Um cliente de uma empresa financeira pode estar razoavelmente familiarizado com o mundo dos investimentos e ainda assim ficar sem entender o que um folheto da companhia pretende dizer com a frase *"capital changes and rights"* ["alterações do capital e direitos"]. Um usuário calejado de computador tentando atualizar seu website poderia ser enganado por instruções na página de manutenção que se referem a *"nodes"*, *"content type"* e *"attachments"* ["nós", "tipo de conteúdo" e "anexos"]. E que os céus ajudem o viajante sonolento que procura armar o despertador no quarto de hotel a interpretar *"alarm function"* e *"second display mode"* ["função alarme" e "segundo modo de exibição"].

Por que os que escrevem inventam uma terminologia tão desconcertante? Acredito que a resposta está num outro modo pelo qual a competência numa certa área consegue tornar nossos pensamentos mais idiossincráticos e, portanto, mais difíceis de compartilhar: à medida que nos tornamos conhecedores de alguma coisa, pensamos nela mais em termos do uso que fazemos dela do que em termos de sua aparência e do material de que é feita. Essa transição, componente fundamental do currículo de Psicologia Cognitiva, é chamada de fixidade funcional [*functional fixity*], (às vezes, fixidez funcional [*functional fixedness*]).[24] Num experimento, as pessoas recebem uma vela, uma cartela de fósforos e uma caixa de tachinhas, com o pedido de pendurar a vela na parede de modo que a cera não pingue no chão. A solução é tirar as tachinhas da caixa, pregar a caixa na parede e grudar a vela na caixa. A maioria das pessoas não imagina isso porque pensa na caixa como um lugar de guardar as tachinhas, não como um objeto físico em si, com características úteis como uma superfície plana e laterais perpendiculares. O ponto cego é chamado fixidez funcional porque as pessoas ficam ligadas na função de um objeto e esquecem seu feitio. A criança pequena que ignora o presente de aniversário e brinca com o papel de embrulho nos lembra de como deixamos de apreciar objetos enquanto objetos e pensamos neles como meios para um fim.

Agora, se combinarmos a fixidez funcional com o processamento por blocos e juntarmos a maldição que esconde cada uma dessas coisas de nossa consciência, teremos uma explicação de por que os especialistas usam tanta terminologia idiossincrática, juntamente com abstrações, metaconceitos e substantivos zumbis. Não estão empenhados em nos enganar; é simplesmente a maneira como pensam. O filme da mente de um rato agachado num dos cantos de uma caixa que contém outro rato vira bloco como "evitação social" ("*social avoidance*"). Não se pode criticar o neurocientista por pensar dessa forma. Ele viu o filme milhares de vezes; não precisa apertar a tecla PLAY em sua memória visual e olhar os bichos tremendo toda vez que conta se o experimento deu certo. Mas nós precisamos com toda certeza, olhá-los pelo menos uma primeira vez para avaliar o que realmente aconteceu.

Analogamente, os escritores param de pensar – e, portanto, param de escrever – sobre objetos tangíveis e, em vez disso, se referem a eles pelo papel que desempenham em suas labutas diárias. Lembrem-se do exemplo do capítulo anterior, no qual um psicólogo mostrou às pessoas sentenças numa tela, seguidas pela etiqueta verdadeiro ou falso. Explicou o que fez como "apresentação subsequente de uma palavra de aferição", referindo-se à etiqueta como uma "palavra de aferição" porque esse foi o motivo pelo qual a colocou naquele lugar – de modo que os participantes do experimento pudessem aferir se se aplicava à sentença que vinha antes. Infelizmente, ele deixou para nós a responsabilidade de imaginar o que é uma "palavra de aferição" – ao mesmo tempo em que não estava poupando caracteres e estava sendo menos (e não mais) exato cientificamente. No mesmo sentido, um tapinha no pulso se tornou um "estímulo" e um tapinha no cotovelo se tornou um "acontecimento pós-estímulo", porque os escritores se preocupavam com o fato de que um acontecimento vinha depois de outro e já não se preocupavam com o fato de que os acontecimentos eram tapinhas no braço.

Mas nós, os leitores, temos essa preocupação. Somos primatas, com um terço de nosso cérebro dedicado à vista e grandes faixas dedicadas ao tato, à audição, ao movimento e ao espaço. Para irmos de "Acho que entendi" a "Entendi", precisamos ver as imagens e sentir o movimento. Muitos experimentos mostram que os leitores compreendem e lembram muito melhor das coisas quando são expressas numa linguagem concreta que permite formar imagens visuais, como nas sentenças da direita:[25]

| | |
|---|---|
| The set fell off the table. | The ivory chess fell off the table. |
| O jogo caiu da mesa. | O xadrez de marfim caiu da mesa. |

| | |
|---|---|
| The measuring gauge was covered with dust. | The oil-pressure gauge was covered with dust. |
| O marcador estava coberto de pó. | O medidor da pressão de óleo estava coberto de pó. |

| | |
|---|---|
| Georgia O'Keeffe called some of her works "equivalents" because their forms were abstracted in a way that gave the emotional parallel of the source experience. | Georgia O'Keeffe's landscapes were of angular skyscrapers and neon thoroughfares, but mostly of the bleached bones, desert shadows, and weathered crosses of rural New Mexico. |
| Georgia O'Keeffe chamou alguns de seus trabalhos de "equivalentes" porque suas formas tinham sido abstraídas num modo que dava o paralelo emocional da experiência-fonte. | As paisagens de Georgia O'Keeffe eram arranha-céus angulosos e avenidas de neon, mas principalmente ossos desbotados, sombras do deserto e das cruzes desgastadas do Novo México rural.* |

Note-se que as descrições abstratas da coluna da esquerda omitem precisamente o tipo de detalhes físicos dos quais o especialista se cansou, mas que o leigo precisa ver: peças de xadrez e não apenas um "conjunto"; um medidor de pressão de óleo, não apenas um "marcador"; ossos desbotados, não apenas "formas". Um comprometimento com a concretude faz mais do que simplesmente facilitar a comunicação; pode levar a raciocinar melhor. Um leitor que sabe em que consiste a "ilusão cutânea do coelho" está em condições de avaliar se ela realmente implica que a experiência consciente se distribui ao longo do tempo ou se pode haver explicação melhor.

A profusão de metaconceitos nos escritos profissionais – todos esses níveis, problemas, contextos, enquadramentos e perspectivas – também faz sentido quando se considera a história pessoal de processamento por blocos e fixidez funcional dos escritores. Acadêmicos, consultores, analistas políticos e outros analistas simbólicos realmente pensam em "problemas" (poderiam listá-los numa página), "níveis

---

* N.T.: Georgia O'Keeffe é uma importante pintora modernista americana, nascida no Novo México.

de análise" (podem apontar o nível mais apropriado) e "contextos" (podem usá-los para entender por que certas coisas funcionam num determinado lugar, mas não em outro). Essas abstrações tornam-se recipientes em que armazenam e manipulam suas ideias e, antes que se deem por achados, não conseguem mais chamar coisa alguma pelo nome. Comparem-se as expressões em profissionalês da coluna da esquerda com seus equivalentes concretos na da direita.

| | |
|---|---|
| Participants were tested under conditions of good to excellent acoustic isolation. | We tested students in a quiet room. |
| Os participantes foram testados sob condições de isolamento acústico entre boas e ótimas. | Testamos os estudantes numa sala silenciosa. |
| Management actions at and in the immediate vicinity of airports do little to mitigate the risk of off-airport strikes during departure and approach. | Trapping birds near an airport does little to reduce the number of times a bird will collide with a plane as it takes off or lands. |
| Ações de gerenciamento nos aeroportos e em suas proximidades mais imediatas pouco fazem para amenizar o risco de colisões fora do aeroporto durante a decolagem e a aproximação. | Apanhar os pássaros com armadilhas perto de um aeroporto pouco ajuda a reduzir o número de vezes que um pássaro colidirá com um avião durante a decolagem ou a aterrissagem. |
| We believe that the ICTs approach to delivering integrated solutions, combining effective manpower, canine services and cutting-edge technology was a key differentiator in the selection process. | They chose our company because we protect buildings with a combination of guards, dogs and sensors. |
| Nós acreditamos que a abordagem da ICT no sentido de proporcionar soluções integradas, combinando mão de obra eficiente, serviços caninos e tecnologia de primeira linha, foi um fator diferencial chave no processo de seleção. | Eles escolheram nossa empresa porque protegemos os prédios com uma ação combinada de guardas, cães e sensores. |

Aquilo que nós vemos como "uma sala silenciosa", um experimentador vê como "condições de aplicação do teste" porque era nisso que ele estava pensando quando escolheu a sala. Para um perito em segurança no topo da cadeia de comando, que vive seu dia a dia com a responsabilidade de gerenciar riscos, as armadilhas para pássaros armadas por seus subordinados são uma lembrança distante. O porta-voz picareta de uma empresa de segurança anuncia as atividades da empresa para a imprensa nos termos em que as representa como vendedor, diante de clientes potenciais.

Eliminar camada por camada os patamares da abstração habitual e mostrar ao leitor quem fez o que para quem é um desafio sem fim para o escritor. Tome-se a tarefa expositiva de descrever uma correlação entre duas variáveis (como fumar e câncer, ou jogar videogame e violência), que é um elemento básico das coberturas jornalísticas sobre saúde pública e ciência social. Um escritor que gastou muito tempo pensando sobre correlações terá embrulhado em papel-bolha cada uma das duas variáveis e feito o mesmo com as possíveis correlações. Esses pacotes verbais estão todos ao alcance da mão, e o escritor se voltará naturalmente para eles quando tiver que compartilhar alguma notícia:

> There is a significant positive correlation between measures of food intake and body mass index.
>
> Há uma correlação positiva significativa entre as medidas de ingestão de alimento e o índice de massa corporal.

---

> Body mass index is an increasing function of food intake.
>
> O índice da massa corporal é função crescente da ingestão de alimentos.

---

> Food intake predicts body mass index according to a monotonically increasing relation.
>
> A ingestão de alimento permite prever o índice da massa corporal de acordo com uma relação monotonicamente crescente.

O leitor pode imaginar isso, mas é uma tarefa trabalhosa, como cortar uma embalagem de papel-bolha para chegar ao produto. Se o escritor coisifica as variáveis extraindo-as de seu invólucro nominal, pode referir-se a elas na linguagem que usamos para ações, comparações e resultados, e tudo fica mais claro:

> The more you eat, the fatter you get.
>
> Quanto mais você come, mais gordo fica.

A maldição do conhecimento, combinada com o processamento por blocos e a fixidez funcional, ajudam a dar sentido ao paradoxo de que o estilo clássico é difícil de dominar. Mas o que poderia haver de tão difícil em fingir que você abre os olhos e cumpre sua parte na conversa? Isso é mais difícil do que parece porque, se você conhece suficientemente um assunto para ter algo a dizer a respeito dele, provavelmente chegou a pensar nele em termos de blocos abstratos e etiquetas funcionais que se tornaram uma segunda natureza para você, mas ainda são desconhecidos para os leitores – e você é o último a perceber isso.

Como escritores, temos, portanto, que procurar entrar na cabeça de nossos leitores e ter em mente como é fácil recair no jargão do grupo e nas abstrações pessoais. Mas esses esforços só nos levam até um certo ponto. Nenhum de nós tem (e poucos de nós gostariam de ter) um poder de clarividência que nos revelasse os pensamentos dos outros.

Para escapar da maldição do conhecimento, temos que ir além de nossos próprios poderes de adivinhação. Temos que fechar o círculo [*close the loop*], como dizem os engenheiros, e conseguir um *feedback* do mundo dos leitores – isto é, mostrar um rascunho a algumas pessoas parecidas com a audiência-alvo e descobrir se acompanham a exposição.[26] Parece banal, mas é profundo. Os psicólogos sociais têm mostrado que confiamos demais, a ponto de nos iludirmos, na nossa capacidade de inferir o que outras pessoas pensam, mesmo pessoas muito próximas.[27] Somente quando interrogamos essas pessoas é que descobrimos que o que é óbvio para nós não é óbvio para elas. É por isso que os escritores profissionais têm revisores [*editors*]. E pelo mesmo motivo, os políticos consultam as pesquisas de opinião, as empresas têm grupos focais e as empresas da internet usam a testagem A/B, em que experimentam dois projetos num site da web (versões A e B) e reúnem dados em tempo real sobre qual dos dois recebe mais cliques.

A maioria dos escritores não dá conta de pagar grupos de referência ou uma testagem A/B, mas pode pedir a um colega de residência universitária ou a um membro da família que leia e comente o que escreveram. O revisor não precisa ser representativo da audiência-alvo. Geralmente basta que não seja o próprio autor.

Isso não significa que se devam implementar todas as sugestões que esses leitores oferecem. Cada autor de comentários tem sua própria maldição do conhecimento, junto com seus caprichos, pontos cegos e opiniões pessoais, e o escritor não pode satisfazer a todos. Muitos artigos acadêmicos contêm digressões e *non sequiturs* desconcertantes que os autores enfiaram ali por insistência de algum parecerista anônimo que tinha o poder de rejeitá-los na revista se não fossem obedecidos. A boa prosa nunca é escrita por uma comissão. O escritor deve revisar atendendo a um comentário vindo de mais de um leitor ou quando lhe faz sentido.

E isso leva a outro meio para subtrair-se à maldição do conhecimento: mostre o rascunho para si mesmo, de preferência depois de passado tempo suficiente para que o texto não soe mais familiar. Se você for como eu, se descobrirá pensando "O que eu quis dizer com isto?" ou "O que tem a ver uma coisa com a outra?" ou, muito frequentemente, "Quem escreveu esta merda?".

Contaram-me que há escritores que conseguem produzir um ensaio coerente numa passada só, conferindo-o quando muito por causa de possíveis erros de digitação e retocando a pontuação antes de mandá-lo para publicação. Provavelmente você não é um desses. A maior parte dá um polimento, versão por versão. Eu retrabalho cada sentença algumas vezes antes de passar à seguinte e reviso o capítulo todo duas ou três vezes antes de mostrá-lo para alguém. Com o *feedback*, reviso cada capítulo duas vezes mais antes de voltar ao começo e dar ao livro todo pelo menos duas passadas completas de polimento. Só então ele vai para o revisor, que começa mais um par de rodadas para ajustes.

Inúmeras coisas precisam dar certo numa passagem de texto para que a maioria dos mortais consiga entendê-la de cara. É bastante difícil formular um pensamento que seja interessante e verdadeiro. Somente depois de pôr no papel uma imagem aproximada do pensamento é que o escritor pode liberar recursos cognitivos para tornar a sentença gramatical, elegante e – o que mais importa – transparente para o leitor. A recomendação, neste e em outros manuais de estilo, não é tanto no sentido de como escrever, mas no sentido de como revisar.

Muitas recomendações sobre a atividade de escrever parecem conselhos morais, como se escrever bem tornasse a pessoa melhor. Infelizmente para a justiça cósmica, muitos escritores talentosos são uns salafrários, e muitos escritores ineptos são o sal da terra. Mas o imperativo de superar a maldição do conhecimento pode ser a pecinha de recomendação que mais se aproxima de ser um conselho moral: tente sempre ficar acima da mentalidade paroquial e procure saber como outras pessoas pensam e sentem. Isso pode não fazer de você uma pessoa melhor em todas as esferas da vida, mas será uma fonte de contínua gentileza para com seus leitores.

## NOTAS

[1] Sword, 2012.
[2] Nome dado em homenagem a Robert J. Hanlon e utilizado por Arthur Bloch em seu livro *Murphy's Law book two: More reasons why things go wrong!* (Los Angeles: Price/ Stern/ Sloan, 1980).
[3] O termo "maldição do conhecimento" foi cunhado por Robin Hogarth e popularizado por Camerer, Lowenstein & Weber, 1989.
[4] Piaget & Inhelder, 1956.
[5] Fischhoff, 1975.
[6] Ross, Greene & House, 1977.
[7] Keysar, 1994.
[8] Wimmer & Perner, 1983.
[9] Birch & Bloom, 2007.
[10] Hayes & Bajzek, 2008; Nickerson, Baddeley & Freeman, 1986.
[11] Kelley & Jacoby, 1996.
[12] Hinds, 1999.
[13] Outros pesquisadores que têm feito esta sugestão são John Hayes, Karen Schriver e Pamela Hinds.
[14] Cushing, 1994.
[15] Do título do manual de estilo lançado em 1943 por Robert Graves e Alan Hodge, *The reader over your shoulder: A handbook for writers of prose* (New York: Random House; edição revista, 1979).
[16] Epley, 2014.
[17] Fischhoff, 1975; Hinds, 1999; Schriver, 2012.
[18] Kelley & Jacoby, 1996.
[19] Freedman, 2007, p. 22.
[20] Cf. p. 73 da segunda edição (1972).
[21] Os leitores atentos podem notar que essa definição de silepse é semelhante à definição de zeugma que dei a propósito do obituário de Sendak no primeiro capítulo. Os especialistas em tropos retóricos não têm uma explicação consistente das diferenças dos dois tropos.
[22] G. A. Miller, 1956.
[23] Pinker, 2013.
[24] Duncker, 1945.
[25] Sadoski, 1998; Sadoski, Goetz & Fritz, 1993; Kosslyn, Thompson & Ganis, 2006.
[26] Schriver, 2012.
[27] Epley, 2014.

# A rede, a árvore e a sequência

## COMPREENDER SINTAXE PODE AJUDAR O ESCRITOR A EVITAR UMA PROSA AGRAMATICAL, ENROLADA E ENGANOSA

"Não se ensina mais as crianças a estruturar sentenças". Junto com "A internet está estragando a língua" e "As pessoas falam coisas incompreensíveis de propósito", essa é a explicação que mais ouço para a péssima maneira de escrever que prevalece hoje em dia.

A lamentação sobre a arte perdida de estruturar sentenças remete a uma notação de Alonzo Reed e Brainerd Kellogg de 1887, ensinada nas escolas americanas até os anos 1960, quando foi vítima da reação dos educadores contra todo e qualquer formalismo.[1] Nesse sistema, as palavras de uma sentença são colocadas ao longo de uma espécie de mapa de metrô no qual interseções com diferentes formas (perpendiculares, inclinadas, ramificantes) representam relações gramaticais como sujeito-predicado e modificador-núcleo. É assim, por exemplo, que você teria de diagramar a sentença *In Sophocles' play, Oedipus married his mother* [*Na peça de Sófocles, Édipo casou-se com sua própria mãe*]:*

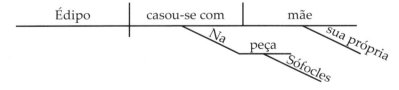

---

\* N.T.: Para preservar a coloquialidade destas páginas, traduzi *marry* por *casar(-se)*. Nos diagramas deste capítulo (inclusive a árvore sintática da página 108), isso obrigou a representar "casou-se com" como uma unidade sintática indivisível, uma imprecisão que não compromete a argumentação do autor, mas pode desagradar alguns leitores mais exigentes. Peço desculpas a esses leitores.

A notação Reed-Kellogg foi inovadora em seu tempo, mas eu particularmente não sinto falta dela. É somente uma maneira de representar a sintaxe numa página, e uma maneira não particularmente feliz, com características pouco amigáveis para o usuário, tais como uma ordem de palavras revirada e convenções gráficas arbitrárias. Mas concordo com a ideia principal que está por trás do saudosismo: as pessoas letradas precisam saber como pensar a gramática.

É claro que as pessoas já sabem como usar a gramática; elas vêm fazendo isso desde os 2 anos. Mas o domínio inconsciente da linguagem que ganhamos como direito hereditário enquanto seres humanos não é suficiente para escrevermos boas sentenças. Nosso sentido tácito de quais palavras combinam entre si pode fracassar quando a sentença começa a ficar complicada, e nossos dedos podem produzir erros que nunca nos perdoaríamos se tivéssemos tempo e memória suficientes para abarcar a sentença numa única olhada. Aprender a ter consciência das unidades de uma sentença gramaticalmente bem formada pode permitir que o escritor siga um caminho racional até formar um diagnóstico do problema, quando percebe que na sentença há alguma coisa errada, mas ainda não conseguiu identificar o erro.

Saber um pouco de gramática também dá ao escritor acesso ao mundo das letras. Assim como os cozinheiros, os músicos e os jogadores de baseball precisam dominar algum jargão para compartilhar suas dicas e aprender uns com os outros, também os escritores podem tirar vantagem de saber os nomes dos materiais com que trabalham e como funcionam. A análise literária, a poética, a retórica, a crítica, a lógica, a linguística, a ciência cognitiva e o aconselhamento prático sobre estilo (incluindo os outros capítulos deste livro) precisam referir-se a coisas como predicados e orações subordinadas; saber o que significam esses termos permitirá ao escritor tirar proveito de conhecimentos duramente conquistados pelos outros.

Melhor ainda, a gramática é um assunto fascinante em si mesmo, pelo menos quando explicada adequadamente. Para muitas pessoas, a própria palavra "gramática" evoca lembranças de sufocamento por pó de giz e tentativas de escapar da palmatória de uma professora solteirona (Theodore Bernstein, autor de vários manuais de estilo, refere-se a esse arquétipo de professora como Srta. Thistlebottom ["assento espinhudo"]; a escritora Kitty Burns Florey, autora de uma história da estruturação de sentenças, chama-a de Irmã Bernadete). Mas a gramática não precisa ser encarada como um suplício feito de jargão e chateação, como Skyler faz nesta história em quadrinhos:

Ao contrário disso, a gramática deve ser considerada uma das mais extraordinárias adaptações que ocorreram no mundo dos seres vivos: a solução dada por nossa espécie ao problema de transferir pensamentos complicados de uma cabeça para outra. Pensar na gramática como esse aplicativo básico de compartilhamento é muito mais interessante e muito mais útil. Entendendo como as várias características da gramática foram concebidas para tornar possível o compartilhamento, podemos aplicá-las à escrita com maior clareza, correção e elegância.

Os três substantivos no título deste capítulo referem-se a três coisas que a gramática combina entre si: a rede de ideias em nossa cabeça, a sequência de palavras que sai de nossas bocas e dedos e a árvore sintática que converte a primeira na segunda.

Comecemos pela rede. Quando você sonha acordado sem usar palavras, seus pensamentos vão à deriva de uma ideia para outra: imagens visuais, observações estranhas, trechos de melodias, fatos engraçados, velhos rancores, fantasias agradáveis, momentos inesquecíveis. Muito antes da invenção da www (world wide web), os cientistas da cognição modelaram a memória humana como uma rede de nós. Cada nó representa um conceito, e cada um deles é ligado a outros nós que representam palavras, imagens e outros conceitos.[2] Aqui vai um fragmento dessa enorme rede, grande como a mente, iluminando nosso conhecimento da trágica história criada por Sófocles:

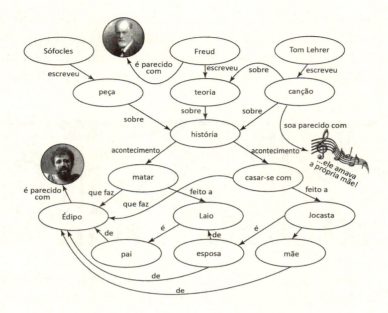

Embora eu tenha sido obrigado a colocar cada nó em algum lugar na página, suas posições não contam e entre eles não existe nenhuma ordem. A única coisa que conta é como estão conectados. Uma linha de pensamento poderia começar com qualquer um desses conceitos, chamado à memória pela menção de uma palavra, por um pulso de ativação num link que se originou em algum outro conceito distante na rede, ou por qualquer disparo neural aleatório que faça pipocar na mente uma ideia inesperada. A partir daí, a mente pode surfar em qualquer direção seguindo qualquer link para qualquer dos outros conceitos.

Ora, o que acontece se você quiser compartilhar alguns desses pensamentos? Podemos sonhar com extraterrestres avançadíssimos de uma espécie que vive no espaço, capazes de comprimir uma porção dessa rede num arquivo de bits compactado e transmiti-lo num zumbido a outro ser da mesma espécie, como acontece entre dois modems discados. Mas não é assim que as coisas acontecem com o *Homo sapiens*. Aprendemos a associar a cada ideia um pequeno segmento sonoro chamado palavra, e podemos nos acionar reciprocamente para pensar essa ideia pronunciando o som. Mas, naturalmente, precisamos fazer mais do que simplesmente deixar escapar palavras isoladas. Se você não estivesse a par da história de Édipo, e eu simplesmente dissesse "Sófocles peça história matar Laio esposa Jocasta casou-com Édipo pai mãe", você não adivinharia o que aconteceu nem mesmo num milhão de anos. Além de enunciar palavras que representam conceitos, nós os enunciamos numa ordem que sinaliza as relações lógicas entre eles (quem faz, a quem se faz, é um(a), e assim por diante): *Édipo matou Laio, que era seu pai. Édipo casou-se com Jocasta, que era sua mãe.* O código que traduz a rede de relações conceituais presente em nossa cabeça numa ordem de antes e depois em nossas bocas, ou da esquerda para a direita na página, chama-se sintaxe.[3] As regras da sintaxe, juntamente com as regras de formação de palavras (as que transformam *matar* em *mata, matou* e *matando*), constituem a gramática da língua. Línguas diferentes têm gramáticas diferentes, mas todas veiculam relações conceituais modificando e arranjando palavras.[4]

Não é fácil conceber um código capaz de ejetar um emaranhado de conceitos na forma de uma sequência linear de palavras. Se um acontecimento envolve várias personagens, envolvidas por sua vez em relações diferentes, é preciso que exista um meio para controlar quem fez o que para quem. *Matou Édipo casou Laio Jocasta*, por exemplo, não deixa claro se Édipo matou Laio e desposou Jocasta, se Jocasta matou Édipo e desposou Laio, se Édipo matou Jocasta e casou-se com Laio e assim por diante. A sintaxe resolve este problema estabelecendo que segmentos adjacentes de palavras se entrelacem formando conjuntos de conceitos relacionados, e inserindo uma sequência na outra para formar conceitos que fazem parte de conceitos maiores.

Para compreender como funciona a sintaxe, é útil visualizar a ordenação de sequências dentro de sequências localizando-as no final dos galhos de uma árvore desenhada de ponta-cabeça.

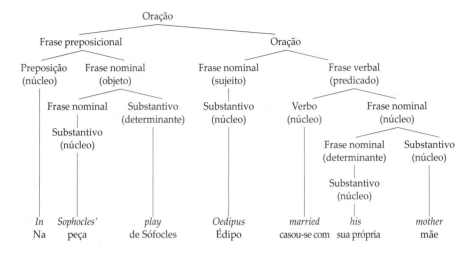

Pretendo explicar os detalhes daqui a pouco; por enquanto basta notar que as palavras da linha inferior (como *mãe*) se agrupam em frases (como *sua própria mãe*), que se agrupam em frases maiores (como *casou-se com sua própria mãe*), que são reunidas numa sentença simples como *Édipo casou-se com sua própria mãe*, que por sua vez pode ser inserida em uma sentença ainda maior (a sentença mais abrangente dada como um todo no início deste capítulo).

A sintaxe, então, é um aplicativo [*app*] que usa uma *árvore* de frases para traduzir uma *rede* de pensamentos numa *sequência* de palavras. Ao ouvir ou ler a sequência de palavras, o leitor ou ouvinte pode trabalhar retrospectivamente, encaixando-as apropriadamente numa árvore e recuperando as ligações entre os conceitos associados. Nesse caso, um ouvinte pode deduzir que Sófocles escreveu uma peça na qual Édipo casa com a mãe, e não que Édipo escreveu uma peça na qual Sófocles casa com sua mãe, ou simplesmente que o falante está dizendo alguma coisa sobre um bando de gregos.

Evidentemente, a árvore não passa de uma metáfora. O que ela capta é que palavras adjacentes são agrupadas em frases, que as frases se encaixam em frases maiores, e que o arranjo das palavras e das frases pode ser usado para recuperar as relações que há entre as personagens na mente do falante. Uma árvore é simplesmente uma maneira fácil de mostrar na página esse modo de conceber as coisas. Essa concepção poderia ser mostrada com o mesmo grau de precisão por meio de uma série de chaves ou por meio do diagrama de Venn:

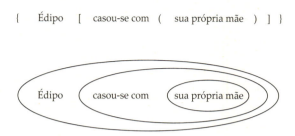

Independentemente da notação, entender o projeto de montagem que há por trás da sentença – no qual uma sequência linear de frases transmite uma rede de ideias cheia de nós – é a chave para compreender aquilo que você está procurando realizar quando compõe uma sentença. E isso, por sua vez, pode ajudá-lo a compreender o leque de escolhas com que está lidando e as coisas que mais podem dar errado.

A razão pela qual a tarefa é tão desafiadora é que o principal recurso que a sintaxe da língua* disponibiliza ao escritor – a ordem da esquerda para a direita na página – precisa realizar duas tarefas ao mesmo tempo. É o código usado pela língua para comunicar quem fez o que para quem. Mas também determina a sequência do que é processado antes e depois na mente do leitor. A mente humana só consegue fazer algumas poucas coisas ao mesmo tempo, e a ordem em que as informações chegam afeta o modo como são processadas. Como veremos, o escritor precisa conciliar constantemente esses dois aspectos da ordem de palavras: um código informativo e uma sequência de eventos mentais.

Comecemos por olhar mais de perto para o código da sintaxe enquanto tal, usando como exemplo a árvore que representa a sentença sobre Édipo.[5] Indo de cima para baixo, vemos que cada palavra corresponde a uma categoria gramatical. Trata-se das "classes de palavras" (ou "partes do discurso") que deveriam ser familiares mesmo a pessoas que estudaram depois dos anos 1960:

---

\* N.T.: *sintaxe do inglês*, no original.

| Substantivos e pronomes | man, play, Sophocles, she, my |
|---|---|
| | homem, peça, Sófocles, ela, meu |
| Verbos | marry, write, think, see, imply |
| | casar, escrever, pensar, ver, dar a ententer |
| Preposições | in, around, underneath, before, until |
| | em, ao redor de, embaixo de, antes de, até |
| Adjetivos | big, red, wonderful, interesting, demented |
| | grande, vermelho, maravilhoso, interessante, louco |
| Advérbios | merrily, frankly, impressively, very, almost |
| | alegremente, francamente, notavelmente, muito, quase |
| Artigos e outros determinantes | the, a, some, this, that, many, one, two, three |
| | o, um, algum, este, aquele, muitos, um, dois, três |
| Conectivos de coordenação | and, or, nor, but, yet, so |
| | e, ou, nem, mas, porém, portanto |
| Conectivos de subordinação | that, whether, if, to |
| | que, se, se, a fim de que |

Cada palavra está encaixada num lugar da árvore, de acordo com sua categoria, porque as regras da sintaxe não especificam uma ordem para palavras, mas sim uma ordem para categorias. Depois que você aprendeu que em inglês o artigo vem antes do substantivo, você não precisa reaprender essa ordem cada vez que adquire um substantivo novo, como *hashtag*, *app* ou MOOC.* Se você viu um substantivo, praticamente viu todos. Existem, é verdade, subcategorias de substantivos, como os próprios e os comuns, os contáveis e os pronomes, cada uma das quais obedece a alguma singularidade quanto ao lugar em que podem aparecer, mas o princípio é o mesmo: as palavras de uma mesma subcategoria são intercambiáveis, de modo que, sabendo onde a subcategoria pode aparecer, você saberá onde pode aparecer qualquer palavra dessa subcategoria.

Examinemos mais detalhadamente uma dessas palavras: *married* [*casou-se com*]. Juntamente com sua categoria gramatical, a do ver-

---

\* N.T.: Os hashtags são expressões que os usuários de computador usam como palavras-chave ao longo do texto, identificadas pelo símbolo #; um MOOC (*massive open online course*) é um curso oferecido pela internet que dá oportunidade de conhecimento sobre um assunto específico a um grande número de interessados.

bo, vemos uma etiqueta entre parênteses que indica sua *função* gramatical, no caso, de núcleo. Uma função gramatical informa não o que uma palavra é na língua, mas o que ela faz numa determinada sentença: isto é, como se combina com as outras palavras para determinar o sentido da sentença.

O "núcleo" de uma frase é a pequena peça-chave de informação que está pela frase como um todo. Determina o cerne do sentido da frase: neste caso, *married his mother* [*casou-se com sua própria mãe*] é um caso particular de casar. Também determina a categoria gramatical da frase: no caso, temos uma frase verbal, uma frase construída ao redor de um verbo. Uma frase verbal é uma sequência de palavras variável em comprimento que preenche uma casa particular numa árvore. Independentemente da quantidade de material nela empacotado. *Married his mother; married his mother on Tuesday, married his mother on Tuesday over the objections of his girlfriend* [*casou-se com sua mãe, casou-se com sua mãe na última terça-feira, casou-se com sua mãe na última terça-feira apesar das objeções da namorada*] são todas frases verbais que podem ser inseridas na mesma posição da sentença em que entra a frase que consiste unicamente no verbo *married* [*casou-se*]. Isso vale também para os outros tipos de frases: a frase nominal *the king of Thebes* [*o rei de Tebas*] constrói-se em torno do substantivo-núcleo *king* [*rei*] e entra em qualquer lugar em que entraria a frase, mais simples, *the king* [*o rei*].

O material extra que estufa uma frase pode incluir funções gramaticais adicionais que distinguem os vários papéis presentes na história identificada pelo núcleo. No caso do casamento, as *dramatis personae* incluem a pessoa que desposa e a pessoa que é desposada (embora casar-se seja de fato uma relação simétrica – se Jack se casa com Jill, então Jill também se casa com Jack – vamos fingir, para efeito do exemplo, que o homem é quem toma a iniciativa de desposar a mulher). A pessoa que é desposada nesta sentença é, tragicamente, o referente de *his mother* [*sua mãe*], e ela é identificada como sendo desposada porque a frase tem a função gramatical de "objeto", que, em inglês e em português, é a frase nominal que vem depois do verbo. A pessoa que toma a iniciativa do casamento, referida pela frase de uma só palavra *Oedipus* [*Édipo*], tem a função de "sujeito". O sujeito tem características especiais; todos os verbos têm um, e ele fica fora da frase verbal, ocupando um dos dois ramos principais da oração* – o outro ramo é o predicado. Mais funções gramaticais podem ser acrescentadas para identificar outros papéis. Em *Jocasta handed the baby to the servant* [*Jocasta entregou o bebê ao criado*], a frase *the servant* [*o criado*] é um objeto indireto, isto é, o objeto de uma preposição. Em *Oedipus thought that Polybus was his father* [*Édipo pensava que Pólibo era seu pai*], a oração *that Polybus was his father* [*que Pólibo era seu pai*] é complemento do verbo *thought* [*pensava*].

As línguas têm também funções gramaticais cujo papel não é fazer distinções no elenco das personagens, mas intervir com informações de outros tipos. Os modificadores podem acrescentar comentários sobre o tempo, o lugar, o modo ou a qualidade de uma coisa ou ação. Nesta sentença, temos a frase *In Sophocles play* [*Na peça de Sófocles*] como modificador da oração *Oedipus married his mother* [*Édipo casou-se com sua mãe*]. Outros exemplos de modificadores incluem as palavras sublinhadas nas frases *walks <u>on four legs</u>, <u>swollen</u> feet, met him <u>on the road to Thebes</u>* e *the shepherd <u>whom Oedipus had sent for</u>* [*caminha <u>sobre quatro patas</u>, pés <u>inchados</u>, encontrou-o <u>na estrada de Tebas</u>* e *o pastor <u>que Édipo tinha mandado chamar</u>*].

Também observamos que os substantivos *play* e *mother* [*peça, mãe*] são precedidos pelas palavras *Sophocles'* e *his* [*de Sófocles, sua*], que têm função de determinante. Os determinantes respondem à pergunta "Qual?" ou "Quantos?". Nesses exemplos do inglês, o papel de determinante é realizado pelo que tem sido chamado tradicionalmente de substantivo possessivo (embora seja de fato um substantivo declinado no genitivo, como vou explicar). Outros determinantes comuns incluem os artigos, como em *<u>the</u> cat* e *<u>this</u> boy* [*<u>o</u> gato* e *<u>este</u> garoto*]; quantificadores, como em *<u>some</u> nights* [*<u>algumas</u> noites*] e *<u>all</u> people* [*<u>todas</u> as pessoas*], e numerais como em *<u>sixteen</u> tons* [*<u>dezesseis</u> toneladas*].

Se você tem mais de 60 anos, ou estudou numa escola particular, deve ter notado que essa parafernália sintática difere de muitas maneiras daquilo que você ainda lembra das aulas da Srta. Assento Espinhudo. As teorias gramaticais modernas (como a da *Cambridge Grammar of the English Language*, que estou usando neste livro) distinguem as categorias gramaticais, como substantivo e verbo, das funções gramaticais, como sujeito, objeto, núcleo e modificador.

---

\* N.T.: Na sequência do livro, traduzo sistematicamente "*sentence*" por "sentença" e "*clause*" por "oração".

E distinguem essas duas coisas de categorias e papéis *semânticos*, como ação, objeto físico, possuidor, agente e paciente, que se referem àquilo que os referentes das palavras estão fazendo no mundo. As gramáticas tradicionais tendem a confundir esses três conceitos.

Quando criança, aprendi, por exemplo, que as palavras *soap* [*sabão*] em *soap flakes* [*flocos de sabão*] e *that* [*aquele*] em *that boy* [*aquele garoto*] são adjetivos, porque modificam substantivos. Mas isso confunde a categoria gramatical "adjetivo" com a função gramatical "modificador". Não há necessidade de agitar a varinha mágica sobre o substantivo *soap* e transformá-lo em adjetivo somente pelo que ele está fazendo nessa frase; é mais simples dizer que às vezes um substantivo pode modificar outro substantivo. No caso de *that* em *that boy*, a Srta. Assento Espinhudo se enganou de função: *that* é um determinante, não um modificador. Como saber? Determinantes e modificadores não são intercambiáveis. Você pode dizer *Look at the boy* [*Olhe para o garoto*] ou *Look at that boy* [*Olhe para aquele garoto*] (determinantes), mas não *Look at tall boy* [*Olhe para alto garoto*] (modificador). Você pode dizer *Look at the tall boy* [*Olhe para o alto garoto*] (determinante + modificador), mas não *Look at the that boy* [*Olhe para o aquele garoto*] (determinante + determinante).

Também me ensinaram que o substantivo é a palavra que nomeia pessoas, lugares ou coisas, mas isso confunde categoria gramatical com categoria semântica. Entre os tantos que caíram nessa confusão inclui-se o comediante Jon Stewart, que em seu programa televisivo criticou a "Guerra ao Terror" de George W. Bush protestando que "Terror *isn't even a noun*" [*"Terror* nem mesmo é um substantivo!"].[6] O que ele queria dizer é que o terror não é uma entidade concreta, em particular um grupo de pessoas organizado como uma força inimiga. *Terror*, obviamente, *é* um substantivo, como o são milhares de outras palavras que não se referem a pessoas, lugares ou coisas, caso dos substantivos *palavra, categoria, programa televisivo, guerra* e *substantivo*, para usar exemplos de sentenças dos últimos parágrafos. Embora os substantivos sejam *frequentemente* os nomes de pessoas, lugares e coisas, a categoria do substantivo só pode ser definida pelo papel que exerce numa família de regras. Exatamente como a torre do jogo de xadrez não é definida como uma peça parecida com uma pequena torre, mas como uma peça autorizada a se mover em certas direções durante o jogo, uma categoria gramatical como "substantivo" é definida pelas jogadas que está autorizada a realizar no jogo da gramática. Essas jogadas incluem a capacidade de aparecer depois de um determinante (*The king* [*O rei*]), a exigência de ter um objeto indireto ou oblíquo em vez de direto (*the king of Thebes* e não *The king Thebes* [*O rei de Tebas* e não *O rei Tebas*]) e a capacidade de ir para o plural (*kings* [*reis*]) e para o caso genitivo (*king's*).* De acordo com esses testes, *terror* é certamente um substantivo: *the terror, terror of being trapped, the terror's lasting impact* [*o terror, terror de ficar preso numa armadilha, o impacto duradouro do terror*].

Podemos ver, agora, por que a palavra *Sophocles* aparece na árvore associada à categoria "substantivo" e à função "determinante" em vez de "adjetivo". A palavra pertence à categoria do substantivo exatamente como sempre pertenceu; *Sophocles* não virou adjetivo de repente só porque estacionou na frente de outro substantivo. E tem função de determinante porque age da mesma forma que as palavras *the* e *that*, e diferentemente de um típico modificador como *famous* [*famoso*]: você pode dizer *In Sophocles' play* ou *In the play*, mas não *In famous play*. [*Na peça de Sófocles* ou *Na peça* (literalmente *Em a peça*), mas não *Em famosa peça*].

A esta altura você deve estar se perguntando: e o que acontece com o genitivo? Não é simplesmente aquilo que nos ensinaram ser o possessivo? Bem, "possessivo" é uma categoria semântica, e o caso indicado pelo sufixo *'s* e por pronomes como *his* e *my* [*seu* e *meu*] pode não ter nada a ver com posse. Se você parar para pensar, não há nenhuma relação de posse ou de qualquer outro tipo que seja compartilhada pelas frases *Sophocles' play, Sophocles' nose, Sophocles' toga, Sophocles' mother, Sophocles 'hometown, Sophocles' era* ou *Sophocles' death* [*a peça de S., o nariz de S., a toga de S., a mãe de S., a cidade natal de S., a era de S., a morte de S.*]. O que essas ocorrências de *Sophocles'* têm em comum é que elas preenchem a casa do determinante prevista na árvore e ajudam você a determinar em que peça, em que nariz etc. o falante estava pensando.

Generalizando, é essencial manter a mente aberta sobre o modo de diagramar a sentença, em vez de achar que tudo que você precisa saber em matéria de gramática foi imaginado antes de você nascer. Categorias, funções e sentidos têm que ser verificados empiricamente, pela realização de pequenos experimentos como o de trocar uma frase cuja categoria você não conhece por outra de categoria conhecida, vendo

---

\*    N.T.: O português não tem uma construção análoga ao genitivo do inglês.

se a sentença continua funcionando. Com base em miniexperimentos desse tipo, os gramáticos modernos têm distribuído as palavras em categorias gramaticais que, às vezes, diferem dos escaninhos tradicionais.

Há um bom motivo, por exemplo, para que a lista da página 110 não inclua a categoria tradicional chamada "conjunção", com seus subtipos "conjunção coordenativa" (palavras como *and* e *or* [e e *ou*]) e conjunção subordinativa (palavras como *that* e *if* [*que* e *se*]). Ocorre que as palavras que coordenam e as que subordinam não têm nada em comum, e que não existe uma categoria chamada "conjunção" que inclua os dois tipos. Por isso, muitas palavras que a gramática inglesa chamou outrora de conjunções subordinativas, como *before* e *after* [*antes* e *depois*] são de fato preposições.*[7] O *after* de *after the love is gone* [*depois que o amor acabou*], por exemplo, é exatamente o mesmo *after* que aparece em *after the dance* [*depois da dança*] que todos concordam em reconhecer como uma preposição. O fato de os gramáticos tradicionais terem sido incapazes de distinguir entre categorias e funções foi o que os impediu de ver que o objeto de uma preposição pode também ser uma oração, além de uma frase nominal.

E por que tudo isso é importante? Embora você não precise, literalmente, estruturar sentenças ou dominar uma porção do jargão para escrever bem, a sequência deste capítulo vai mostrar uma série de casos em que um pouco de sensibilidade sintática pode ajudar. Em primeiro lugar, pode ajudá-lo a evitar alguns erros gramaticais óbvios, que você mesmo já percebe como erros. Em segundo lugar, quando um revisor ou um patrulheiro gramatical diz ter encontrado um erro numa sentença que você escreveu, mas você não consegue ver nada de errado nela, pode pelo menos entender a regra em questão suficientemente bem para decidir por sua própria conta se deve aceitar a mudança ou não. Muitas regras espúrias, incluindo algumas que alcançaram as manchetes do país, são o resultado de análises gramaticais trapalhonas de categorias como adjetivo, conectivo de subordinação e preposição. Por fim, a sensibilidade para a sintaxe pode ajudar a evitar sentenças ambíguas, desconcertantes e complicadas. Toda essa clareza depende de uma apreensão básica do que são as categorias gramaticais, de como se distinguem das funções gramaticais e dos significados e de como se encaixam nas árvores.

---

\*     N.T.: Aqui e adiante suprimi as referências ao capítulo 6 do original inglês.

As árvores são aquilo que dá à língua sua capacidade de comunicar as ligações entre ideias, e não simplesmente jogar as ideias no colo do leitor. Mas têm um custo, que é a sobrecarga que impõem à memória. É necessário um esforço cognitivo para construir e manter em ordem todas essas ramificações invisíveis, e é fácil tanto para o leitor como para o escritor recair no hábito de tratar a sentença apenas como uma carreirinha de palavras.

Comecemos pelo escritor. Quando sobrevém o cansaço, a capacidade do escritor de controlar toda uma ramificação da árvore pode ficar prejudicada. Seu ângulo de visão se reduz ao de um olho mágico de porta, e ele enxerga no máximo umas poucas palavras da sequência de cada vez. Como a maioria das regras gramaticais são definidas em termos de árvores, não de sequências, essa cegueira-para-árvores momentânea pode levar a erros desagradáveis.

Tome-se a concordância entre o sujeito e o verbo: dizemos *The bridge is crowded* [*A ponte está apinhada*], mas *The bridges are crowded* [*As pontes estão apinhadas*]. Não é uma regra difícil de seguir. As crianças, praticamente, a dominam aos 3 anos de idade, e erros como *I can has cheezburger* [literalmente *Eu pode come X-burger*] e *I are serious cat* [*Eu é um gato sério*] são tão óbvios que um meme popular da internet (LOLcats) os atribui jocosamente a gatos.* Mas o "sujeito" e o "verbo" que precisam concordar são definidos pelas ramificações na árvore, não pelas palavras na sequência:

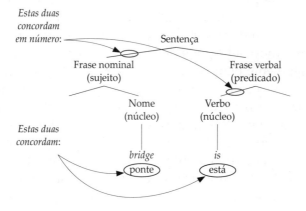

---

\*   N.T.: LOL é uma abreviação para *"laugh out loud"*. O meme LOLcats apresenta em primeiro plano figuras de gatos, acompanhadas de frases agramaticais, mas compreensíveis.

Você pode estar pensando: que diferença faz? A sentença não é a mesma nos dois casos? A resposta é não. Mesmo que você engorde o sujeito, acrescentando-lhe algumas palavras, como no diagrama a seguir, de modo que *bridge* não venha imediatamente antes do verbo, a concordância – definida na árvore – não é afetada. Continuamos dizendo *The bridge to the islands is crowded* não *The bridge to the islands are crowded* [A ponte para as ilhas está apinhada / A ponte para as ilhas estão apinhadas].

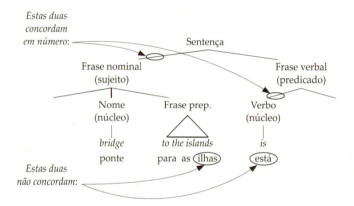

Mas devido à cegueira-para-árvores é comum cometer escorregões e digitar *The bridge to the islands are crowded* [A ponte para as ilhas estão apinhadas]. Se você não manteve a árvore em suspenso na memória, a palavra *islands* [ilhas], que ecoa na sua mente bem no momento em que vai digitar o verbo, contaminará o número que você dá ao verbo. Aqui estão alguns erros de concordância tirados de textos impressos:[8]

> The <u>readiness</u> of our conventional forces <u>are</u> at an all-time low.
>
> A <u>prontidão</u> para intervir de nossas forças convencionais <u>são</u> as mais baixas de todos os tempos.

---

> At this stage, the <u>accuracy</u> of the quotes <u>have</u> not been disputed.
>
> Nesta etapa, a <u>exatidão</u> das cotações ainda não <u>foram</u> questionadas.

> The <u>popularity</u> of "Family Guy" DVDs <u>were</u> partly credited with the 2005 revival of the once-canceled Fox animated comedy.
>
> A <u>popularidade</u> dos DVDs da série "Family Guy" <u>foram</u> parcialmente atribuídas à retomada da comédia de animação da Fox anteriormente cancelada.

> The <u>impact</u> of the cuts <u>have</u> not hit yet.
>
> O <u>impacto</u> dos cortes ainda não <u>foram</u> sentidos.

> The <u>maneuvering</u> in markets for oil, wheat, cotton, coffee and more <u>have</u> brought billions in profits to investment banks.
>
> A <u>manipulação</u> nos mercados do petróleo, do trigo, do algodão, do café e outros <u>deram</u> lucros milionários aos bancos de investimento.

Essas coisas escapam facilmente do nosso controle. Enquanto estou escrevendo este capítulo, a cada tantas páginas vejo a linha verde ondulada do corretor gramatical do Microsoft Word sinalizando um erro de concordância que meu radar detector de árvores deixou passar. Mas mesmo o melhor software não é suficientemente competente para conferir as árvores de maneira confiável, de modo que os leitores não podem delegar aos editores de textos a tarefa de vigiar a árvore. Nessa lista de erros de concordância, por exemplo, as duas últimas sentenças aparecem na minha tela livres do garrancho acusador.

Inserir uma frase extra numa árvore é apenas uma das maneiras pelas quais um sujeito pode ser separado de seu verbo. Outra é o processo gramatical que inspirou o linguista Noam Chomsky a propor sua famosa teoria pela qual uma árvore subjacente a uma sentença – sua estrutura profunda – é transformada por uma regra que desloca uma frase para uma nova posição, produzindo uma árvore ligeiramente modificada, chamada estrutura de superfície.[9] Esse processo é responsável, por exemplo, pelas perguntas que contêm palavras-WH*, tais como *Whom do you love?* e *Which way did he go?* [*Quem você ama? / De que jeito ele foi?*] Na estrutura profunda, a palavra-WH aparece na posição esperada para uma sentença ordinária, nesse caso depois do verbo *love*, como em *I love Lucy*. Mas aí

---

\* N.T.: Em inglês, as palavras-WH são pronomes e advérbios, como *which, who, whom, when, where...*, que aparecem em sentenças interrogativas ou subordinadas relativas; seus equivalentes em português começam frequentemente pelas letras QU-: *que, quem quando; por que* etc.

a regra de movimento transporta-a para a frente da sentença, deixando um vazio (o espaço branco sublinhado) na estrutura de superfície. (Daqui em diante, mantenho limpas as árvores, omitindo etiquetas e ramificações desnecessárias).

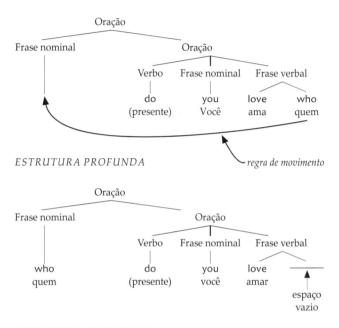

Compreendemos a pergunta preenchendo o espaço vazio por meio da frase que foi retirada dele. *Who do you love___?* [*Quem você ama ___*] significa *"For which person do you love that person?"* ["Para qual pessoa você ama essa pessoa?"].

A regra de movimento também gera uma construção muito usada chamada oração relativa, como em *the spy who___came in from the cold* [*o espião que ___veio do frio*] e *the woman I love ___* [*a mulher que eu amo ___*]. A oração relativa é uma oração que contém um espaço vazio (*I love ___*) e que modifica uma frase nominal (*the woman*). A posição do espaço vazio indica o papel que a frase modificada desempenhava na estrutura profunda; para entender a oração relativa, nós a recolocamos mentalmente no lugar. O primeiro exemplo significa *"the spy such that the spy came in from the cold"* ["o espião tal que o espião veio do frio"]. O segundo significa *"the woman such that I love the woman"* ["A mulher tal que eu amo a mulher"].

Uma grande distância entre um preenchedor e um espaço vazio pode ser perigosa tanto para o escritor como para o leitor. Quando estamos lendo e cruzamos com um preenchedor como *who* ou *the woman* [*que* ou *a mulher*], temos que retê-lo na mente enquanto manipulamos todo o material que continua chegando, até topar com o espaço vazio que ele precisa preencher.[10] Às vezes, isso é muito para ser manipulado por nossas memórias do tamanho de um dedal, e nós nos deixamos distrair pelas palavras que ocupam o espaço intermediário.

> The impact, which theories of economics predict _____ are bound to be felt sooner or later, could be enormous.
>
> O impacto, que as teorias da economia predizem _____ devem ser sentidos mais cedo ou mais tarde, poderia ser enorme

Você conseguiu perceber o erro? Assim que você pluga o preenchedor *the impact* no espaço vazio depois de *predict*, levando a *the impact are bound to be felt*, você vê que o verbo precisaria ser *is* [aqui: *deve*], não *are* [*devem*]; o erro é tão evidente como em *I are serious cat* [*Eu são gato sério*]. Mas a sobrecarga na memória pode fazer com que o erro passe batido.

A concordância é uma das tantas maneiras como uma ramificação de árvore pode fazer exigências a respeito daquilo que acontece em outra ramificação. Essa capacidade de fazer exigências é chamada de governo [ou regência, ingl. *government*], e também pode ser vista no modo como os verbos e adjetivos são exigentes na escolha de seus complementos. Dizemos *we make plans*, mas *we do research* [*fazemos planos / fazemos pesquisa*]; soaria estranho dizer *we do plans* ou *we make research* [*fazemos planos / fazemos pesquisa*]. Das más pessoas dizemos que elas *oppress their victims* [*oprimem suas vítimas*, *victims* objeto direto], não que *oppress against their victims* [onde *victims* seria um objeto indireto]; ao mesmo tempo, dizemos que *discriminate against them* [literalmente: que *discriminam contra elas*], mas não que *discriminate them* [literalmente: que *as discriminam*].* Uma certa coisa pode *be identical*

---

\* N.T.: *Fazer* do português corresponde em inglês ora a *to make* ora a *to do*, dependendo do substantivo que segue, e que, nesta escolha, os próprios falantes do inglês ficam frequentemente em dúvida. Por sua vez, *oprimir* e *discriminar*, que traduzem *oppress* e *discriminate against*, são ambos transitivos diretos. Em português, o par *assistir / presenciar* é um velho exemplo de verbos sinônimos com regências diferentes.

*to* a uma outra, mas precisa *coincide* __with__ essa outra coisa: as palavras *identical* e *coincide* exigem preposições diferentes. Quando as frases são rearranjadas ou separadas, o escritor pode perder o controle do que exige o quê, e acabar cometendo um erro irritante.

> Among the reasons for his optimism about SARS is the successful __research__ that Dr. Brian Murphy and other scientists have __made__ at the National Institutes of Health.[11]

> Entre as razões para seu otimismo a respeito da Síndrome Respiratória Aguda Grave está a __pesquisa__ bem-sucedida que o Dr. Brian Murphy e outros cientistas __fizeram__ nos Institutos Nacionais de Saúde.*

---

> __People__ who are __discriminated__ based on their race are often resentful of their government and join rebel groups.

> __As pessoas__ que são __discriminadas__ com base em sua raça ficam frequentemente ressentidas com seus governantes e aderem a grupos rebeldes.**

---

> The religious holidays __to__ which the exams __coincide__ are observed by many of our students.

> Os feriados religiosos __aos quais__ as provas __coincidem__ são respeitados por muitos de nossos estudantes.***

Uma das formas mais comuns de cegueira para as árvores consiste em deixar de olhar cuidadosamente para cada uma das bifurcações de uma estrutura de coordenação. A estrutura de coordenação, tradicionalmente chamada conjunção**** é uma frase composta por duas ou mais frases que são ligadas por um conectivo de coordenação [*coordinator*] (como em *the land of the free and the home of the brave; paper or plastic* [*a terra dos livres e a pátria dos valentes; papel ou plástico*]) ou amarradas umas às outras por vírgulas (*Are you tired, run down, listless?* [*Você está cansado, esgotado, apático?*]).

---

\*     N.T.: *Fizeram* traduz tanto *(they) did* como *they made*. A impropriedade sintática do exemplo inglês desaparece na tradução.

\*\*    N.T.: No exemplo em inglês, há falta de um *against* depois de *discriminated*. Isso cria uma impropriedade que desapaece na tradução.

\*\*\*   N.T.: A regência de *coincidir* é *com*, a de *coincide* é *with*. Usei regências erradas para tornar mais evidente a impropriedade das frases inglesas.

\*\*\*\* N.T.: Nas gramáticas portuguesas é mais comum reservar o termo *conjunção* aos conectivos (como *e, que* etc.).

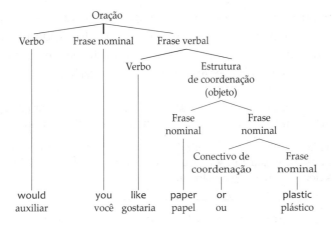

Cada uma das frases numa estrutura de coordenação precisa funcionar por si só nessa posição, como se as outras frases não estivessem presentes, e todas têm que ter a mesma função (de objeto, modificador etc.). *Would you like paper or plastic?* [*Você gostaria (de) papel ou (de) plástico?*] é uma sentença perfeita, porque você poderia dizer *Would you like paper?*, onde *paper* é o objeto de *like*, mas também poderia dizer *Would you like plastic?* onde *plastic* é o objeto de *like*. *Would you like paper or conveniently?* [*Você gostaria de papel ou convenientemente?*] é agramatical, porque *conveniently* é um modificador que não combina com *like*; você nunca diria *Woud you like conveniently?* [*Você gostaria de convenientemente?*]. Ninguém sofre a tentação de cometer esse erro porque *like* e *conveniently* estão lado a lado, o que torna óbvio o conflito. E ninguém fica tentado a dizer *Would you like paper or conveniently?* porque, com o bloqueio mental de *paper* e *or*, que ficam no meio, o conflito entre *like* e *conveniently* se torna igualmente gritante. Esse é o fundamento da brincadeira no livro best-seller de 2007 do comediante Stephen Colbert, que pretendia chamar a atenção para o analfabetismo de sua personagem da tela: *I Am America (And So Can You!)* [literalmente: *Eu sou America, e você também pode!*].

Quando uma sentença fica complicada, porém, mesmo um escritor com bom domínio da língua pode perder o controle de como cada ramificação numa coordenação se harmoniza com o restante da árvore. A pessoa que escreveu o slogan *We get the job done, not make excuses* [*Nós deixamos o trabalho pronto, não dar desculpas*] provavelmente não previu como os clientes ficariam perplexos diante da má coordenação. A frase *get the job done* é um predicado no presente que combina com o sujeito *we*, e a frase *not make excuses* é uma frase sem tempo e por si só não pode acompanhar o sujeito [*We not make excuses*]; só pode completar um verbo auxiliar como *do* ou *will*. Para consertar o slogan, poderíamos coordenar duas sentenças simples completas (*We get the job done; we don't make excuses* [*Fazemos o trabalho; não damos desculpas*]) ou coordenar duas completivas dependentes de um único verbo (*We will get the job done, not make excuses* [*Vamos fazer o trabalho, não dar desculpas*]).

Um tipo mais sutil de mau funcionamento da coordenação insinua-se na escrita com tanta frequência que é fonte constante de pedidos de desculpas nas colunas dos jornais em que um editor se penitencia junto aos leitores pelos erros cometidos por algum lapso na semana anterior. Aqui estão alguns desses erros, apontados pelo editor do *New York Times*, Philip Corbett, em sua coluna "After Deadline" ["Depois do fechamento da edição"], juntamente com as versões corrigidas à direita (sublinhei e coloquei entre colchetes as palavras que estavam, inicialmente, mal coordenadas):[12]

| | |
|---|---|
| He said that surgeries and therapy had helped him <u>not only</u> [to recover from his fall], <u>but</u> [had <u>also</u> freed him of the debilitating back pain]. | He said that surgeries and therapy had <u>not only</u> [helped him to recover from his fall], <u>but also</u> [freed him of the debilitating back pain]. |
| Ele disse que as cirurgias e a terapia o tinham ajudado <u>não só</u> [a recuperar-se da queda], <u>mas</u> [também livrado da dor nas costas que o debilitava]. | Ele disse que as cirurgias e a terapia <u>não só</u> [o tinham ajudado a recuperar-se da queda], <u>mas também</u> [o tinham livrado da dor nas costas que o debilitava]. |
| With Mr. Ruto's appearance before the court, a process began that could influence <u>not only</u> [the future of Kenya] <u>but also</u> [of the much-criticized tribunal]. | With Mr. Ruto's appearance before the court, a process began that could influence the future <u>not only</u> [of Kenya] <u>but also</u> [of the much-criticized tribunal]. |
| Com o comparecimento do Sr. Ruto diante da corte, começou um processo que poderia influenciar <u>não só</u> [o futuro do Quênia] <u>mas também</u> [do mal-faladíssimo tribunal]. | Com o comparecimento do Sr. Ruto diante da corte começou um processo que poderia influenciar o futuro <u>não só</u> [do Quênia] <u>mas também</u> [do mal-faladíssimo tribunal]. |

| | |
|---|---|
| Ms. Popova, who died at 91 on July 8 in Moscow, was inspired <u>both</u> [by patriotism] <u>and</u> [a desire for revenge]. | Ms. Popova was inspired by <u>both</u> [patriotism] <u>and</u> [a desire for revenge].<br>*Ou*<br>Ms. Popova was inspired <u>both</u> [by patriotism] <u>and</u> [by a desire of revenge]. |
| A Sra. Popova,* que morreu aos 91 anos no dia 8 de julho em Moscou, era inspirada <u>simultaneamente</u> [pelo patriotismo] <u>e</u> [por um desejo de vingança]. | A Sra. Popova era inspirada pelas <u>duas coisas,</u> [patriotismo] <u>e</u> [um sentimento de vingança].<br>*ou*<br>A Sra Popova era inspirada <u>simultaneamente</u> [por patriotismo] <u>e</u> [por um sentimento de vingança]. |

Nestes exemplos, as frases coordenadas são encontradas em pares casados, em que um quantificador (*both, either, neither, not only* [*ambos, um dos dois, nenhum dos dois, não só*]) marca a primeira frase e um conectivo de coordenação (*and, or, nor, but also* [*e, ou, nem, mas também*]) marca a segunda. Os marcadores, sublinhados nos exemplos, formam pares como segue:

*Not only... but also...* / não só  mas também
*Both... and...* / ambos ... e ...**
*either... or ...* / ou... ou...
*neither... nor...* / nem... nem

Essas coordenações só ficam elegantes quando as frases que vêm depois de cada marcador – as que foram colocadas entre colchetes nos exemplos – são paralelas. Dado que quantificadores como *both* e *either* têm o hábito desconcertante de andar à deriva pela sentença, as frases que vêm depois deles podem acabar não sendo paralelas, e isso choca o ouvido. Na sentença sobre cirurgias, por exemplo, temos *to recover*

---

\* N.T.: Trata-se da heroína russa da Segunda Guerra Mundial Nadezhda Popova, que, como parte do grupo de aviadoras conhecido como "Bruxas da Noite", realizou mais de 30 mil missões e despejou mais de 28 mil toneladas de bombas sobre os ocupantes nazistas do Leste Europeu.

\*\* N.T.: A construção que liga duas sentenças inserindo um conectivo em cada uma recebe o nome de correlação. Em inglês, *both* e *and* formam um bom par de conectivos de correlação. Em outros contextos, *both* é às vezes traduzido como *ambos*. Mas em português *ambos* é sempre um numeral, nunca um conectivo de correlação.

(um infinitivo) no primeiro membro da coordenação, colidindo com um *freed him* (um particípio), que vem no segundo. A maneira mais fácil de consertar uma coordenação desequilibrada consiste em enfocar o segundo membro da coordenação e, em seguida, forçar o primeiro a coincidir com ele arrastando seu quantificador para um lugar mais apropriado. Nesse caso, queremos que o primeiro membro da coordenação tenha por núcleo um particípio, para poder combinar com *freed him* no segundo. A solução é puxar *not only* duas casas para a esquerda, o que nos dá uma simetria satisfatória entre *helped him* e *freed him* (dado que o primeiro *had* comanda a coordenação como um todo, o segundo *had* tornou-se desnecessário). No próximo exemplo, temos um objeto direto (*the future of Kenya*) no primeiro membro da coordenação, que destoa do objeto oblíquo (*of the tribunal*) presente no segundo membro; empurrando *not only* para a direita, encontramos as frases gêmeas perfeitas *of Kenya* e *of the tribunal*. O último exemplo, também prejudicado por dois objetos que não combinam (*by patriotism* and *a desire for revenge*), pode ser consertado de dois modos diferentes: empurrando *both* para a direita (o que resulta em *patriotism* and *a desire for revenge*) ou fornecendo um *by* ao segundo membro da coordenação, para que ele possa combinar com o primeiro (*by patriotism* and *by a desire for revenge*).

Outro risco inerente à cegueira-para-árvores diz respeito à atribuição de caso. O caso é a possibilidade de acrescentar a uma frase nominal um adereço que assinala sua função gramatical típica, tal como o caso nominativo para os sujeitos, o caso genitivo para os determinantes (a função que as gramáticas tradicionais do inglês têm chamado erroneamente de "possuidor"), e o caso acusativo para os objetos, objetos preposicionados e tudo mais. Em inglês, o caso aplica-se principalmente aos pronomes. Quando o Cookie Monster diz *Me want cookie* [literalmente: *Mim quer biscoito*] e Tarzan diz *Me Tarzan and you Jane* [literalmente: *Mim Tarzan e você Jane*], eles estão usando um pronome acusativo como sujeito; qualquer outra pessoa usaria o pronome nominativo *I* [*Eu*]. Os outros pronomes nominativos são *he, she, we, they* e *who* [*ele, ela, nós, eles* e *que*]. O caso genitivo é marcado nos pronomes (*my, your, his, her, our, their, whose, its*)* e também em outras frases nominais, graças ao sufixo que tem a forma *'s*.

---

\* N.T.: A tradução para estas palavras é *meu, teu, seu, cujo* (e flexões), que a tradição gramatical do português trata como pronomes adjetivos, não como expressões do caso genitivo.

Exceto Cookie Monster e Tarzan, a maioria escolhe sem dificuldades o caso correto sempre que um pronome é encontrado em sua posição habitual na árvore, isto é, perto do verbo ou da preposição que o rege. Mas quando o pronome está enterrado em uma frase coordenada, os escrevinhadores tendem a perder de vista a palavra que o rege, dando ao pronome um caso diferente. Assim, na fala informal, é comum as pessoas dizerem *Me and Julio were down by the schoolyard* [literalmente: *Mim e Júlio estávamos embaixo, perto do pátio da escola*]; o *me* é separado do verbo *were* por outras palavras presentes na coordenação (*and Julio*), e muitos falantes de inglês mal chegam a perceber o conflito. Mas as mães e as professoras de inglês, que o percebem, têm martelado a cabeça das crianças para que o evitem e troquem tudo por *Julio and I were down by the schoolyard* [*Júlio e eu...*]. Infelizmente, isso leva ao tipo de erro oposto. Em presença da coordenação é tão difícil pensar em termos de árvores que a ficha que permitiria raciocinar corretamente não cai, e as pessoas assimilam uma regra baseada na sequência: "Quando você quer parecer correto, diga *So-and-so and I* [*Isto, mais aquilo e eu*], em vez de *Me and so and so* [*Eu e isto mais aquilo*]. Isso leva a um erro chamado hipercorreção, em que as pessoas usam um pronome nominativo numa coordenação acusativa:

Give Al Gore and I a chance to bring America back.

Deem a Al Gore e eu uma chance de trazer a América de volta.

---

My mother was once engaged to Leonard Cohen, which makes my siblings and I occasionally indulge in what-if thinking.

Minha mãe chegou a ser noiva de Leonard Cohen, o que leva os meus irmãos e eu, ocasionalmente, a pensar de brincadeira como tudo poderia ter sido.

---

For three years, Ellis thought of Jones Point as the ideal spot for he and his companion Sampson, a 9-year-old gold retriever, to fish and play.

Por três anos, Ellis pensou em Jones Point como o lugar ideal para ele e seu companheiro Sampson, um *golden retriever* de 9 anos, brincarem e pescarem.*

---

\* N.T.: Nesta frase do português, a explicação dada para o inglês não se aplica: a preposição *para* rege a sentença *ele e seu companheiro brincarem e pescarem*, onde *ele* é sujeito. Aliás, em português do Brasil, a forma *ele* funciona ora como sujeito, ora como objeto de preposição.

> Barb decides to plan a second wedding ceremony for she and her husband on "Mommies" tonight at 8:30 on Channels 7 and 10.
>
> Barb decide programar uma segunda cerimônia de casamento para ela e seu marido em "Mommies", esta noite às 8:30, nos canais 7 e 10.

Presumivelmente Bill Clinton, que pronunciou a primeira dessas sentenças quando era candidato à presidência em 1992, não teria dito nunca *Give I a chance* [*Deem eu uma chance*] porque uma frase nominal próxima de um verbo transitivo é obviamente um acusativo:

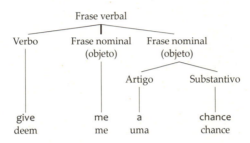

Mas as palavras *Al Gore and* separavam *give* de *me* na sequência, e a distância entre as duas palavras fez pirar seus circuitos de seleção de casos.

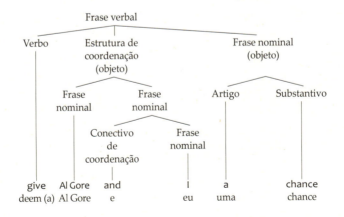

Para sermos justos com o quadragésimo segundo presidente dos Estados Unidos, que, segundo consta, é um falante linguisticamente sofisticado (como demonstrou dando um testemunho que ficou famoso, "*It depends on what the meaning of* is *is*" ["*Depende de qual é o sentido de* é]), é controverso se ele realmente cometeu um erro aqui. Quando os escritores e falantes cuidadosos deixam de fazer alguma coisa que uma análise da sintaxe feita na ponta do lápis manda fazer, isso pode significar que a análise na ponta do lápis está errada, não os escritores e os falantes. Mas por enquanto vamos supor que a análise na ponta do lápis está correta. Essa é a orientação seguida por todo revisor e todo mestre de redação, e convém não desagradá-los.

Uma suspensão de descrença semelhante será necessária para dominar outro caso traiçoeiro: a diferença entre *who* e *whom*. Talvez você concorde com o escritor Calvin Trilling: "*As far as I am concerned,* whom *is a word that was invented to make everyone sound like a butler*" ["Até onde me concerne, *whom* é uma palavra que foi inventada para fazer todo mundo soar como um mordomo"]. Mas essa avaliação contém um pequeno exagero. Há momentos em que até mesmo os não mordomos precisam distinguir seus *who*s dos seus *whom*s, e isso vai obrigar você a rever suas árvores sintáticas.

À primeira vista, a diferença é clara: *who* é um nominativo, como *I, she, he, we* e *they* [*Eu, ela, ele, nós* e *eles*], e é usado para sujeitos; *whom* é acusativo, como *me, her, him, us* e *them* [*me, -a, -o, -nos* e *-os*] e usa-se para objetos. Portanto, em tese, qualquer um que ri do Cookie Monster quando ele diz *Me want cookie* já deveria saber quando se usa *who* e quando se usa *whom* (supondo, bem entendido, que opte por *whom*). Dizemos *He kissed the bride*, portanto perguntamos *Who kissed the bride?* [*Ele beijou a noiva / Quem beijou a noiva?*]. Dizemos *Henry kissed her*, portanto perguntamos *Whom did Henry kiss?* [*Henry beijou-a / Quem (acusativo) Henry beijou?*]. Podemos apreciar a diferença visualizando as palavras-WH em suas posições na estrutura profunda, antes que elas sejam movidas para a frente da sentença, deixando para trás um espaço vazio.[13]

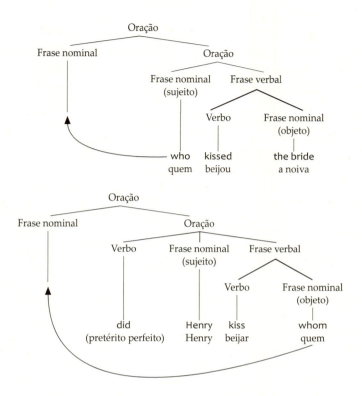

Mas, na prática, nossas mentes não conseguem receber uma árvore inteira num só relance e, portanto, quando uma sentença se torna mais complicada, qualquer falta de atenção para a ligação de *who/whom* com o espaço vazio pode levar a escolher errado entre as duas palavras.[14]

> Under the deal, the Senate put aside two nominees for the National Labor Relations Board who the president appointed ___ during a senate recess.
>
> No âmbito do acordo, o Senado suspendeu dois candidatos para a Comissão Nacional das Relações de Trabalho que o presidente tinha indicado ___ durante um recesso do Senado.

> The French actor plays a man whom she suspects ___ is her husband, missing since World War II
>
> O ator francês representa o papel de um homem que ela suspeita que é seu marido, desaparecido desde a Segunda Guerra Mundial.

Os erros poderiam ter sido evitados levando mentalmente o *who* ou *whom* de volta para o espaço vazio e checando o resultado (ou, para quem tem intuições pouco sólidas sobre *who* e *whom*, inserindo *he* ou *him* nesses espaços).

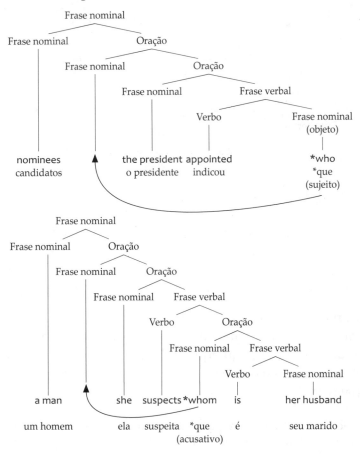

A primeira dessas substituições dá como resultado *the president appointed who*, que corresponde a *the president appointed he*, que soa totalmente errado: portanto, o pronome que deveria aparecer aqui não é *who* mas *whom*, correspondente a *him* (inseri um asterisco para lembrar que *who* não cabe neste lugar). A segunda substituição produz *whom is her husband* (ou *him is her husband*) igualmente impossível; o pronome tem que ser *who*. Repito que estou explicando as regras oficiais para que você possa dar satisfações ao revisor ou trabalhar de mordomo.

*A rede, a árvore e a sequência*

Embora a capacidade de chegar às árvores corretas possa ajudar o escritor a evitar erros (e também a facilitar a vida de seus leitores, como veremos), não estou sugerindo que vocês diagramem literalmente suas sentenças. Nenhum escritor faz isso. Também não estou sugerindo que formem imagens mentais das árvores à medida que escrevem. Os diagramas são somente um modo de chamar a atenção para as entidades cognitivas que continuam ativas na mente enquanto se monta uma sentença. A experiência consciente de "pensar por árvores" não passa a sensação de olhar para árvores; é mais a sensação de saber como as palavras são agrupadas em frases e conseguir ampliar a imagem quando enfocamos o núcleo dessas frases, ignorando ao mesmo tempo o resto da confusão. Por exemplo, o expediente para evitar o erro em *The impact of the cuts have not been felt* [*O impacto dos cortes não foram sentidos*] consiste em desbastar a frase *the impact of the cuts*, deixando sobrar apenas seu núcleo, *the impact* [*o impacto*], e imaginá-lo então seguido pelo verbo *have* [*foram*]: o erro de *The impact have not been felt* saltará imediatamente aos olhos. Pensar em termos de árvores consiste em traçar mentalmente o fio que liga um preenchedor numa sentença ao espaço vazio que ele preenche, o que permite verificar se o preenchedor funcionaria, caso fosse inserido nesse lugar. Você desmonta *the research the scientists have made* [*a pesquisa (que) os cientistas fizeram*] e retorna a *the scientists have made the research* [*os cientistas fizeram a pesquisa*]; você desfaz *whom she suspects _____ is her husband* [*que ela suspeita _____ é seu marido*] e obtém *she suspects whom is her husband* [*ela suspeita o qual é seu marido*]. Como em qualquer forma de autoaperfeiçoamento mental, você precisa voltar sua atenção para dentro de si mesmo, concentrar-se em processos que, em geral, funcionam automaticamente, e obter controle sobre eles, para poder aplicá-los com mais atenção.

Depois de se certificar de que as partes de uma sentença se combinam numa árvore, a próxima preocupação é se o leitor consegue *recuperar* essa árvore, exigência para que a sentença possa fazer sentido para ele. Diferentemente das linguagens de programação, em que as chaves e os parênteses que delimitam as expressões aparecem impressas na sequência, para que qualquer um possa vê-las, a estrutura ramificada de uma sentença só pode ser inferida da disposição sequencial e das formas das próprias palavras. Isso impõe duas exigências ao sofrido leitor. A primeira consiste em encontrar as ramificações corretas, pelo processo de *parsing* [*análise sintática*]. A segunda consiste em mantê-las na memória até verificar o significado, sendo que, ao chegar nesse ponto, as palavras exatas que compõem a frase podem ser esquecidas e o sentido pode ser combinado com a rede de conhecimentos que está na memória de longo prazo do leitor.[15]

Ao processar a sentença catando uma palavra depois da outra, o leitor não está apenas desfiando um rosário mental de contas, está também criando ramificações na árvore. Por exemplo, quando lê a palavra *the* [o], imagina-se ouvindo uma frase nominal. Consequentemente, pode imaginar as categorias de palavras que poderiam completá-la; no caso a chance é que se trate de um substantivo. Quando chega a palavra (por exemplo, *cat* [*gato*]), ele pode juntá-la a uma das ramificações pendentes.

Portanto, toda vez que o escritor acrescenta uma palavra a uma sentença, está impondo ao leitor não uma, mas duas exigências cognitivas: compreender a palavra e encaixá-la na árvore. Essa dupla exigência é uma justificativa fortíssima para esta orientação geral: "Omitir as palavras desnecessárias". Frequentemente reconheço que quando um editor truculento me obriga a enxugar um artigo para que caiba em colunas com certo número de caracteres, a qualidade de minha prosa melhora como que por encanto. A brevidade é a alma da razão e de muitas outras virtudes ao escrever.

O nó da questão é sacar quais são as palavras "desnecessárias". Muitas vezes é fácil. Quando você se impõe a tarefa de identificar as palavras desnecessárias, é surpreendente a quantidade que consegue encontrar. Um número impressionante de frases que escapam facilmente por entre os dedos saem inchadas de palavras que atrapalham o leitor sem veicular conteúdo algum. Boa parte de minha vida profissional consiste em ler sentenças como esta:

> Our study participants show a pronounced tendency to be more variable than the norming samples, although this trend may be due partly to the fact that individuals with higher measured values of cognitive ability are more variable in their responses to personality questionnaires.

> Os participantes de nosso estudo têm uma tendência pronunciada para ser mais variáveis do que as amostras normativas, embora essa tendência possa ser devida parcialmente ao fato de que os indivíduos avaliados com valores mais altos de capacidade cognitiva são mais variáveis em suas respostas a questionários de personalidade.

*A pronounced tendency to be more variable* [*uma tendência para ser mais variáveis*]. Há realmente uma diferença entre *"being more variable* [*ser mais variável*]*"* (três palavras numa árvore de três níveis e sete ramificações) e *"having a pronounced tendency to be more variable"* (oito palavras, seis níveis, vinte ramificações)? Pior ainda, *this trend may be due partly to the fact that* [*essa tendência possa ser devida parcialmente ao fato de que*] sobrecarrega o leitor atento com dez palavras, sete níveis e mais de duas dúzias de ramificações. Conteúdo total? Quase zero. Aquela sentença de 48 palavras pode ser facilmente reduzida a vinte, o que pode desbastar o número de ramificações de maneira ainda mais significativa:

> Our participants are more variable than the norming samples, perhaps because smarter people respond more variably to personality questionnaires.
>
> Nossos participantes são mais variáveis do que as amostras normativas, talvez porque as pessoas mais inteligentes respondem de maneira mais variável aos questionários de personalidade.

Aqui vão algumas outras frases morbidamente obesas, juntamente com alternativas mais enxutas que, em muitos casos, significam a mesma coisa:[16]

> make an appearance with / appear with
>
> fazer uma aparição com / aparecer com

---

> is capable of being / can be
>
> é capaz de ser / consegue ser

---

> is dedicated to providing / provides
>
> se encarrega de prover / provê

---

> in the event that / if
>
> na eventualidade de / se

---

> it is imperative that we / we must
>
> é imperioso que nós / nós precisamos

_Guia de escrita_

brought about the organization of / organized

encarregou-se da organização de / organizou

significantly expedite the process of / speed up

acelerar significativamente o processo de / acelerar

on a daily basis / daily

com frequência diária / diariamente

for the purpose of / to

com o objetivo de / para

in the matter of / about

em matéria de / sobre

in view of the fact that / since

em vista do fato de que / desde que

owing to the fact that / because

devido ao fato de que / porque

relating to the subject of / regarding

quanto ao assunto de / referente a

have a facilitative impact / help

ter um impacto facilitador / ajudar

were in great need of / needed

estavam em grande necessidade de / precisavam

in such time as / when

em um um período tal que / quando

It is widely observed that X / X

Constata-se amplamente que X / X

Vários tipos de palavreado são eternos alvos da tecla "deletar". Verbos leves como *make, do, have, bring, put* [*fazer, ter, tomar, colocar*]* nada mais fazem do que abrir espaço para um substantivo zumbi, como em *make an appearance* e *put on a performance* [*fazer uma aparição, ter uma atuação*]. Por que não usar, em primeiro lugar, os verbos que deram origem aos substantivos, como *appear* ou *perform* [*aparecer, atuar*]? Uma sentença que começa com *It is* ou *There is* [*É..., Há...*] é frequentemente candidata à lipoaspiração: *There is competition between groups for resources* [*Há disputa entre os grupos pelos recursos*] funciona tão bem quanto *Groups compete for resources* [*Os grupos disputam recursos*]. Outras bolhas de gordura verbal são os metaconceitos que condenamos no capítulo "Uma janela para o mundo", entre os quais estão *matter, view, subject, process, basis, factor, level* e *model* [*matéria, opinião, assunto, processo, base, fator, nível* e *modelo*].

Omitir palavras desnecessárias, porém, não significa cortar toda e qualquer palavra que seja redundante no contexto. Como veremos, muitas palavras que poderiam ser omitidas ganham o direito de ser mantidas por evitarem que o leitor parta numa direção errada à medida que navega pela sentença afora. Outras completam o ritmo de uma frase, o que também pode tornar a análise da sentença mais fácil para o leitor. Omitir essas palavras seria levar longe demais a orientação geral. Há uma anedota sobre um mascate que resolveu ensinar seu cavalo a viver sem comer. "Primeiro, dei comida dia sim, dia não, e ele ficou bem. Então dei comida a cada três dias. Depois, a cada quatro dias. Mas quando eu estava quase conseguindo colocá-lo no regime de uma só refeição por semana, ele morreu!"

O conselho de omitir palavras desnecessárias não deve ser confundido com o decreto puritano de que todos os escritores precisam descascar toda sentença até chegar à versão mais curta, mais magra e mais controlada possível. Mesmo os escritores que prezam a clareza não fazem isso. A razão é que a dificuldade de uma sentença depende não só da contagem de palavras, mas também de sua *geometria*. Os bons escri-

---

\* N.T.: Os verbos do português que traduzem estes exemplos funcionam eventualmente como verbos leves – *fazer a feira, ter dor de cabeça, levar um papo, colocar uma hipótese*; mas há em português outros verbos leves com uso bem mais frequente, como *dar (uma recompensa, uma bronca, uma saída), tomar (banho, café, cuidado)* etc.

tores usam com frequência sentenças muito longas, e as decoram com palavras que, estritamente falando, são desnecessárias. Mas eles fazem isso dispondo as palavras de modo que o leitor possa absorvê-las frase por frase, onde cada frase veicula um bloco de estrutura conceitual.

Tome-se este trecho extraído de um solilóquio de 229 palavras de um romance escrito por Rebecca Goldstein.[17] Quem fala é um professor que conseguiu recentemente realizar seus objetivos profissionais e amorosos, e está sobre uma ponte numa noite estrelada e fria, tentando articular sua surpresa de estar vivo.

> Eis aí: a sensação de que a existência é uma coisa tão fantástica, você embarca nela perplexo, aqui está você, formado pela biologia e pela história, genes e cultura, no meio da contingência do mundo, aqui está você, você não sabe como, você não sabe por que, e de repente não sabe mais onde está, nem o que é, e tudo que sabe é que é uma parte disso, uma parte diferenciada e consciente disso, gerada e mantida na existência de maneiras que mal consegue compreender, mas continuamente consciente disso, da existência, a plenitude disso, a extensão abrangente e a complexidade palpitante disso, e você quer viver de modo a pelo menos começar a fazer justiça a isso, você quer expandir sua compreensão disso até onde a expansão é possível, e mesmo além, viver sua vida de um modo compatível com o privilégio de ser parte e consciente do grande, vacilante, glorioso e infinito fluxo, fluxo que inclui, tão improvavelmente, um psicólogo da religião chamado Cass Seltzer, que, movido por poderes maiores do que ele, fez algo mais improvável do que todas as improbabilidades constitutivas de sua improvável existência poderiam ter causado, fez algo que lhe ganhou a vida de alguém mais, uma vida melhor, uma vida mais brilhante, uma vida que está além de todas as que ele tinha desejado na obscuridade palpitante de seus anseios...

Apesar de sua extensão e exuberância lexical, a sentença é fácil de seguir, porque o leitor nunca deixa a frase em suspenso na memória por muito tempo enquanto mais palavras vão entrando. A forma dada à árvore é tal que lhe permite espalhar a carga cognitiva ao longo do tempo mediante duas técnicas de poda. A primeira é uma estrutura plana de ramais, na qual uma série de orações (*clauses*) sem maiores complicações são concatenadas lado a lado por meio da conjunção *and* [e] ou por vírgulas. As 57 palavras depois dos dois-pontos, por exemplo, consistem principalmente numa longuíssima oração, que abrange 7 orações autossuficientes (representadas pelos triângulos), com comprimento variável entre 3 e 18 palavras:

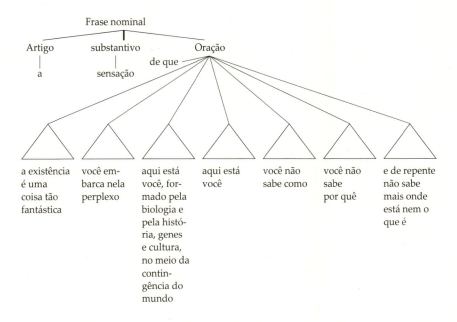

As mais longas dessas orações encaixadas, a terceira e a última, são também árvores achatadas, cada uma das quais é composta por frases mais simples, juntadas lado a lado por vírgulas ou por um conectivo.

Mesmo quando a estrutura das sentenças fica mais complicada, o leitor pode manter o controle da árvore, porque sua geometria é principalmente *ramificante à direita*. Numa árvore ramificante à direita, a frase mais complicada encaixada em uma frase maior ocorre no final desta, ou seja, pendente do ramo mais à direita. Isso significa que quando o leitor chega no ponto de manipular a frase complicada, seu trabalho de analisar todas as outras frases já está feito, e ele pode concentrar nela toda sua energia mental. A frase seguinte, de 25 palavras, se alonga no sentido de um eixo diagonal, indicando que se ramifica quase só à direita:

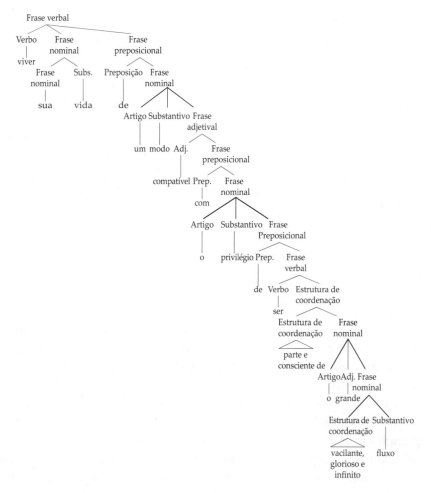

As únicas exceções, em que o leitor precisa analisar uma frase mais baixa antes que a frase mais alta esteja completa, são as duas inflorescências literárias correspondentes aos triângulos.

O inglês é predominantemente uma língua de ramificação à direita (ao contrário, por exemplo, do japonês ou do turco), de modo que as árvores que ramificam à direita ocorrem naturalmente aos escritores. Contudo, o menu completo do inglês lhes oferece umas poucas opções de ramificação à esquerda. Uma frase modificadora pode ser movida para o começo, como em *In Sophocles' play, Oedipus married his mother* [Na peça de Sófocles, Édipo casou-se com sua mãe] (a árvore da página 108 apresenta essa complicada ramificação à esquerda).

*A rede, a árvore e a sequência*

Esses modificadores fronteados podem ser úteis para qualificar uma sentença, para ligá-la a conteúdos já apresentados ou simplesmente para evitar a monotonia de ter seguidas ramificações à direita. Se o modificador for breve, não trará problemas ao leitor. Mas se começa a ficar comprido, pode forçar o leitor a se deter numa qualificação complicada, antes mesmo de saber o que é que está sendo qualificado. Na sentença que segue, o leitor tem que analisar 34 palavras antes de chegar à parte que lhe dirá do que é que a sentença trata, a saber *policymakers* [indivíduos que criam políticas]:[18]

> Because most existing studies have examined only a single stage of the supply chain, for example, productivity at the farm, or efficiency of agricultural markets, in isolation from the rest of the supply chain, <u>policymakers</u> have been unable to assess how problems identified at a single stage of the supply chain compare and interact with problems in the rest of the supply chain

> Dado que a maioria dos estudos existentes examinaram somente uma determinada etapa da cadeia de abastecimento, por exemplo a produtividade na fazenda ou a eficiência dos mercados agrícolas, isoladamente do resto da cadeia de abastecimento, os indivíduos que criam políticas têm sido incapazes de estabelecer como os problemas identificados numa única etapa da cadeia de abastecimento se comparam e interagem com problemas no resto da cadeia de abastecimento.

Outro caso comum de construção ramificada à esquerda* consiste num substantivo modificado por uma frase complicada que o precede:

> Ringling Bros. and Barnum & Bailey Circus

> Circo dos Irmãos Ringling e Barnum & Bailey

---

> Failed password security question answer attempts limit

> Excedido o limite de tentativas de resposta a uma pergunta de segurança para uma senha.

---

> The US Department of the Treasury Office of Foreign Assets Control

> Escritório para o controle de bens estrangeiros do Departamento do Tesouro dos Estados Unidos.

---

\* N. T.: O português só usa ramificações à esquerda por licença poética. Normalmente, os modificadores que formam ramificações à esquerda em inglês correspondem em português a complementos pós-nucleares, introduzidos pela preposição *de*.

> Ann E. and Robert M.Bass professor of Government Michael Sandel
>
> Michael Sandel, professor de Administração Pública na cátedra Ann E. e Robert M. Bass*

> T-fal Ultimate Hard Anodized Nonstik Expert Interior Thermo-Spot Heat Indicator Anti-Warp Base Dishwasher Save 12-Piece Cookware Set
>
> Conjunto de panelas de 12 peças, garantido para uso em lava-louças, com base indeformável, indicador de temperatura por termo spot, interior antiaderente Expert de Tefal de última geração anodizado de alta dureza.

Os acadêmicos e burocratas forjam coisas desse tipo com muita facilidade; certa vez eu mesmo produzi uma monstruosidade: *relative passive surface structure acceptability* [*aceitabilidade em estrutura de superfície da relativa passiva*]. Se a ramificação à esquerda for suficientemente enxuta, ela é em geral compreensível, ainda que mal equilibrada, pelo tanto de palavras que precisam ser analisadas antes do desfecho. Mas se a ramificação é muito arbustiva, ou se há ramos encaixados em ramos, uma ramificação à esquerda pode dar dor de cabeça ao leitor. Os exemplos mais óbvios são as reiterações de possessivos, como em *my mother's brother's wife's father's cousin* [*o primo do pai da mulher do irmão de minha mãe*]. As ramificações à esquerda são um perigo para a redação de manchetes. Aqui está uma delas, que noticiava a morte de um homem que tinha conseguido quinze minutos de fama em 1994 por ter concebido um plano para incluir Tonya Harding no time americano de patinação das Olimpíadas, atingindo sua maior rival no joelho com uma paulada:

> ADMITTED OLYMPIC SKATER NANCY KERRIGAN ATTACKER BRIAN SEAN GRIFFITH DIES [Literalmente: Confesso (da) Olímpica Patinadora Nancy Karrigan Agressor Brian Sean Griffith morre.]
>
> Morre Brian Sean Griffith, agressor confesso da patinadora olímpica Nancy Kerrigan

Um blogueiro postou um comentário intitulado "ADMITTED OLYMPIC SKATER NANCY KERRIGAN ATTACKER BRIAN SEAN GRIFFITH WEB SITE

---

\* N.T.: É comum nos Estados Unidos que um cargo de professor universitário criado graças a uma subvenção de particulares seja identificado pelo nome dos doadores. Aqui, os doadores são Anne E. e Robert M. Bass, que apoiaram a criação de uma cátedra no Instituto de Artes da Universidade de Harvard.

*Obituary Headline Writer Could Have Been Clearer*" ["O autor da manchete do obituário de Brian Sean Griffith, agressor confesso da patinadora olímpica Nancy Kerrigan, poderia ter sido mais claro"]. A falta de clareza na manchete original era o resultado de sua geometria ramificada à esquerda: a sentença que compõe a manchete tem uma ramificação à esquerda (tudo aquilo que vem antes de *dies*), que contém ela própria um segmento ramificado à esquerda (todo o material antes de *Brian Sean Griffith*), que por sua vez contém um segmento ramificado à esquerda (todo o material que vem antes de *attacker*):[19]

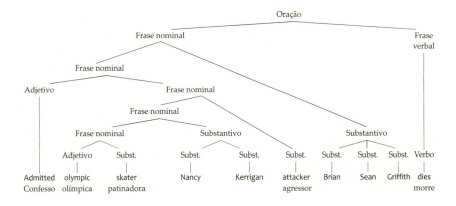

Os linguistas chamam a essas construções de *"noun piles"* ["empilhamentos de substantivos"]. Aqui vão mais algumas delas, recolhidas pelos participantes do fórum *Language Log*.

NUDE PIC ROW VICAR RESIGNS

Demite-se o vigário da briga (*Row*) pela foto (*Pic*) com nu (*Nude*)

---

TEXTING DEATH CRASH PEER JAILED

Literalmente: Mandando Texto – Morte – Acidente – Parlamentar – Preso. Ou seja: Preso parlamentar (que causou) acidente (com) morte mandando texto.*

---

\* N.T.: Com essa manchete, um jornal londrino informou a prisão do deputado trabalhista Lord Ahmed, que causou uma colisão fatal ao escrever uma mensagem de texto enquanto guiava em alta velocidade.

###### BEN DOUGLAS BAFTA RACE ROW HAIRDRESSER JAMES BROWN "SORRY"

Literalmente: Ben Douglas – Bafta – Raça – Briga – Cabeleireiro – James Brown "Lamento"
James Brown, cabeleireiro (que fez o cabelo) de Ben Douglas (quando este ganhou o) Bafta – o prêmio da British Academy of Film and Television – diz "peço desculpas" por ter provocado uma briga de fundo racial

###### FISH FOOT SPA VIRUS BOMBSHELL

Peixe – Pé(s) – Terapia – Vírus – Bomba
A terapia para os pés que usa peixes é uma bomba viral

###### China Ferrari Sex Orgy Death Crash

China – Ferrari – Sexo – Orgia – Morte – Colisão
Na China, orgia numa Ferrari causa colisão com morte

Minha explicação preferida para a diferença na dificuldade entre árvores planas, ramificadas à direita e ramificadas à esquerda vem do Livro *Fox in Socks* [*Raposa de meias*] do Dr. Seuss, que toma uma sentença simples com três ramos, cada um contendo uma bifurcação que ramifica à direita, e a remonta como uma única frase nominal ramificada à esquerda: *"When beetles fight these battles in a bottle with their paddles and the bottle's on a poodle and the poodle's eating noodles they call this a muddle puddle tweetle poodle beetle noodle bottle paddle battle"*. [literalmente: "Quando besouros lutam essas batalhas numa garrafa com seus remos e a garrafa está em cima de um poodle e o poodle está comendo macarrão, dizem que isso é uma batalha confusa de remos numa garrafa com macarrões para besouros de poodles assobiando numa poça"].*

Por mais que as estruturas com ramificação à esquerda sejam difíceis de lidar, elas não chegam perto, em matéria de complicação, das árvores com encaixamentos internos, aquelas em que há uma frase encravada no meio de uma frase maior, e não pendurada em sua extremidade direita ou esquerda. Nos anos 1950, o linguista Robert Hall

---

\* N.T.: Essa frase, que não faz sentido, é um travalíngua. O *Fox in Socks* é um famoso livro para crianças em que duas personagens, uma das quais é uma raposa que anda de meias, falam por travalínguas.

escreveu um livro chamado *Leave Your Language Alone* [*Deixe sua língua em paz*] que, de acordo com uma lenda linguística, foi objeto de uma resenha depreciativa chamada "*Leave Leave Your Language Alone Alone*". Convidado a responder, o autor escreveu uma tréplica chamada – claro – "*Leave Leave Leave Your Language Alone Alone Alone*".

Infelizmente, trata-se de uma lenda; o título recursivo foi imaginado pela linguista Robin Lakoff para uma sátira numa revista especializada em Linguística.[20] Mas isso levanta uma questão séria: uma sentença com múltiplos encaixamentos em seu centro, mesmo sendo perfeitamente gramatical, não consegue ser analisada por mortais humanos.[21] Embora eu tenha certeza de que você consegue acompanhar uma explicação do motivo pelo qual a sequência *Leave Leave Leave Your Language Alone Alone Alone* tem uma árvore bem formada, você nunca conseguiria recuperar essa árvore a partir da sequência. O analisador de sentenças do cérebro começa a fundir quando é defrontado com as sucessivas ocorrências de *leave* no início e desmorona por completo quando chega na pilha de *alones* do final.

As construções com encaixamento interno não são apenas piadas com circulação limitada a um grupo; frequentemente, são também um diagnóstico do que nos parece uma sintaxe "complicada" ou "tortuosa". Aqui vai um exemplo extraído de um editorial sobre a crise de Kosovo intitulado "Aim Straight to the Target: Indict Milosevic" ["Mirem diretamente no alvo: indiciem Milosevič"] escrito pelo senador e ex-candidato à presidência Bob Dole:[22]

> The view that beating a third-rate Serbian military that for the third time in a decade is brutally targeting civilians is hardly worth the effort is not based on lack of understanding of what is occurring on the ground.
>
> A opinião de que derrotar exército sérvio de terceira categoria que pela terceira vez numa década está perseguindo a população civil não compensa o esforço, não se baseia numa falta de entendimento do que está acontecendo no teatro das operações.

Da mesma forma que *Leave Leave Leave Your Language Alone Alone Alone*, esta sentença termina desconcertantemente com três frases seguidas: *is brutally targeting civilians, is hardly worth the effort, is not based on lack of understanding*. Só um diagrama em árvore para entendê-la.

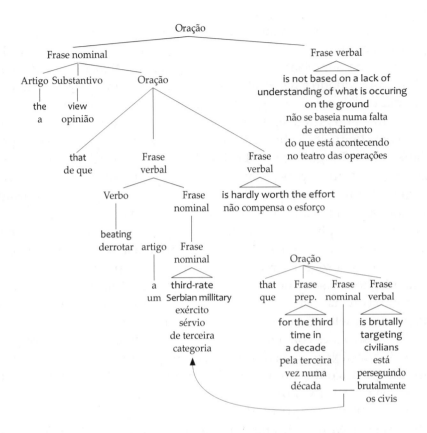

Das três frases com *is*, a primeira, ou seja *is brutally targeting civilians*, é a de encaixamento mais profundo: faz parte de uma subordinada relativa que modifica *third-rate Serbian military*. Esta frase como um todo (o exército que está perseguindo a população civil) é objeto do verbo *beating* [*derrotar*]. Esta frase ainda maior ("derrotar o exército") é o sujeito de uma sentença cujo predicado é uma segunda frase com *is*, *is hardly worth the effort*. Esta sentença pertence, por sua vez, a uma subordinada que explicita o conteúdo do substantivo *view* [*opinião*]. A frase nominal que contém *view* é o sujeito da terceira frase com *is*, *is not based on a lack of understanding* [*não se baseia numa falta de entendimento*].

Na realidade, o sofrimento do leitor começa bem antes que ele esbarre no amontoado de frases com *is* do final. A meio caminho da sentença, enquanto está analisando a subordinada de encaixamento mais profundo, ele tem de adivinhar a que propósito vem a expressão *a third-rate Serbian military*, e isso ele só consegue fazer quando alcança o espaço vazio antes de *is brutally targeting civilians*, nove palavras adiante (a ligação é mostrada pela flecha em curva). Lembre-se que preencher espaços vazios é uma tarefa que se torna necessária quando uma subordinada relativa introduz um substantivo com função de preenchedor, e deixa o leitor na incerteza sobre que papel esse substantivo vai ter até que consiga encontrar um espaço vazio para ser preenchido. Enquanto o leitor ainda não achou esse espaço vazio, mais material vai sendo recebido (*for the third time in a decade* [pela terceira vez numa década]), o que pode contribuir para que ele se confunda quanto ao modo de juntar as coisas.

É possível salvar essa sentença? Se você fizer questão de mantê-la como uma sentença só, um bom começo é desenterrar cada uma das subordinadas encaixadas, colocando-a lado a lado com a oração que a continha, transformando uma árvore com encaixamentos centrais profundos em uma árvore relativamente plana. Ficaria assim:

> For the third time in a decade, a third-rate Serbian military is brutally targeting civilians, but beating it is hardly worth the effort; this view is not based on a lack of understanding of what is occurring on the ground.
>
> Pela terceira vez numa década, um exército sérvio de terceira categoria está perseguindo brutalmente a população civil, mas derrotá-lo não compensa o esforço; esta opinião não se baseia numa falta de entendimento daquilo que está acontecendo no teatro das operações.

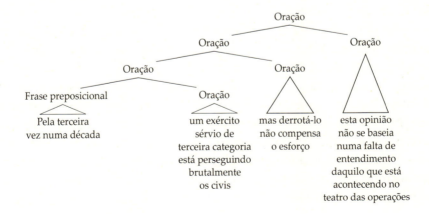

Ainda não chegamos numa sentença maravilhosa, mas agora que a árvore está mais plana podemos ver como podar ramificações inteiras e transformá-las em sentenças separadas. Dividi-la em duas (ou três, ou quatro) é muitas vezes a melhor solução para domesticar uma sentença que cresceu desordenadamente. No próximo capítulo, que trata de sequências de sentenças, e não de sentenças isoladas, veremos como fazer isso.

Como é que um escritor consegue produzir uma sintaxe tão tortuosa? Isso acontece quando ele amontoa as frases uma depois da outra na página, na ordem em que cada uma lhe veio à mente. O problema é que a ordem em que os pensamentos vêm à mente do escritor é diferente da ordem em que eles são mais facilmente recuperados pelo leitor. É a versão sintática da maldição do conhecimento. O escritor consegue ver as ligações entre os conceitos em sua rede de conhecimentos interiorizada, mas esqueceu que o leitor precisa montar uma árvore estruturada para decifrá-los a partir de uma sequência de palavras.

No capítulo anterior, mencionei dois recursos que podem contribuir para melhorar textos – mostrar um rascunho a outra pessoa e revisitá-lo depois que se passou algum tempo –, recursos que permitem detectar uma sintaxe labiríntica antes de infligi-la aos leitores. Há um terceiro truque consagrado pelo tempo: ler a sentença em voz alta. Embora o ritmo da fala não coincida com as ramificações da árvore, as duas coisas se relacionam de maneira sistemática, e, portanto, se você tropeça ao recitar uma sentença, isso pode significar que você pisou nas armadilhas de sua própria sintaxe. Ler o rascunho de um texto, mesmo que seja em voz baixa, também obriga a prever o que estarão fazendo os leitores para entender sua prosa. Algumas pessoas recebem com surpresa esse conselho, lembrando que segundo certas técnicas de leitura dinâmica os leitores competentes vão diretamente da letra impressa para o pensamento. Talvez se lembrem também do estereótipo da cultura popular em que leitores inexperientes movem os lábios quando leem. Mas os estudos de laboratório têm mostrado que mesmo nos leitores competentes há uma vozinha rolando na cabeça o tempo todo.[23] O inverso é que não acontece – você pode percorrer em grande velocidade uma sentença sua que os outros considerem um soco no estômago, mas a prosa que você mesmo considera difícil de pronunciar quase sempre será difícil também para outra pessoa.

Já mencionei que guardar na memória as ramificações de uma árvore é um dos dois desafios cognitivos da análise de uma sentença. O outro é criar as ramificações corretas, isto é, inferir como foi previsto que as palavras se juntem em frases. As palavras não aparecem com etiquetas como "Eu sou um substantivo" ou "Eu sou um verbo". E a fronteira na qual uma frase termina e começa a seguinte não vem marcada na página. O leitor precisa adivinhar, e cabe ao escritor garantir que os chutes do leitor serão corretos. Nem sempre são. Alguns anos atrás, um representante de uma federação de associações estudantis da universidade de Yale publicou este comunicado de imprensa:

> I'm coordinating a huge event for Yale University which is titled "Campus-Wide Sex Week."
> The week involves a faculty lecture series with topics such as transgender issues: where does one gender ends and the other begin, the history of romance and the history of vibrator. Student talks on the secrets of great sex, hooking up, and how to be a better lover and a student panel on abstainance... A faculty panel on sex in college with four professors, a movie film festival (sex fest 2002) and a concert with local bands and yale bands...
> The event is going to be huge and all of campus is going to be involved.

> Estou coordenando um grandioso evento para a Universidade de Yale, que tem por título "Semana sexo do tamanho do *campus*".
> A semana inclui uma série de conferências do corpo docente, com assuntos tais como as questões da transexualidade: onde um gênero / sexo acaba e o outro começa, a história do romance e a história do vibrador. Apresentações dos alunos sobre os segredos de ótimo sexo, paquera e como ser um amante melhor e um painel de estudantes sobre abstinência... Um painel sobre sexo na faculdade com quatro professores, um festival de cinema (festa do sexo de 2002) e um concerto com as bandas locais e as bandas de elite.
> O evento vai ser grandioso e todo o *campus* vai estar envolvido.

Um dos destinatários do comunicado, o escritor Ron Rosenbaum, comentou: "Um de meus primeiros pensamentos ao ler isto foi que, antes de realizar uma Semana do Sexo, a Universidade de Yale (onde me formei) deveria instituir uma semana de homenagens à Gramática e à Ortografia. Além de '*abstainance*' (a menos que fosse um erro deliberado, para dar a entender que 'Yale põe uma mancha na abstinência'*), havia esse trecho intrigante '*faculty panel on sex in college*

---

\* N.T.: A palavra inglesa para "abstinência" é *abstinence*; o acréscimo de um *a* faz com que seja lembrada a palavra *stain*, "mancha".

*with four professors'*, cuja sintaxe o torna mais ilícito do que provavelmente pretendia ser."[24]

O estudante-coordenador tinha caído num problema de ambiguidade sintática. No caso mais simples de ambiguidade, uma palavra isolada tem dois sentidos, como nas manchetes SAFETY EXPERTS SAY SCHOOL BUS PASSENGERS SHOULD BE BELTED [*Peritos dizem que os passageiros de ônibus escolares deveriam usar cintos de segurança / Peritos dizem que os passageiros de ônibus escolares deveriam apanhar de cinta*] e NEW VACCINE MAY CONTAIN RABIES [*A nova vacina pode conter a raiva*]. Na ambiguidade sintática, pode não haver nenhuma palavra que seja ambígua, mas as palavras podem ser interconectadas no interior de mais de uma árvore. O organizador da Semana do Sexo de Yale estava pensando na primeira árvore, que especifica um painel com quatro professores. Rosenbaum a analisou mediante a segunda árvore, que indica sexo feito com quatro professores:

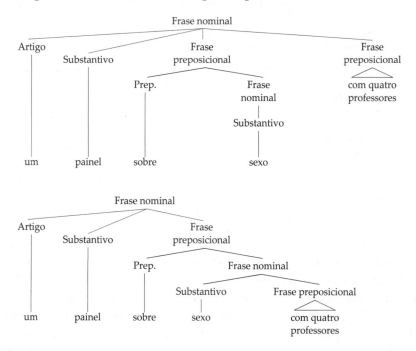

As ambiguidades sintáticas são a fonte de bobagens frequentemente transmitidas por e-mail e originárias de manchetes de jornais (LAW TO PROTECT SQUIRRELS HIT BY MAYOR [*Lei de proteção dos esqui-*

*los atacada/atacados pelo prefeito])\*, em relatórios médicos (The young man had involuntary seminal fluid emissions when he engaged in foreplay for several weeks [O jovem tinha emissões involuntárias de fluido seminal quando se empenhava em preliminares por várias semanas]), em anúncios classificados (Wanted Man to take care of cow that does not smoke or drink [Procura-se homem para tomar conta de vaca não fumante e que não bebe / não beba]),\*\*boletins de igreja (This week's youth discussion will be on teen suicide in the church basement [A próxima discussão semanal de jovens será sobre o suicídio de adolescentes no subsolo da igreja]) e cartas de recomendação (I enthusiastically recommend this candidate with no qualifications whatsoever [Recomendo entusiasticamente este candidato sem nenhuma aptidão/restrição]).[25]\*\*\** Essas mensagens da internet podem parecer boas demais para serem verdadeiras, mas algumas eu mesmo achei, e colegas têm me mandado mais:

> Prosecutors yesterday confirmed they will appeal the "unduly lenient" sentence of a motorist who escaped prison after being convicted of killing a cyclist for the second time.
>
> Os promotores ontem confirmaram que vão apelar contra a sentença "indevidamente leniente" de um motorista que evitou a prisão depois de ser condenado por matar um ciclista pela segunda vez. -

---

> THE PUBLIC VALUES FAILURES OF CLIMATE SCIENCE IN THE US.
>
> O público avalia as falhas da ciência do clima nos Estados Unidos.

---

> A teen hunter has been convicted of second-degree manslaughter for fatally shooting a hiker on a popular Washington State trail he had mistaken for a bear.
>
> Um caçador adolescente foi considerado culpado de homicídio em segundo grau por atirar fatalmente num excursionista numa trilha popular no Estado de Washington que ele tinha confundido com um urso.

---

\*   N.T.: A ambiguidade não se mantém na tradução porque, em português, o particípio concorda em gênero e número com o núcleo da frase nominal.

\*\*  N. T.: Uma tradução mais aderente ao original obriga a escolher entre o indicativo *que não fuma / que não bebe* e o subjuntivo *que não fume / que não beba*. Mas essa escolha elimina a ambiguidade do exemplo original. Essa foi a razão para usar "não fumante".

\*\*\* N.T.: A palavra inglesa *qualification* significa ora uma coisa ora outra, de modo que poderia estar em jogo um candidato sem aptidão ou uma recomendação sem restrições.

Manufacturing data helps invigorate Wall Street.[26]

Fabricação de dados ajuda / Dados do setor manufatureiro ajudam a revigorar Wall Street.

---

THE TROUBLE WITH TESTING MANIA.

A angústia de testar a mania / A angústia com a mania de testar.

---

Para cada ambiguidade que causa inesperadamente riso ou ironia, deve haver milhares que geram simplesmente confusão. O leitor precisa esquadrinhar várias vezes a sentença para descobrir qual dos dois sentidos o escritor tinha em mente, ou pior, pode ficar com o sentido errado, sem perceber. Aqui vão três que eu observei em poucos dias de leitura:

> The senator plans to introduce legislation next week that fixes a critical flaw in the military's handling of assault cases. The measure would replace the current system of adjudicating sexual assault by taking the cases outside a victim's chain of command [is it the new measure that takes the cases outside the chain of command, or is it the current system?]

> O senador planeja introduzir uma legislação na próxima semana que corrige uma falha crítica no tratamento militar da agressão sexual. A medida substituiria o modo atual de julgar as agressões sexuais transferindo/que transfere os casos para fora da cadeia de comando da vítima [quem transfere os casos para fora da cadeia de comando é a nova medida ou é o sistema vigente?]

---

> China has closed a dozen websites, penalized two popular social media sites, and detained six people for circulating rumors of a coup that rattled Beijing in the middle of its worst high-level political crisis in years. [Did the coup rattle Beijing or did rumors?]

> A China acaba de fechar uma dúzia de websites, de penalizar duas redes sociais muito concorridas e de prender seis pessoas por difundir boatos a respeito de um golpe de Estado que abalou/abalaram Pequim no meio da pior crise política de alto nível em anos. [Foi o golpe de Estado que abalou Pequim ou foram os boatos?]

---

> Last month, Iran abandoned preconditions for resuming international negotiations over its nuclear programs, that the West has considered unacceptable [Were the preconditions unacceptable, or the negotiations, or the programs?]

No mês passado, o Irã abandonou as pré-condições para retomar as negociações internacionais sobre seus programas nucleares, que o Ocidente considerou inaceitáveis. [O que era inaceitável: as negociações, as pré-condições ou os programas?]

E para cada ambiguidade que produz uma interpretação coerente (mas diferente da esperada) da sentença como um todo, deve haver milhares que atrapalham o leitor, forçando-o a voltar atrás e a reanalisar algumas palavras. Os psicolinguistas dão a essas ambiguidades locais o nome de *"garden paths"* ["caminhos de jardim"], derivado da expressão *"to lead someone up the garden path"*, isto é, enganar esse alguém.* Os psicolinguistas criaram um gênero à parte com essas sentenças que são gramaticais, mas ainda assim impossíveis de analisar.[27]

The horse raced past the barn fell [= The horse that was raced (say, by a jockey) past the barn was the horse that fell].

O cavalo correu além do celeiro caiu / [O cavalo que se fez correr (recorrendo, digamos, a um jóquei) foi o cavalo que caiu.]

The man who hunts ducks out on weekends.

O homem que caça patos fora de casa nos fins de semana. / O homem que caça cai fora nos fins de semana.

Cotton clothing is made from is grown in Egypt.

O algodão de que é feita a roupa é cultivado no Egito. / A roupa de algodão é feita. ???

Fat people eat accumulates.

A gordura que as pessoas comem acumula-se. /???

The prime number few.

Os excelentes dão uma conta pequena / Os poucos do número primo... ???

When Fred eats food gets thrown.

Quando Fred come a comida é jogada fora. / Quando Fred come comida é jogado fora.

---

\* N.T.: Literalmente, a expressão significa "levar alguém pelo caminho do jardim", mas é usada no sentido de "levar alguém no bico". Na interpretação das sentenças com "caminho de jardim" nem sempre é possível chegar a duas interpretações; além disso, na busca de uma interpretação pode sobrar um "resto" que não faz sentido. Nos exemplos em que isso acontece, esse resto não foi traduzido; sua presença foi indicada por ???.

I convinced her children are noisy.

Eu a convenci de que as crianças são barulhentas. /??? Eu convenci suas crianças.???

She told me a little white lie will come back to haunt me.

Ela me disse uma pequena mentira inofensiva. ??? / Ela me disse que uma pequena mentira inofensiva voltará para me assombrar.

The old man the boat.

Os velhos são a tripulação do barco. /??? O velho homem o barco.

Have the students who failed the exam take the supplementary.

Faça com que os estudantes que foram mal no exame façam o exame suplementar./???

A maioria dos "caminhos de jardim" encontrados na escrita de todos os dias, à diferença dos que aparecem nos livros de teoria, não levam o leitor a uma parada completa; eles apenas o detêm por uma fração de segundo. Aqui vão alguns que coletei recentemente, com uma explicação daquilo que me fez perder o rumo em cada caso:

During the primary season, Mr. Romney opposed the Dream Act, proposed legislation that would have allowed many young illegal immigrants to remain in the country. [Romney opposed the Act and also proposed some legislation? No, the Act is a piece of legislation that had been proposed.]

Durante as eleições primárias, o Sr. Romney se opôs ao Dream Act, legislação proposta / propôs legislação que teria permitido a muitos jovens imigrantes ilegais permanecer no país [Romney se opôs ao Act e também propôs alguma legislação? Não, o Act é um projeto de lei que tinha sido proposto anteriormente.]

Those who believe in the necessity of nuclear weapons as a deterrent tool fundamentally rely on the fear of retaliation, whereas those who don't focus more on the fear of an accidental nuclear launch that might lead to nuclear war. [Those who don't focus? No, those who don't believe in the necessity of a nuclear deterrent.]

Aqueles que acreditam na necessidade de armas nucleares como um instrumento de dissuasão confiam fundamentalmente no medo da retaliação, ao passo que aqueles que não atentam mais para o medo de um ataque nuclear ocidental que poderia levar à guerra nuclear. [Aqueles que não atentam? Não, aqueles que não acreditam na necessidade de um fator de dissuasão nuclear.]

> The data point to increasing benefits with lower and lower LDL levels, said Dr. Daniel J. Rader [Is this sentence about a data point? No, it's about data which point to something.]

Os dados apontam para benefícios crescentes, com níveis de colesterol cada vez mais baixos, disse o Dr. Daniel J. Rader / O interesse dos dados para aumentar os benefícios com níveis cada vez mais baixos de colesterol...???

---

> But the Supreme Court's ruling on the health care law last year, while upholding it, allowed states to choose whether to expand Medicaid. Those that opted not to leave about eight million uninsured people who live in poverty without any assistance at all. [Opted not to leave? No, opted not to expand.]

Mas a decisão da Suprema Corte sobre a lei de cuidados da saúde no ano passado, ao mesmo tempo em que a manteve, permitiu aos estados escolher se deveriam expandir o Medicaid. Aqueles que optaram não abandonar cerca de oito milhões de pessoas sem seguro, que vivem na miséria, sem assistência nenhuma. [Optaram por abandonar? Não, optaram por não expandir.]

Os "caminhos de jardim" podem fazer com que a experiência de ler em vez de um deslizar fácil pelas sentenças seja uma entediante dança de vai e volta. A maldição do conhecimento os torna invisíveis ao escritor, que por esse motivo tem de se esforçar para detectá-los e extirpá-los. Felizmente, o "caminho de jardim" é um tópico de pesquisa importante em Psicoliguística, de modo que sabemos o que procurar. Pesquisadores gravaram os movimentos dos olhos e as ondas cerebrais de leitores enquanto abrem caminho pelas sentenças afora e identificaram tanto os maiores chamarizes que levam leitores a se extraviarem quanto as sinalizações úteis para conduzi-los na direção correta.[28]

*Prosódia.* A maioria dos caminhos de jardim existe somente na página impressa. Na fala, a prosódia da sentença (sua melodia, ritmo e distribuição de pausas) elimina qualquer possibilidade de que o ouvinte enverede pelo caminho errado: *The man who* HUNTS... *ducks out on weekends; The* PRIME... *number few.* Esta é uma das razões pelas quais o escritor precisaria murmurar, resmungar ou declamar para si próprio o conteúdo de seu texto, de preferência algum tempo depois de escrevê-lo, para perder a familiaridade com ele. Talvez se veja enredado nos caminhos de jardim que ele mesmo criou.

*Pontuação.* Uma segunda maneira óbvia de evitar os caminhos de jardim é pontuar a sentença corretamente. A pontuação, junto com outros indicadores gráficos como os itálicos, o uso de letras maiúsculas e o espaçamento, desenvolveu-se ao longo da história da linguagem impressa para fazer duas coisas. Uma é fornecer ao leitor pistas sobre a prosódia, aproximando a escrita do coloquial. A outra é oferecer ao leitor dicas sobre as principais divisões da sentença em frases, eliminando uma parte da ambiguidade na construção da árvore. Os leitores cultos confiam na pontuação para guiá-los ao percorrerem a sentença; e para quem escreve, dominar os fundamentos da pontuação é uma exigência inegociável.

Muitas das mais estúpidas ambiguidades nas mensagens da internet provêm de manchetes de jornais e lides de revistas precisamente porque de umas e de outras foi extirpada toda a pontuação. Duas dessas ambiguidades de que gosto particularmente são MAN EATING PIRANHA MISTAKENLY SOLD AS PET [Homem comendo piranha vendido/vendida por engano como mascote / Piranha que come gente vendida por engano como mascote] e RACHAEL RAY FINDS INSPIRATION IN COOKING HER FAMILY AND HER DOG [Rachel Ray acha inspiração em cozinhar sua família e seu cão]. Na primeira, falta o hífen que junta numa só peça a palavra (*man-eating*), que deveria supostamente lembrar aos leitores o perigo que há com as piranhas, por serem comedoras de gente. Na segunda, faltam as vírgulas para delimitar as frases que compõem a lista de inspirações: *cooking, her family, and her dog* [*cozinhar, sua família e seu cachorro*].

Uma pontuação generosa tiraria a graça também de algumas sentenças com caminho de jardim coletadas pelos psicolinguistas, como *When Fred eats food gets thrown*. E o comunicado à imprensa sobre a Semana do Sexo em Yale teria sido mais fácil de analisar se os estudantes tivessem gastado menos tempo estudando a história do vibrador e mais aprendendo a pontuar seus escritos (Por que a história do romance é uma questão de gênero? Quais os segredos de um painel de estudantes?).

Infelizmente, nem a pontuação mais meticulosa é suficientemente informativa para eliminar todos os caminhos de jardim. A pontuação moderna tem uma gramática própria, que não corresponde nem às pausas da fala nem às fronteiras da sintaxe.[29] Seria bom, por exemplo, se pudéssemos esclarecer as coisas escrevendo *Fat people, accumulates* ou *I convinced her, children are noisy*. Mas usar uma vírgula para separar um sujeito de seu predicado ou o verbo de um de seus complementos está entre os mais graves pecados contra as regras da pontuação.

A rede, a árvore e a sequência

Você pode desconsiderar essa regra quando a necessidade de desambiguização se torna uma emergência, como na observação de Bernard Shaw *"He who can, does; he who cannot, teaches"* ["Aquele que pode, faz, aquele que não pode, ensina"] e no adendo de Woody Allen *"And he who cannot teach, teaches gym"* ["E aquele que não pode ensinar, ensina ginástica"]. Mas em geral as divisões entre as principais partes de uma sentença simples, como sujeito e predicado, são zonas proibidas para as vírgulas, não importando a complexidade da sintaxe.

*Palavras que sinalizam a estrutura sintática.* Outro modo de prevenir os caminhos de jardim é dar alguma atenção àquelas palavrinhas aparentemente desnecessárias que não contribuem muito para o significado da sentença e correm o risco de ser sacrificadas, mas que recuperam o direito à sobrevivência marcando o início das frases. Entre elas estão em primeiro lugar o conectivo de subordinação *that* [que] e pronomes relativos como *which* e *who* [que/que], que podem assinalar o início de uma subordinada relativa. Em algumas frases do inglês, essas são "palavras desnecessárias", que podem ser omitidas, como em *the man* [whom] *I love* e *things* [that] *my father said* [*o homem que eu amo / coisas que meu pai dizia*], às vezes levando consigo *is* ou *are* [é, são], como em *A house* [which is] *divided against itself cannot stand* [*uma casa (que está) dividida contra si mesma não pode sobreviver*]. Esses cortes são atraentes para o escritor, porque tornam mais rápido o ritmo da sentença e evitam o som desagradavelmente sibilante de *which*. Mas quando a caça ao *which* é praticada com demasiado zelo, pode deixar algum caminho de jardim em sua esteira. Muitos dos exemplos dos livros de teoria se tornam inteligíveis quando as palavrinhas são recolocadas: *The horse which was raced past the barn fell, Fat which people eat accumulates* [*O cavalo que foi feito correr atrás do celeiro caiu / A gordura que as pessoas comem se acumula*].

Muito estranhamente, uma das palavras desambiguadoras mais esquecidas do inglês é a palavra mais frequente em toda a língua, o humilde artigo definido *the* [o]. O significado de *the* não é fácil de formular (veremos isso no próximo capítulo), mas não poderia ser um marcador sintático mais claro: quando o encontra, o leitor entrou com toda a certeza numa frase nominal. O artigo definido pode ser omitido antes de muitos substantivos, mas o resultado pode ser claustrofóbico, como se as frases nominais ficassem pulando para cima de você sem avisar:

155

If selection pressure on a trait is strong, then alleles of large effect are likely to be common, but if selection pressure is weak, then existing genetic variation is unlikely to include alleles of large effect.

---

If <u>the</u> selection pressure on a trait is strong, then alleles of large effect are likely to be common, but if <u>the</u> selection pressure is weak, then <u>the</u> existing genetic variation is unlikely to include alleles of large effect.

Se <u>a</u> pressão pela seleção sobre um traço é forte, então os alelos de efeito amplo tendem a ser comuns, mas se <u>a</u> pressão pela seleção é fraca, então a variação genética existente tende a não incluir alelos de efeito amplo.*

---

Mr. Zimmerman talked to police repeatedly and willingly.

---

Mr. Zimmerman talked to <u>the</u> police repeatedly and willingly.

O Sr. Zimmermann falou com a polícia várias vezes e por iniciativa própria.

---

O sentimento de que uma frase nominal definida sem o *the* não se enuncia de maneira correta pode justificar o conselho de escritores e revisores no sentido de evitar o jornalês exemplificado a seguir à esquerda (chamado às vezes *"the false title"* ["o falso título"]. À direita a frase nominal ganha um *the* dignificante, embora sintaticamente dispensável:

---

People who have been interviewed on the show include novelist Zadie Smith and cellist Yo-Yo Ma.

---

People who have been interviewed on the show include <u>the</u> novelist Zadie Smith and <u>the</u> cellist Yo-Yo Ma.

As pessoas que foram entrevistadas no programa televisivo incluem a romancista Zadie Smith e o violoncelista Yo-Yo Ma.

---

\* N. T.: A omissão do artigo diante de substantivos só acontece no português de hoje em contextos muito especiais ou com sentidos muito particulares, como as manchetes de jornais, ou certas frases de sentido generalizante. A omissão dos artigos definidos nas traduções da esquerda teria levado a sentenças agramaticais, que evitei transcrever.

As linguist Geoffrey Pullum has noted, sometimes the passive voice is necessary.

As the linguist Geoffrey Pullum has noted, sometimes the passive voice is necessary.

Como notou o linguista G. Pullum, a voz passiva é às vezes necessária.

Embora a prosa acadêmica fique às vezes recheada de palavras desnecessárias, também existe um estilo sufocante de redação técnica em que as palavrinhas como *the, are* e *that* foram extirpadas. Recolocá-las dá ao leitor alguma folga para respirar, porque as palavras o conduzem à frase apropriada e ele pode prestar atenção ao significado das palavras de conteúdo, sem precisar imaginar ao mesmo tempo em que tipo de frase está:

Evidence is accumulating that most previous publications claiming genetic associations with behavioral traits are false positives, or at best vast overestimates of true effect sizes.

Evidence is accumulating that most of the previous publications that claimed genetic associations with behavioral traits are false positives, or at best are vast overestimates of the true effect sizes.

Está-se acumulando evidência de que a maioria das publicações que sustentavam associações genéticas com traços comportamentais são falsos positivos ou, pelo menos, são avaliações amplamente infladas dos verdadeiros tamanhos do efeito.

Outra relação de compromisso entre a brevidade e a clareza pode ser vista na colocação dos modificadores. Um substantivo pode ser modificado quer por uma frase preposicional à direita ou por um nome sem determinantes à esquerda: *data on manufacturing* versus *manufacturing data; strikes by teachers* versus *teacher strikes, stockholders in a company* versus *company stockholders* [*dados sobre o setor manufatureiro, greve de professores, acionistas de uma companhia*]. Apesar de pequena, a preposição pode fazer uma grande diferença. A manchete MANUFACTURING DATA HELPS INVIGORATE WALL STREET [*Manipulação de dados ajuda a dar força a Wall Street / Dados sobre o setor de manifaturas ajudam a dar força a Wall Street*] poderia ter usado uma, e uma preposição também teria sido útil em Teacher Strikes Idle Kids [*Greve de professores deixa ociosas as crianças / Professor bate em crianças ociosas*] e Textron Makes Offer to Screw Company Stockholders [*Textron faz oferta de ferrar os acionistas da companhia / Textron faz oferta a acionistas de indústria de parafusos*].

*Sequências e sentidos frequentes.* Mais uma isca para um caminho de jardim vem dos padrões estatísticos da língua inglesa, em que certas palavras tendem a preceder ou seguir outras.[30] À medida que nos tornamos leitores fluentes, guardamos na memória dezenas de milhares de pares de palavras, tais como *horse race, hunt ducks, cotton clothing, fat people, prime number, old man* e *data point* [*corrida de cavalos, patos de caçada, roupa de algodão, pessoas gordas, número primo, homem velho* e *sentido dos dados*]. Esses pares saltam do texto em nossa direção e quando pertencem à mesma frase podem agilizar o processo de análise, permitindo que as palavras sejam juntadas rapidamente. Mas quando calha de pertencerem a frases diferentes mesmo estando lado a lado, o leitor pode descarrilhar. É isso que torna tão sedutores os exemplos de caminhos de jardim dos livros de teoria, juntamente com o exemplo tirado de minha experiência que começa com as palavras *The data point* [O interesse dos dados? Os dados apontam?].

Os exemplos dos livros de teoria também trapaceiam valendo-se de um segundo modo como os leitores lidam com os padrões estatísticos da língua inglesa: quando defrontados com uma palavra ambígua, os leitores dão preferência ao sentido mais frequente. Os caminhos de jardim dos livros de teoria fazem o leitor tropeçar porque contêm palavras ambíguas nas quais o sentido menos frequente é o correto: *race* na versão transitiva *race the horse* [*fazer correr o cavalo*] em vez da versão intransitiva *the horse raced* [*o cavalo correu*], *fat* como substantivo ["gordura"] em vez de adjetivo ["gordo"], *number* como verbo ["numerar"] em vez de substantivo ["número"] e assim por diante. Isso pode levar a caminhos de jardim também na vida real. Considere-se a sentença *So there I stood, still as a glazed dog.*\* Eu hesitei quando li isso pela primeira vez, pensando que o escritor continuava a ser um cachorro vitrificado (interpretei *still* como advérbio significando "ainda") e não que estava

---

\*  N.T.: A sentença admite duas traduções: 1. "E aí fiquei <u>ainda por algum tempo</u> como um cachorro vitrificado", 2. E aí fiquei, <u>parado</u> como um cão vitrificado".

sem movimentos, como um cão vitrificado (interpretando *still* em seu uso mais raro como adjetivo, significando "imóvel, parado").

*Paralelismo estrutural.* Uma árvore sintática "nua", isto é, sem palavras nas pontas de seus ramos, permanece na memória por alguns segundos depois que as palavras foram apagadas, e durante esse tempo fica disponível como uma pauta para analisar a próxima frase.[31] Se a nova frase tem a mesma estrutura que a anterior, suas palavras podem ser encaixadas na árvore que ficou à espera, e o leitor absorverá isso sem esforço. Esse padrão é chamado paralelismo estrutural, e é um dos truques mais velhos no receituário para uma prosa elegante e frequentemente inspiradora:

He maketh me to lie down in green pastures, he leadeth me beside the still waters.

Em verdes campos me faz repousar / Leva-me às águas tranquilas.*

---

We shall fight on the beaches, we shall fight on the landing grounds, we shall fight in the fields and in the streets, we shall fight in the hills, we shall never surrender.

Lutaremos nas praias, lutaremos nas pistas de aterrisagem, lutaremos nos campos e nas ruas, lutaremos nas colinas, nunca nos renderemos.**

---

I have a dream that one day on the red hills of Georgia the sons of former slaves and the sons of former slave owners will be able to sit down together at the table of brotherhood... I have a dream that my four little children will one day live in a nation where they will not be judged by the color of their skin but by the content of their character.

Tenho um sonho de que um dia, sobre as colinas vermelhas da Geórgia, os filhos dos antigos escravos e os filhos dos antigos senhores conseguirão sentar-se juntos a uma mesa de fraternidade... Tenho um sonho de que meus quatro filhos um dia viverão num país onde não serão julgados pela cor de sua pele, mas pelo conteúdo de seu caráter.***

O paralelismo estrutural funciona não só nas passagens poéticas e exortativas, mas também na prosa expositiva corrente. Veja-se como Bertrand Russell faz uso dele ao explicar o movimento chamado romantismo:

---

\*     N.T.: É a transcrição de um dos primeiros versículos do Salmo 23 da Bíblia.
\*\*    N.T.: Discurso de Churchill, na Câmara dos Comuns, em 4 de junho de 1940.
\*\*\*   N.T.: Trecho do discurso de Martin Luther King no Lincoln Memorial, 28 de agosto de 1963.

> The romantic movement is characterized, as a whole, by the substitution of aesthetic for utilitarian standards. The earth-worm is useful, but not beautiful; the tiger is beautiful, but not useful. Darwin (who was not a romantic) praised the earth-worm; Blake praised the tiger.

> O movimento romântico caracteriza-se, como um todo, por ter colocado padrões estéticos no lugar de padrões utilitários. A minhoca da terra é útil, mas não bela; o tigre é belo, mas não útil. Darwin (que não era um romântico) elogiou a minhoca da terra. Blake elogiou o tigre.

Volte às quatro passagens de boa escrita do primeiro capítulo e encontrará um exemplo atrás do outro de paralelismo estrutural, tantos que, depois de chamar a atenção para alguns no início, parei de apontá-los.

Embora alguns escritores iniciantes repitam despropositadamente uma estrutura sentencial simples, a maioria vai ao extremo oposto e varia sua sintaxe sem critério. Isso desequilibra o leitor, induzindo-o a trilhar falsas pistas quanto à estrutura da sentença. Veja-se este verbete sobre plurais dos substantivos retirado, por incrível que pareça, do *The New York Times Manual of Style and Usage*.

> Nouns derived from foreign languages form plurals in different ways. Some use the original, foreign plurals: alumnae; alumni; data; media; phenomena. But form the plurals of others simply by adding s: curriculums, formulas, memorandums, stadiums.

> Os substantivos derivados de línguas estrangeiras formam seus plurais de diferentes maneiras. Alguns usam os plurais estrangeiros originais: *alumnae; alumni; data; media; phenomena*. Mas formem os plurais de outros simplesmente pelo acréscimo de *s*: *curriculums, formulas, memorandums, stadiums*.

Você também parou, como eu, de repente na frase "Formem os plurais"? O texto começa com duas sentenças no indicativo cujos sujeitos se referem aos substantivos estrangeiros e cujos predicados comentam o modo como esses substantivos "formam" ou "usam" o plural. Mas de repente, sem qualquer aviso, a terceira sentença passa para o modo imperativo e supõe-se que seja o leitor, não os substantivos, quem forma os plurais de um determinado modo.

E aqui vai um exemplo bem típico tirado da prosa acadêmica, em que o autor achou que tinha que variar a sintaxe de uma sentença para a outra e acabou se metendo num belo caminho de jardim:

> The authors propose that distinct selection pressures have influenced cognitive abilities and personality traits, and that intelligence differences are the result of mutation-selection balance, while balancing selection accounts for personality differences
>
> Os autores propõem que diferentes pressões sobre a seleção influenciaram as capacidades cognitivas e os traços de personalidade, e que as diferenças de inteligência são o resultado do equilíbrio na seleção por mutação, ao passo que a seleção balanceada / balancear a seleção explica as diferenças de personalidade.

Para sermos honestos, não é culpa do autor se o termo técnico *balancing selection* se parece com uma frase verbal (*to balance a selection* [balancear uma seleção]), quando é na verdade uma frase nominal (*balancing selection* [seleção balanceada]) – um dos tantos tipos de seleção natural). Mas para incentivar o leitor a analisá-la como frase nominal, ele poderia ter montado um contexto no qual o leitor esperasse de fato encontrar uma frase nominal. Em vez disso ele nos meteu num pingue-pongue, indo da ordem causa-efeito na primeira sentença (*have influenced* [influenciaram]) para uma ordem efeito-causa na segunda (*are the result of* [são o resultado de]) e de volta à ordem causa-efeito na terceira (*accounts for* [explica]). Enquanto isso, variou sem necessidade o vocabulário de uma sentença para outra: *cognitive abilities* na primeira sentença refere-se à mesma coisa que *intelligence* na segunda. Reconstruída com uma sintaxe paralelística e com uma terminologia constante, a passagem se torna compreensível mesmo para leitores que não conhecem os termos técnicos:

> The authors propose that distinct selection pressures have influenced cognitive abilities and personality traits: mutation-selection balance accounts for differences in cognitive ability, whereas balancing selection accounts for differences in personality traits.
>
> Os autores propõem que diferentes pressões sobre a seleção influenciaram as capacidades cognitivas e os traços de personalidade: o equilíbrio na seleção por mutação dá conta das diferenças na capacidade cognitiva, ao passo que a seleção balanceada explica as diferenças nos traços de personalidade.

Note-se também como uma sintaxe paralela pode permitir que o leitor encontre um sentido até mesmo na mais ininteligível das sentenças: *Though the horse guided past the barn walked with ease, the horse raced past the barn fell* [*Embora o cavalo que foi guiado atrás do celeiro tenha caminhado com facilidade, o cavalo que fizeram correr atrás do celeiro caiu*].

*Apego à frase ao lado.* Chegamos finalmente ao painel sobre sexo com quatro professores. Aqui temos um viés que é basicamente geométrico. Voltemos à árvore da página 148. Por que foi na árvore de baixo, com sentido diferente do esperado, que o leitor aportou? A questão tem a ver com o lugar em que tem que ser pendurada a frase *with four professors* [*com quatro professores*]. Tendo a possibilidade de escolher, os leitores tendem a pendurar as frases na parte de baixo da árvore, não no alto. Outro modo de dizer isso é que eles gostam, até o limite do possível, de integrar as palavras na frase em que estão trabalhando, em vez de encerrar a frase e encontrar outro lugar para colocar as palavras que vão chegando.

Como os leitores tendem a ligar uma frase às palavras que vêm imediatamente antes dela, entenderão erradamente sentenças em que o escritor faz uma associação remota. Além do sexo com professores, essa distorção explica as preliminares sexuais com duração de várias semanas, a vaca que não fuma nem bebe, o candidato ao emprego sem nenhuma qualificação, o ciclista que foi morto duas vezes, o caminho que foi confundido com um urso e o golpe de Estado que agitou Pequim.

Muitos autores de manuais de estilo, como Strunk e White, procuram proteger os escritores dessas hilaridades acidentais mediante o conselho de "manter juntas as palavras que têm relação entre si". Infelizmente, o conselho é de pouca serventia, porque é formulado em termos de sequências, e não de árvores. Em *a panel on sex with four professors* [*um painel sobre sexo com quatro professores*], tentar manter perto umas das outras as palavras que têm relação entre si não vai ajudar: as palavras já estão juntas. A frase maliciosa *on sex* está bem juntinha da frase *a panel*, à esquerda, com a qual tem a ver – mas está também colada, à direita, com a frase *four professors*, com a qual não tem a ver.

A rede, a árvore e a sequência

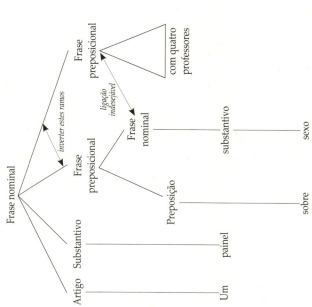

VERSÃO AMBÍGUA

VERSÃO SEM AMBIGUIDADES

163

O escritor tem que se preocupar é com a conexão na árvore (*a panel on sex* versus *sex with four professors*), não apenas com a proximidade na sequência. Na realidade, a maneira óbvia de tornar clara a sentença – inverter a ordem das duas frases chegando a *a panel with four professor on sex* – separa palavras que têm relação entre si (*a panel* e *on sex*) em vez de mantê-las juntas, pelo menos na sequência. Como mostram os dois últimos diagramas, elas continuam conexas na árvore, mas de um modo diferente.

O conselho fica melhor assim: "separe as frases não relacionadas (mas que se atraem mutuamente)". Se o painel tivesse sido sobre substâncias controladas em vez de interações amorosas, a ordem oposta teria sido mais segura: ainda que um *panel with four professors on drugs* [*um painel com quatro professores sob efeito de drogas / um painel com quatro professores drogados*] prometa uma noite tão interessante quanto o painel sobre sexo com quatro professores, o escritor se sairá melhor com *a panel on drugs with four professors* [*um painel sobre drogas com quatro professores*]. Isso é decorrência das sequências estatisticamente frequentes: o par *sex with* atrai a frase à direita; o par *on drugs* atrai a frase à esquerda. Os escritores precisam olhar nas duas direções e achar um lugar para as frases para preservá-las de ligações perigosas com uma outra ao lado que não tenha nada a ver. Aqui vão alguns reordenamentos dos exemplos da página 149 em que as ambiguidades foram eliminadas:

For several weeks the young man had involuntary seminal fluid emission when he engaged in foreplay.

Por várias semanas, o jovem teve emissão involuntária de fluido seminal quando se envolvia em preliminares.

---

Wanted: man that does not smoke or drink, to take care of cow.

Procura-se: homem que não fuma ou bebe para tomar conta de vaca.

---

This week's youth discussion in the church basement will be on teen suicide.

A discussão de jovens desta semana no subsolo da igreja será sobre o suicídio de adolescentes.

---

I enthusiastically recommend, with no qualification whatsoever, this candidate.

Eu recomendo entusiasticamente, sem qualquer restrição, este candidato.

> Prosecutors yesterday confirmed they will appeal the "unduly lenient" sentence of a motorist who escaped prison after being convicted for the second time of killing a cyclist.
>
> Os promotores ontem confirmaram que vão apelar contra a sentença "indevidamente leniente" de um motorista que escapou da cadeia depois de ser considerado culpado pela segunda vez de matar um ciclista.

> A teen hunter has been convicted of second degree manslaughter for fatally shooting a hiker he had mistaken for a bear on a popular Washington state trail.
>
> Um caçador adolescente foi considerado culpado de homicídio em segundo grau por atirar fatalmente num excursionista que ele tinha confundido com um urso, numa conhecida trilha do estado de Washington.

A orientação de aproximar frases das palavras com as quais tem a ver e de afastá-las das palavras com que não tem a ver é útil somente na medida em que as regras da sintaxe inglesa permitam que a frase seja movida. O inglês não ajuda muito nesse sentido. Em muitas línguas, como no latim e no russo, os escritores têm liberdade de variar a ordem das palavras, adaptando-a a seus objetivos retóricos, porque as marcas de caso nos substantivos, ou as marcas de concordância nos verbos, manterão as relações claras na mente do leitor. O inglês, que tem um sistema rudimentar de marcação casual e concordância, precisa ser mais tirânico a respeito da ordem.

Isso deixa o escritor numa sinuca. As regras da sintaxe de línguas como o inglês ou o português o obrigam a colocar o sujeito antes do verbo e o verbo antes do objeto. Mas ele pode não querer que o leitor *pense* no conteúdo do sujeito antes de pensar no conteúdo do verbo e do objeto.

Por que um escritor quereria controlar a ordem em que são pensados os pensamentos do leitor? Evitar ligações não desejadas, como acabamos de ver, é uma das razões, mas há mais duas, e cada uma delas é um princípio fundamental de composição.

*Deixe para o final o que é mais pesado.* O livro escocês de orações, o *Scottish Prayer*, pede a Deus que nos livre de *"ghoulies and ghosties and long-leggedy beasties and things that go bump in the night".\* – não de

---

\* N.T.: Uma tradução possível é "ghoulies, e fantasmas, e animais de pernas longas e coisas que vão esbarrando na noite". Os *ghoulies* são um tipo de duende. O *Scottish Prayer* é mais exatamente o *Book of Common Prayer and Administration of the Sacraments*, publicado em 1637 por ordem do rei Carlos I da Inglaterra, como parte de um plano para implantar a religião anglicana na Escócia.

*"things that go bump in the night and long leggedy beasties and ghoulies and ghosties"*. A ordem é compatível com nosso processo cognitivo. É penoso trabalhar sobre uma frase longa e pesada (*things that go bump in the night*) enquanto você guarda na memória uma frase maior e incompleta da qual a primeira faz parte (neste caso, a estrutura de coordenação com quatro peças que abrange *things, beasties, ghoulies* e *ghosties*). É mais fácil lidar com uma frase grande e pesada se ela vem no final, quando está feito o trabalho de montar a frase extensa, e na mente do leitor não há mais nada (é outra versão do conselho "use árvores leves ramificadas à direita, de preferência a árvores ramificadas à esquerda ou encaixadas no centro"). O mais leve antes do mais pesado é um dos mais antigos princípios em Linguística, descoberto no século IV a.C. pelo gramático do sânscrito Pāṇṇini.[32] Frequentemente, guia as intuições dos escritores quando precisam escolher uma ordem para os itens de uma lista, como em *life, liberty, and the pursuit of happiness* [*vida, liberdade e a busca da felicidade*];* *The Wild, the Innocent and the E Street Shuffle* [*O Selvagem, o Inocente e o vaivém da rua E*];** e *Faster than a speeding bullet! More powerful than a locomotive! Able to leap tall buildings in a single bound!* [*Mais rápido que uma bala em alta velocidade, mais potente que uma locomotiva, capaz de passar por cima de prédios altos em um único salto*].***

*Antes o tópico e depois o comentário. O dado primeiro e depois o novo.* Estas são versões mais exatas do conselho de Strunk de "colocar as palavras enfáticas de uma sentença no final". Paul Mc Cartney estava atento a esse conselho quando cantou "*So may I introduce to you, the act you have known for all these years: Sergeant Pepper's Lonely Hearts Club Band!*" ["Permitam-me então apresentar a vocês o show que vocês já conhecem há tantos anos: da banda do Clube dos Corações Solitários do Sargento Pepper"]. Depois que conseguiu a atenção do auditório, e lhe lembrou que este seria apresentado a alguém, usou o final da sen-

---

\* N.T.: Esta frase faz parte da Declaração da Independência dos Estados Unidos (1776), e define três direitos considerados inalienáveis de toda pessoa humana.

\*\* N.T.: "The Wild, The Innocent & The E Street Shuffle" é o título de uma canção lançada em 1973 por Bruce Springsteen num álbum discográfico de mesmo nome.

\*\*\* N.T.: Essas frases são parte do prefixo de um programa radiofônico da década de 1940, dedicado às aventuras do Superman e transmitido diariamente depois do horário das aulas a uma audiência altíssima de adolescentes.

tença para dar a notícia importante; ele não cantou *"Sergeant Pepper´s Lonely Hearts Club Band, the act you have known for all these years; may I introduce them to you?"*.[33] Novamente um caso de boa psicologia cognitiva: as pessoas aprendem coisas integrando as informações novas à sua rede preexistente de conhecimentos. Elas não gostam quando um fato aparece do nada, e têm que mantê-lo levitando na memória de curto prazo até encontrar um *background* relevante em que possam encaixá-lo momentos mais tarde. Colocar numa sequência exata o tópico e o comentário, o já dado e o novo, são duas contribuições fundamentais para a coerência, a sensação de que uma sentença flui para a seguinte e não deixa o leitor no ar.

A sintaxe do inglês pede que se coloque o sujeito antes do objeto. A memória humana manda colocar o mais leve antes do mais pesado. A compreensão humana exige que o tópico venha antes do comentário, o conhecido antes do novo. Como faz o escritor para conciliar essas exigências irreconciliáveis, todas a respeito do lugar em que as palavras devem ficar na sentença?

A necessidade é a mãe da invenção; ao longo dos séculos, o inglês desenvolveu recursos para contornar sua sintaxe rígida. Consistem em construções alternativas, que são mais ou menos sinônimas, mas colocam os participantes em posições diferentes na ordenação da esquerda para a direita da sequência, o que significa que aparecerão em momentos diferentes do processamento feito na mente do leitor, que vai do que vem antes para o que vem depois. Os escritores fluentes têm essas construções na ponta dos dedos, e com isso controlam simultaneamente o conteúdo da sentença e o sequenciamento de suas palavras.

Em primeiro lugar, entre esses recursos está a injustamente difamada voz passiva: *Laius was killed by Oedipus* [*Laio foi morto por Édipo*], em oposição a *Oedipus killed Laius* [*Édipo matou Laio*]. No capítulo "Uma janela para o mundo", vimos uma das vantagens da passiva, a saber, que o agente do evento, expresso pela frase que começa com *by,** pode deixar de ser mencionado. Isso vem a calhar para indutores de erros, que preferem as sombras, e narradores que querem que você saiba do uso de helicópteros para apagar

---

\*  N.T.: *por*, em português.

alguns incêndios, mas não acham necessário que você saiba que um cara chamado Betão dirigiu um deles. Agora estamos vendo a outra principal vantagem da passiva: permitir que o autor da ação seja mencionado na sentença, depois do alvo da ação. Isso vem a calhar na implementação dos dois princípios de composição, quando seriam bloqueados pela sintaxe rígida do inglês. O passivo permite ao escritor pospor a menção de quem faz, se ela for pesada, velha do ponto de vista informativo ou as duas coisas ao mesmo tempo. Vejamos como isto funciona.

Considere-se esta passagem do verbete da Wikipedia para *Oedipus Rex* [*Édipo Rei*] que, fazendo uma advertência desmancha-prazeres, revela a terrível verdade sobre a filiação de Édipo:

> A man arrives from Corinth with the message that Oedipus's father has died... It emerges that this messenger was formerly a shepherd on Mount Cithaeron and that he was given a baby... The baby, he says, was given to him by another shepherd from the Laius household, who had been told to get rid of the child.

> Um homem chega de Corinto com a mensagem de que o pai de Édipo morreu. Resulta que esse mensageiro era anteriormente um pastor no Monte Citerão e que lhe foi dada uma criança. A criança, diz ele, foi dada a ele por outro pastor da casa de Laio, que tinha sido instruído para se livrar da criança.

O trecho contém três passivos que se seguem de perto (*was given a baby; was given to him; had been told* [*lhe foi dada uma criança, foi dada a ele, tinha sido instruído para...*], e por boas razões. Em primeiro lugar, somos apresentados a um mensageiro; todos os olhares estão apontados para ele. Se ele aparecer em quaisquer notícias subsequentes terá que ser mencionado em primeiro lugar. E assim acontece, graças à voz passiva, mesmo que a notícia não implique nenhuma ação de sua parte: *He* (informação dada) *was given a baby* (informação nova).

Agora que fomos apesentados a uma criança, a criança está em nossas mentes. Se houver algo novo para dizer sobre ela, a notícia deveria começar por uma menção a essa criança. Mais uma vez a voz passiva abre essa possibilidade, muito embora a criança não tenha feito nada: *the baby, he says, was given to him by another shepherd* [*a criança, diz ele, foi dada a ele por outro pastor*]. O pastor em questão não é somente informação nova, mas tem um "peso": está sendo identificado pela frase grande e complicada *another shepherd from the Laius household, who had been told to get rid of the child* [outro pastor da casa de Laio, que tinha sido instruído para se livrar da criança]. É muito palavreado para ser processado enquanto o leitor está tentando decifrar a sintaxe da sentença, mas a voz passiva permite que todo esse palavreado chegue no final, quando todo o resto do trabalho do leitor já está feito.

Agora, imaginemos que um revisor, seguindo estupidamente o conselho corrente de evitar o passivo, alterasse o trecho assim:

> A man arrives from Corinth with the message that Oedipus's father has died... It emerges that this messenger was formerly a shepherd on Mount Cithaeron, and that someone gave him a baby... Another shepherd from the Laius household, he says, whom someone had told to get rid of the child, gave the baby to him.

> Um homem chega de Corinto com a mensagem de que o pai de Édipo morreu... Resulta que esse mensageiro foi anteriormente um pastor no Monte Citerão, e que alguém lhe deu uma criança... Um outro pastor da casa de Laio, diz ele, que alguém tinha instruído para livrar-se da criança, deu a criança para ele.

Ativa, mas mantida por aparelhos! É isso que acontece quando uma frase pesada com informação nova é colocada à força no começo de uma sentença, apenas porque calhou de ser o agente da ação, e esse é o único lugar em que uma sentença ativa permite que ela apareça.

A passagem original tinha um terceiro passivo – *who had been told to get rid of the child* – que o revisor de meus pesadelos também transformou em ativo: *whom someone had told to get rid of the child*. Isso realça mais uma vantagem da voz passiva: ela pode aliviar a memória encurtando a distância entre um preenchedor e o espaço vazio. Quando um item é modificado por uma subordinada relativa, e seu papel na subordinada é o objeto do verbo, o leitor é defrontado com um longo intervalo entre o preenchedor e o espaço vazio.[34] Veja-se a primeira destas árvores que tem uma subordinada relativa na voz ativa:

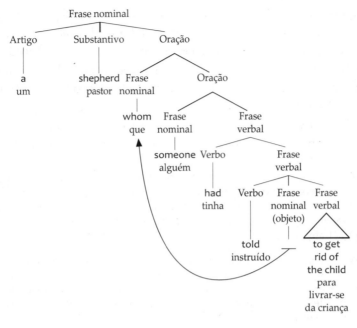

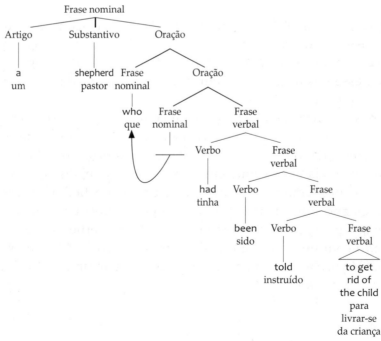

Você pode ver uma longa seta entre o preenchedor *whom* [*que, acusativo*] e o espaço vazio depois de *told* [*instruído*] que tem a extensão de três palavras e três frases recém-introduzidas. Esse é o material que o leitor precisa guardar na mente entre o momento em que encontra *whom* e o momento em que consegue decifrar o que *whom* está fazendo. Olhe agora para a segunda versão, na qual a subordinada relativa foi colocada na voz passiva. Uma seta minúscula conecta o preeenchedor *who* [*que*] com o espaço bem ao lado, e o leitor obtém um retorno instantâneo: nem bem esbarra em *who* e já sabe o que *who* está fazendo. É fato que a própria passiva é mais pesada que a ativa, já que tem quatro níveis de ramificação em vez de três, mas a passiva vem no final, onde não há mais nada para ser mantido sob controle. E esse é o motivo por que a boa prosa coloca as subordinadas relativas* na voz passiva, e a prosa difícil as mantém na voz ativa, como aqui:

> Among those called to the meeting was Mohamed ElBaradei, <u>the former United Nations diplomat</u> protesters demanding Mr. Morsi's ouster have tapped ____ as one of their negotiators over a new interim government, *Reuters* reported, citing unnamed official sources.

> Entre os que foram chamados para a reunião estava Mohamed ElBarei, <u>o ex-diplomata das Nações Unidas</u> que os manifestantes que pediam a expulsão do Sr. Morsi grampearam ____ como um dos negociadores a respeito de um novo governo de transição, relatou a *Reuters*, citando fontes oficiais não identificadas.

Essa sentença está atravancada, entre outras coisas, por um longo trecho entre o preenchedor e a subordinada relativa, *the former United Nations diplomat* e o espaço vazio depois de *tapped*, sete palavras mais adiante. Talvez seja impossível salvar essa sentença, mas apassivar a subordinada relativa seria um primeiro passo: *the former United Nations diplomat who has been tapped by protesters demanding Mr. Morsi's ouster* [*o ex-diplomata das Nações Unidas que foi grampeado pelos manifestantes que pediam a expulsão do Sr. Morsi*].

A voz passiva é apenas uma das engenhocas que a língua inglesa disponibiliza para rearranjar frases sem alterar seus papéis semânticos. Aqui vão mais algumas que vêm a calhar quando surge a necessidade de separar vizinhos ilícitos, de colocar a informação velha antes da nova, de colocar preenchedores perto dos lugares vazios a que dizem respeito ou de deixar o que é mais pesado para o final.[35]

---

\*    N.T.: "*object relative clauses*" no original.

### Ordem básica

Oedipus met Laius on the road to Thebes.

Édipo encontrou Laio na estrada de Tebas.

### Anteposição

On the road to Thebes, Oedipus met Laius.

Na estrada de Tebas, Édipo encontrou Laio.

---

### Ordem básica

The servant left the baby whom Laius had condemned to die on the mountaintop.

O criado deixou a criança que Laio tinha condenado a morrer no topo da montanha.

### Posposição

The servant left on the mountaintop the baby whom Laius had condemned to die.

O criado deixou no topo da montanha a criança que Laio tinha condenado a morrer.

---

### Dativo com duplo objeto

Jocasta handed her servant the infant.

Jocasta entregou a seu criado a criança (literalmente: "entregou seu criado a criança")*.

### Dativo preposicionado

Jocasta handed the infant to her servant.

Jocasta entregou a criança ao seu criado.

---

### Construção básica

A curse was on the kingdom.

Uma maldição pesava sobre o reino.

### Existencial

There was a curse on the kingdom.

Havia uma maldição (pesando) sobre o reino.

---

### Subordinada subjetiva

That Oedipus would learn the truth was inevitable.

Que Édipo ficasse sabendo a verdade era inevitável.

### Subordinada extraposta

It was inevitable that Oedipus would learn the truth.

Era inevitável que Édipo ficasse sabendo a verdade.

---

### Construção básica

Oedipus killed Laius.

Édipo matou Laio.

### Clivada

It was Oedipus who killed Laius.

It was Laius whom Oedipus killed.

Foi Édipo quem matou Laio.

Foi Laio quem Édipo matou.

---

\* N.T.: Entendendo-se que é a criança que passa das mãos de Jocasta às do criado.

| Construção básica | Pseudoclivada |
|---|---|
| Oedipus killed Laius. | What Oedipus did was kill Laius. |
| Édipo matou Laio. | O que Édipo fez foi matar Laio. |

As versões da direita são um pouco mais longas, mais cheias de palavras, ou mais formais do que as da esquerda, e as últimas quatro, com suas palavras desnecessárias (*it, there, what*), são em muitas ocasiões boas candidatas a serem substituídas por seus quase-sinônimos mais ágeis. Mas ficou demonstrado por que às vezes são úteis: elas dão ao escritor mais liberdade de ordenação das frases na árvore.

A anteposição permite ao escritor deslocar uma frase modificadora para a esquerda, o que pode separá-la da pequena frase chata à qual poderia, de outro modo, ficar presa (como no caso do jovem que tinha emissões seminais involuntárias se se empenhava em preliminares sexuais por várias semanas). As quatro construções seguintes permitem deslocar uma frase para a direita quando é demasiado pesada ou demasiado rica em informação para ocupar espaço no meio de uma sentença. As últimas duas proporcionam ao escritor um controle adicional sobre aquilo que o leitor tratará como dado e aquilo que tratará como novo. A clivada inverte a ordem habitual: a informação nova é empurrada para debaixo dos refletores desde o primeiro momento, e a informação já dada, que lhe serve de *background*, vem no final. A pseudoclivada conserva a ordem habitual (do já dado para o novo), mas ambos os tipos de clivagem acrescentam uma importante mudança: a informação dada não é "velha", no sentido de ter sido mencionada anteriormente na discussão, mas *pressuposta*: pede-se ao leitor que a aceite como verdadeira, ao mesmo tempo em que é informado sobre aquilo de que é verdadeira. *It was Oedipus who killed Laius* [*Foi Édipo quem matou Laio*], por exemplo, dá de barato que alguém matou Laio, a única dúvida sendo quem foi: a sentença principal da construção informa-nos quem foi esse alguém.

Outro recurso importante que as línguas disponibilizam a quem escreve é a escolha do verbo. Alguns verbos têm um análogo que descreve o mesmo enredo, mas preenche seus espaços gramaticais (sujeito, objeto direto, objeto indireto) com diferentes atores (quem movimenta, a coisa que é movimentada, a origem, o receptor):

| | |
|---|---|
| Jocasta gave the infant to her servant. | The servant received the infant from Jocasta. |
| Jocasta deu a criança a seu criado. | O criado recebeu a criança de Jocasta. |

| | |
|---|---|
| She robbed her uncle of a cigar. | She stole a cigar from her uncle. |
| Ela roubou seu tio de um charuto. | Ela roubou um charuto de seu tio. |

| | |
|---|---|
| Morris sold a watch to Zak. | Zak bought a watch from Morris. |
| Morris vendeu um relógio de pulso a Zak. | Zak comprou um relógio de pulso de Morris. |

| | |
|---|---|
| I substituted margarine for the lard. | I replaced the lard with margarine. |
| Eu pus margarina no lugar do toucinho. | Substituí o toucinho por margarina. |

| | |
|---|---|
| The vandals fled the police. | The police chased the vandals. |
| Os vândalos fugiram da polícia. | A polícia perseguiu os vândalos. |

| | |
|---|---|
| The goalie sustained an injury from the onrushing forward. | The onrushing forward inflicted an injury to the goalie. |
| O goleiro levou uma pancada do atacante que vinha embalado. | O atacante que vinha embalado deu uma pancada no goleiro. |

Como o menu de construções, o menu dos verbos pode dar ao escritor várias opções quanto ao lugar em que serão colocadas as frases dadas e novas, leves ou pesadas. Mantendo constante o crime, *rob* [*roubar*] coloca os bens ilegalmente conseguidos no final (*She robbed her uncle of an expensive hand-rolled Cuban cigar* [*Ela roubou seu tio de um valioso charuto cubano enrolado à mão*]); o verbo *steal* [também *roubar*] coloca a vítima no final (*She stole a cigar from her greedy lascivious uncle* [*Ela roubou um charuto de seu tio avarento e lascivo*]).

Os bons escritores podem não ter uma compreensão explícita de como funcionam essas construções e esses tipos de verbos, e certamente não conhecem seus nomes. As palavras e estruturas estão lá, esperando na memória, levando pequenas etiquetas como "eis um jeito de postergar a menção de um modificador" ou "meu objeto direto é a coisa que está sendo transferida". Os artesãos da palavra experientes identificam uma necessidade enquanto escrevem, ou percebem um problema numa sentença enquanto revisam, e, quando tudo vai bem, a palavra ou construção apropriada surge na mente.

Logo abaixo dessas intuições incipientes, acredito, há uma consciência tácita de que o objetivo de quem escreve é codificar uma rede de ideias numa sequência de palavras usando uma árvore de frases. Os aspirantes a artífices da palavra fariam bem se cultivassem essa consciência. Ela pode ajudá-los a extirpar seus erros, seus impasses e suas passagens confusas. E pode levar a ameaça da chatice para longe da gramática, porque é sempre mais convidativo dominar um sistema quando você tem uma ideia clara dos objetivos para os quais ele foi concebido.

## NOTAS

[1] Florey, 2006.
[2] Pinker, 1997.
[3] Pinker, 1994, cap. 4.
[4] Pinker, 1994, cap. 8.
[5] Estou usando as análises que podem ser encontradas na *Cambridge Grammar of the English Language* (Huddleston & Pullum, 2002) com umas poucas simplificações, incluindo aquelas que foram introduzidas no livro-complemento *A Student's Introduction to English Grammar* (Huddleston & Pullum, 2005).
[6] O incidente é descrito em Liberman & Pullum, 2006.
[7] Huddleston & Pullum, 2002; Huddleston & Pullum, 2005.
[8] Bock & Miller, 1991.
[9] Chomsky, 1965; ver Pinker, 1994, cap. 4 e 7.
[10] Pinker, 1994, cap. 7. Para resenhas mais recentes dos estudos experimentais sobre processamento da sentença, ver Wolf & Gibson, 2003; Gibson, 1998; Levy, 2008; Pickering & Van Gompel, 2006.
[11] De Liberman & Pullum, 2006.
[12] Principalmente da coluna de 6 de agosto de 2013.
[13] Simplifiquei o lado direito da árvore; a *Cambridge Grammar* pediria mais dois níveis de encaixamento na sentença *Did Henry kiss whom*, para representar a inversão do sujeito e do auxiliar.
[14] O primeiro exemplo é tirado da coluna "After Deadline" do *New York Times*; o segundo, de Bernstein, 1965.
[15] Pinker, 1994; Wolf & Gibson, 2003.
[16] Alguns dos exemplos provêm de Smith, 2001.
[17] Rebecca Goldstein, *36 Arguments for the existence of God: A work of fiction* (New York: Pantheon, 2010), pp. 18-19.
[18] De "Types of Sentence Branching", *Report Writing at the World Bank*, 2012. http://colelearning.net/rw_wb/module6/page7.html.

[19] Aqui e em outros lugares, uso a etiqueta Frase Nominal para o constituinte que a *Cambridge Grammar* chama de "Nominal".

[20] Zwicky et al., 1971/ 1992. Ver também http://itre.cis.upenn.edu/~myl/languagelog/archives/001086.html.

[21] Pinker, 1994, cap. 4; Gibson, 1998.

[22] *Boston Globe*, 23 de maio de 1999.

[23] Fodor, 2002a, 2002b; Rayner & Pollatsek, 1989; Van Orden, Johnston, & Hale, 1988.

[24] R. Rosenbaum, "Sex week at Yale", *Atlantic Monthly*, jan./fev. 2003; reimpresso em Pinker, 2004.

[25] A fonte sem créditos para a maioria destes emails é Lederer, 1987.

[26] Apontado por *Language Log*, http://languagelog.ldc.upenn.edu/nll/?p= 4401.

[27] Bever, 1970.

[28] Pinker, 1994, cap. 7; Fodor, 2002a; Gibson, 1998; Levy, 2008; Pickering & Van Gompel, 2006; Wolf & Gibson, 2003.

[29] Nunberg, 1990; Nunberg, Briscoe & Huddleston, 2002.

[30] Levy, 2008.

[31] Pickering & Ferreira, 2008.

[32] Cooper & Ross, 1975; Pinker & Birdsong, 1979.

[33] Exemplo de Geoffrey Pullum.

[34] Gordon & Lowder, 2012.

[35] Huddleston & Pullum, 2002; Huddleston & Pullum, 2005.

# Arcos de coerência

**COMO GARANTIR QUE OS LEITORES RECONHECERÃO O ASSUNTO, ENTENDERÃO O QUE ESTÁ EM JOGO, NÃO PERDERÃO DE VISTA OS ATORES E CONSEGUIRÃO VER COMO UMA IDEIA SE ENCADEIA NA OUTRA**

Muitas coisas podem sair erradas num texto! A redação pode ficar inchada, inibida, acadêmica: esses são hábitos que o estilo clássico, que encara a prosa como uma janela para o mundo, visa corrigir. O trecho pode ser enigmático, retorcido, misterioso; esses são sintomas da maldição do conhecimento. A sintaxe pode ser defeituosa, complicada, ambígua; são falhas que podem ser evitadas tendo sensibilidade para a natureza arbórea da sentença.

O presente capítulo diz respeito a mais uma coisa que pode sair errada quando se escreve. Mesmo que todas as sentenças num texto sejam enxutas, transparentes e bem formadas, uma sucessão de sentenças pode soar tumultuada, descoordenada, dispersiva – numa só palavra: incoerente. Considere-se este trecho.

> The northern United States and Canada are places where herons live and breed. Spending the winter here has its advantages. Great Blue Herons live and breed in most of the Northern United States. It's an advantage for herons to avoid the dangers of migration. Herons head south when the cold weather arrives. The earliest herons to arrive on the breeding grounds have an advantage. The winters are relatively mild in Cape Cod.

O norte dos Estados Unidos e o Canadá são lugares em que as garças vivem e se reproduzem. Passar o inverno aqui tem suas vantagens. As grandes garças azuis vivem e se reproduzem na maior parte do norte dos Estados Unidos. É vantagem, para as garças, evitar os perigos da migração. As garças partem para o sul quando chega o tempo frio. As primeiras garças que chegam nos lugares de acasalamento levam vantagem. Os invernos são relativamente suaves em Cape Cod.

Consideradas individualmente, as sentenças são bastante claras, e pertencem evidentemente a um único assunto. Mas o trecho é incompreensível. Na altura da segunda sentença, ficamos sem saber onde é *here* [*aqui*]. A terceira nos deixa sem saber se as grandes garças azuis são diferentes das garças em geral e, se for o caso, por que estas garças vivem somente no norte dos Estados Unidos, à diferença das outras garças, que vivem também no Canadá. A quarta sentença parece saída do nada, e a quinta parece contradizer a quarta. O parágrafo é então fechado por dois *non sequitur*.

Na verdade, eu modifiquei esse trecho para torná-lo desconcertantemente incoerente, com o único objetivo de dramatizar o assunto deste capítulo. Mas problemas de incoerência menos graves estão entre as falhas mais comuns da escrita. Reparem nestas sentenças desajeitadas que eu corrigi em capítulos anteriores, repetidas aqui em suas versões melhoradas:

The researchers found that in groups with little alcoholism, such as Jews, people actually drink moderate amounts of alcohol, but few of them drink too much and become alcoholics.

Os pesquisadores descobriram que, em grupos com alcoolismo moderado, como os judeus, as pessoas efetivamente consomem pequenas quantidades de álcool, mas poucos bebem em excesso e se tornam alcóolatras.

---

For the third time in a decade, a third-rate Serbian military is brutally targeting civilians, but beating it is hardly worth the effort; this view is not based on a lack of understanding of what is occurring on the ground.

Pela terceira vez numa década, um exército sérvio de terceira categoria está perseguindo brutalmente a população civil, mas derrotá-lo não compensa o esforço; esta opinião não se baseia numa falta de entendimento daquilo que está acontecendo no teatro das operações.

Mesmo depois de consertada a sintaxe, essas sentenças, apesar de gramaticais, são difíceis de compreender, e os contextos originais não as tornam nem um pouco mais claras. O problema é de coerência: não entendemos por que uma sentença vem depois da outra. Novos ajustes na sintaxe não resolvem. Precisamos de um contexto que leve o leitor a compreender por que o escritor sentiu a necessidade de afirmar o que ele está afirmando naquele momento:

One might think that the reason some ethnic groups have high rates of alcoholism is that drinking is common in the group. According to this hypothesis, drinking even moderate amounts of alcohol puts people at risk of drinking too much and becoming alcoholics. If so, we should find that the groups with the lowest rates of alcoholism are those in which drinking of any kind is forbidden, such as Mormons and Muslims. But that's not what the researchers discovered...

Alguém poderia pensar que a razão pela qual alguns grupos étnicos têm altas taxas de alcoolismo é que beber é comum no grupo. De acordo com essa hipótese, beber até mesmo quantidades moderadas de álcool coloca as pessoas em risco de beberem demais e se tornarem dependentes. Nesse caso, deveríamos constatar que os grupos com as menores taxas de alcoolismo são aqueles em que qualquer tipo de bebida é proibido, como os muçulmanos ou os mórmons. Mas não é isso que os pesquisadores descobriram.

---

Many policy analysts write as if the obvious way to deal with armies that commit human rights violations is to invade them with our vastly superior military forces. Anyone who opposes a military invasion, they argue, must be ignorant of the atrocities taking place. But that's not why I and other statesmen favor a different strategy for ending this crisis. Make no mistake.

Muitos analistas políticos escrevem como se a maneira óbvia de lidar com exércitos que violam os direitos humanos fosse invadi-los com nossas forças militares amplamente superiores. Quem se opõe a uma invasão militar, dizem esses analistas, só pode estar desinformado a respeito das atrocidades que acontecem. Mas esse não é o motivo pelo qual eu e outros homens de estado somos favoráveis a uma estratégia diferente para acabar com esse conflito. Não se enganem.

Sempre que uma sentença segue outra, o leitor precisa perceber uma conexão entre elas. Os leitores são tão ávidos por coerência que frequentemente arranjam uma onde não existe. Uma parte dos erros estúpidos que vão frequentemente parar na internet consiste em sequências que ficam engraçadas não por problemas de sintaxe, mas por problemas de coerência.[1]

> Miss Charlene Mason sang "I will not pass this way again", giving obvious pleasure to the congregation
>
> A senhorita Charlene Mason cantou "Nunca mais passarei por estas quebradas", proporcionando uma satisfação evidente aos membros da congregação.

---

> The sermon this morning: "Jesus walks on the Water". The sermon tonight: "Searching for Jesus".
>
> Sermão desta manhã: "Jesus caminha sobre as águas". Sermão desta noite: "Procurando Jesus".

---

> Dog for sale. Eats everything and is fond of children.
>
> Vende-se cachorro. Come qualquer coisa e adora crianças.

---

> We do not tear your clothing with machinery. We do it carefully by hand.
>
> Não estragamos sua roupa com máquinas. Fazemos o trabalho cuidadosamente à mão.

---

> The patient has been depressed ever since she began seeing me in 2008.
>
> A paciente tem andado deprimida desde que começou a me procurar em 2008.

Na realidade é a fome por coerência que guia todo o processo de compreensão da linguagem. Suponha que um leitor analisou com sucesso uma sentença e conseguiu entender quem fez o que a quem, ou o que é verdadeiro do que não é. Agora, ele precisa integrar isso ao resto de seu conhecimento, porque um factoide que flutua ao léu no cérebro e que não se assemelha a nada é tão inútil quanto um livro arquivado ao acaso numa prateleira de biblioteca ou um site da web que não tenha links. Esse link deve ser repetido com cada sentença no texto. É assim que o conteúdo de uma passagem do texto é integrado à rede de conhecimentos do leitor.

Este capítulo trata do estilo em passagens maiores do que uma sentença – um parágrafo, uma postagem num blogue, uma resenha, um artigo, um ensaio ou um livro. Certos princípios do estilo que se aplicam dentro da sentença, como o de construir uma árvore ordenada e colocar a informação já dada antes da informação nova, aplicam-se também a passagens extensas. Mas, como veremos, o discurso coerente também usa recursos que diferem das ramificações de uma árvore, e nossas metáforas têm que expandir-se de acordo com isso.

À primeira vista, a organização de um texto se assemelha realmente a uma árvore, com trechos de linguagem encaixados em trechos de linguagem maiores. Algumas orações subordinadas são juntadas ou encaixadas em outra sentença; várias sentenças formam um parágrafo; vários parágrafos formam uma seção; várias seções, um capítulo; vários capítulos, um livro. Um texto com essa estrutura hierárquica é facilmente assimilado pelo leitor porque em qualquer nível de granularidade, desde as sentenças subordinadas até os capítulos, o trecho pode ser representado na mente do leitor como uma fatia à parte, e o leitor nunca precisa manipular mais do que algumas fatias de cada vez, enquanto trata de entender como estão relacionadas.

Para compor uma passagem com essa estrutura ordenada, o escritor precisa organizar o conteúdo que espera veicular como uma hierarquia clara. Às vezes, pode ter a felicidade de começar com uma percepção firme da organização hierárquica da matéria, mas no mais das vezes ele terá um enxame desordenado de ideias zumbindo na cabeça e precisará assentá-las numa configuração ordenada. A solução consagrada pelo tempo é criar um esboço em forma de árvore deitada de lado, com seus ramos marcados por recuos de margens, barras, travessões e algarismos arábicos ou romanos, em vez de segmentos de linha em forma de garfo. Um jeito de dar forma a um esboço é anotar as ideias numa página mais ou menos aleatoriamente, e em seguida identificar as que têm ligação entre si. Se você reescreve a página colocando lado a lado os grupos de ideias relacionadas, em seguida ordena os grupos que parecem ter alguma relação em grupos maiores, junta estes últimos em grupos ainda maiores, e assim sucessivamente, terá no final um rascunho em forma de árvore.

Mas aqui você encontra uma diferença importante entre a árvore sintática da sentença e o rascunho arbóreo de um texto. Quando chega o momento de colocar as unidades numa ordem da esquerda para a direita, as regras da sintaxe das línguas dão a quem escreve somente umas poucas possibilidades. Por exemplo, o objeto tem que vir exatamente depois do verbo. Mas se você está escrevendo um ensaio sobre mamíferos, cabe a você decidir se escreverá primeiro sobre os roedores, depois sobre os primatas, depois sobre os morcegos, e assim sucessivamente, ou primeiro sobre os primatas, depois os felinos, depois as baleias e os golfinhos, ou qualquer das outras 403.291.461.126.605.635.584.000.000 ordens logicamente possíveis para 26 subgrupos. O desafio do escritor é chegar a um esquema que ordene essas unidades de texto – transformar um móbile que se agita em ritmo de tango em uma árvore rígida.

Muitas vezes o autor escolherá uma ordem mais ou menos arbitrária e usará marcadores verbais ou subtítulos numerados para guiar o leitor em sua viagem através do texto (Parte II, Seção C, Subseção 4, Parágrafo B ou Seção 2.3.4.2). Mas em muitos gêneros as divisões e os subtítulos não são possíveis e, como vimos no segundo capítulo, subdivisões em excesso podem cansar e confundir o leitor. E, independentemente de quantos indicadores você usar, é sempre melhor traçar uma trilha intuitiva através do território: um esquema para enfileirar as unidades formando uma ordem natural que permita aos leitores antecipar aquilo que encontrarão a seguir. Não existe um algoritmo que faça isso, mas vou dar um par de exemplos.

Enfrentei certa vez o desafio de explicar uns escritos difíceis sobre a neurobiologia e a genética da linguagem, e isso abarcava um amplo conjunto de estudos, entre os quais estudos de caso sobre pacientes com problemas neurológicos, simulações das redes neurais, imagens neurais das áreas do cérebro que estão ativas durante o processamento da linguagem e outras coisas mais. A primeira tentação foi pôr os estudos em ordem cronológica, que é a maneira como fazem os manuais escolares, mas isso teria sido uma concessão ao narcisismo profissional: meus leitores estavam interessados no cérebro, não na história dos doutores e professores que estudam o cérebro. Aí comecei a perceber que uma trajetória mais clara para atravessar esse pântano poderia consistir em ir aumentando o zoom desde uma vista aérea até componentes cada vez mais microscópicos. Do ponto de observação mais alto, só se podem perceber os dois grandes hemisférios do cérebro, então comecei com estudos de pacientes com cérebro cindido e outras descobertas que localizam a linguagem no hemisfério esquerdo. Aumentando o zoom sobre esse hemisfério, pode-se ver uma grande fenda que separa o lobo temporal do resto do cérebro, e o território nas margens dessa fenda volta continuamente a aparecer como crucial para a linguagem nos estudos clínicos de pacientes que sofreram um AVC e nas imagens por scanner de sujeitos não lesionados. Chegando mais perto, podem-se distinguir várias regiões – a área de Broca, a área de Wernicke e assim por diante – e as discussões podem voltar-se para habilidades linguísticas mais específicas, como o reconhecimento de palavras e sua distribuição numa árvore, as quais foram ligadas a cada área. Agora podemos passar do olho nu para o microscópio e perscrutar modelos de redes neurais. A partir daí, podemos dar mais uma volta no ajuste do microscópio chegando ao nível dos genes, o que permite resenhar estudos de dislexia e outros distúrbios hereditários da linguagem. Toda a pesquisa ajeitou-se num *continuum* único que ia do global ao pontual. Eu tinha achado minha ordem.

As maneiras de organizar uma matéria são tão numerosas quanto as maneiras de contar uma história. Numa outra ocasião, eu precisava resenhar um material de pesquisa sobre o inglês, o francês, o hebraico, o alemão, o chinês, o holandês, o húngaro e o arapech, língua falada na Nova Guiné. O inglês era o ponto de partida natural, mas em que ordem deveria eu trazer as outras línguas? Suponho que poderia tê-las passado em revista na ordem de sua familiaridade para mim, ou para os leitores americanos, ou na ordem em que os estudos tinham sido feitos, ou mesmo em ordem alfabética. Em vez disso, caminhei para trás no tempo para famílias linguísticas cada vez mais antigas (e cada vez mais abrangentes). Primeiro, as línguas criadas pelas tribos germânicas que viveram há cerca de 2000 anos, incluindo o holandês e o alemão; em seguida, outras tribos indo-europeias, como as populações itálicas que se separaram de seus irmãos germânicos há cerca de 3500 anos, o que permite incluir o francês; depois as tribos urálicas, que provavelmente coexistiram com os indo-europeus há cerca de 7000 anos, e nos permitem chegar ao húngaro, e assim sucessivamente, voltando no tempo e na história, e olhando para fora das famílias linguísticas.

Há muitos outros esquemas de ordenação: levar o leitor por uma caminhada que atravessa uma área geográfica; narrar as fadigas de um herói que precisa superar obstáculos no caminho para atingir um objetivo; simular um debate em que os dois lados apresentam suas posições, se refutam reciprocamente, resumem sua argumentação e esperam por um veredito e, eventualmente, recontar a história da descoberta que culminou na compreensão que temos atualmente de uma questão.

Perceber a natureza arbórea de um texto também pode ser útil para compreender um dos poucos recursos disponíveis na prosa não técnica para marcar visualmente a estrutura do discurso: a quebra de parágrafo. Muitos manuais de redação fornecem instruções detalhadas sobre como construir um parágrafo. Mas as instruções são mal orientadas, pois não existe isso que chamamos de parágrafo. Ou melhor, não existe um item no esboço, uma ramificação numa árvore, uma unidade de discurso que corresponda coerentemente a um bloco de texto delimitado por uma linha de espaço ou por um recuo. O que existe é a *quebra* de parágrafo: uma marca no texto que permite ao leitor fazer uma parada, tomar ar, assimilar aquilo que leu, e aí reencontrar na página o lugar onde estava.

As quebras de parágrafo coincidem geralmente com as divisões entre ramos na árvore do discurso, isto é, com porções coesivas de texto. Mas o mesmo pequeno entalhe precisa ser usado para separar ramos de qualquer tamanho, quer se trate do fim de uma pequena digressão, de um resumo mais abrangente, ou de qualquer coisa entre os dois. Às vezes é necessário partir um bloco intimidador de matéria impressa com um parágrafo apenas para dar aos olhos do leitor um ponto de parada e descanso. Os acadêmicos frequentemente se esquecem de fazer isso e descarregam grandes porções de texto visualmente monótonas. Os jornalistas da imprensa diária, sabedores da curta capacidade de atenção dos leitores, às vezes vão ao outro extremo e picam seus textos em nanoparágrafos que contêm no máximo uma ou duas sentenças. Os escritores inexperientes tendem a ser mais parecidos com os acadêmicos do que com os jornalistas, e usam parágrafos de menos em vez de parágrafos demais. É sempre bom mostrar clemência com os leitores e permitir que descansem periodicamente os olhos fatigados. Apenas tome cuidado para não deixá-los perdidos no meio de um raciocínio. Cave o fosso antes de uma sentença que não elabora ou continua a sentença que a precedeu.

Apesar de todas as vantagens cognitivas da organização hierárquica, nem todos os textos precisam ser organizados em forma de árvore. Um escritor habilidoso pode intercalar múltiplas linhas de uma narrativa ou manipular deliberadamente o suspense e a surpresa, ou ainda enfiar o leitor numa cadeia de associações, em que cada tópico encaminha para o seguinte. Mas nenhum escritor pode abandonar a organização macroscópica do texto à própria sorte.

Quer um texto seja organizado de modo a encaixar-se num rascunho hierárquico ou não, a metáfora da árvore só funciona até aqui. Nenhuma sentença é uma ilha, nem o é um parágrafo, uma seção ou um capítulo. Todos eles contêm conexões com outros pedaços de texto. Uma sentença pode elaborar, especificar ou generalizar a que veio antes. Um tema ou tópico pode estender-se por um longo trecho da escrita. Pessoas, lugares e ideias podem fazer repetidas aparições e o leitor precisa manter o rastro deles à medida que vêm e vão. Essas conexões, que ficam pendendo dos galhos de uma árvore para os galhos de outra, violam a geometria esmerada de ramificações que é própria das árvores.[2] Eu as chamarei de "arcos de coerência".

Como a massa de cabos que mergulham atrás de uma mesa, as conexões conceituais entre sentenças tendem a ficar penduradas num grande emaranhado retorcido. Isso acontece porque as ligações conectadas às várias ideias em nossa rede de conhecimento correm à frente e em paralelo a outras ideias, às vezes por longas distâncias. No cérebro de quem escreve, as ligações entre ideias são mantidas diretas pelo código neural que possibilita o raciocínio e a memória. Mas fora, na página, as conexões precisam ser indicadas pelos recursos lexicais e sintáticos da língua. O desafio, para quem escreve, é usar esses recursos de modo que o leitor possa enxertar a informação presente em uma série de sentenças em sua própria rede de conhecimentos, sem ficar enredado em nenhuma delas.

A coerência começa quando o escritor e o leitor têm clareza do *tópico*. O tópico corresponde à pequena porção de território dentro da vasta rede de conhecimento na qual as sentenças recebidas devem ser inseridas. Pareceria ser óbvio que um escritor devesse começar pondo na mesa seu tópico para que o leitor o veja, mas nem todos fazem isso. Um escritor pode pensar que é falta de sutileza anunciar o tópico com todas as palavras, como em "Este artigo é sobre os hamsters". Ou pode descobrir seu tópico somente depois que terminou de pôr todas as ideias no papel, esquecendo-se de voltar e de revisar as linhas iniciais para expor ao leitor sua descoberta.

Um experimento clássico dos psicólogos John Bransford e Marcia Johnson mostra por que é essencial que o leitor fique, o quanto antes, por dentro do tópico.[3] Eles pediram aos participantes que lessem e recordassem o seguinte trecho:

> O procedimento é na realidade muito simples. Em primeiro lugar, você separa as peças em vários grupos dependendo de seu feitio. Naturalmente, uma pilha só pode bastar dependendo do tanto que há para fazer. Se você tem que ir para outro lugar devido à falta de instalações, esse é o segundo passo, se não, você está pronto. É importante não exagerar em nenhuma tarefa. Isto é, é melhor fazer poucas coisas de cada vez, do que muitas. A curto prazo, isso pode não parecer importante, mas podem facilmente surgir complicações, fazendo muitas coisas. Um erro também pode ter custos. O manuseio do mecanismo apropriado deveria ser autoexplicativo, e nós não precisamos tratar dele aqui. No começo, todo o procedimento pode parecer complicado, mas, em pouco tempo, ele passará a ser só uma faceta a mais da vida. É difícil prever um fim para a necessidade desta tarefa no futuro imediato, mas quanto a isso, nunca se pode saber.

Não é preciso dizer que esta passagem não fez muito sentido para os participantes do experimento, como acho que não vai fazer para você, e eles só conseguiram lembrar poucas sentenças. Outro grupo de pessoas recebeu o mesmo trecho, mas com o acréscimo desta dica entre as instruções: "O parágrafo que você vai ler é sobre lavar roupas". O nível de recuperação dobrou. A um terceiro grupo, o tópico foi dado *depois* da leitura da história; isso não os ajudou em nada. A moral da história para quem escreve é óbvia: o leitor precisa conhecer o tópico de um texto para compreendê-lo. Como dizem os editores de jornais: *Don't bury the lede* [*Não enterre o lide*] – *lede* é um termo do jargão jornalístico para *lead* [*lide*], que aqui não é o metal pesado que conhecemos como "chumbo".*

Você poderia objetar que os experimentadores deliberadamente trapacearam, escrevendo uma passagem sobre uma atividade física concreta em uma linguagem abstrata e vaga. Mas eles também fizeram um estudo em que quase todas as sentenças se referiam a um objeto ou a uma ação concretas:

> Um jornal é melhor que uma revista.
> O litoral é um lugar melhor do que a rua.
> No começo, é melhor correr do que caminhar.
> Você pode precisar tentar várias vezes.
> É necessária alguma habilidade, mas é fácil aprender.
> Dando certo, as complicações são mínimas.
> Os pássaros raramente chegam tão perto.
> A chuva, porém, encharca muito rápido.
> Pessoas demais fazendo a mesma coisa também pode causar problemas.
> Precisamos de muito espaço.
> Se não houver complicações, pode ser muito pacífico.
> Uma rocha servirá de âncora.
> Se as coisas se soltarem, porém, você não vai ter uma segunda chance.

Assim faz sentido? E com esta dica: "As sentenças são a respeito de construir e empinar uma pipa"? Enunciar o tópico é necessário porque a linguagem, por mais explícita que seja, só consegue tocar em um pequeno número dos pontos altos de uma história. O leitor

---

\* N.T.: O nome da técnica jornalística e o nome do chumbo têm pronúncias diferentes, mas escrevem-se da mesma maneira, *lead* em inglês.

tem que preencher o que ficou subentendido – ler entre as linhas, conectar os pontos – e se ele não souber qual é o pano de fundo pertinente, ficará perdido.

Juntamente com o tópico de um texto, o leitor precisa normalmente conhecer seu objetivo (*"point"*). Ao explorar o texto, ele precisa saber o que o autor está tentando realizar. Normalmente, o comportamento humano só é compreensível a partir do momento em que você identifica os objetivos do agente. Diante de alguém agitando os braços, a primeira coisa que você quer saber é se ele está tentando chamar a atenção, espantar insetos ou treinar os músculos deltoides. Isso também vale para a escrita. O leitor precisa saber se quem escreve está escrevendo sobre um tópico para explicá-lo, transmitir fatos novos e interessantes sobre ele, começar uma discussão a seu respeito, ou usá-lo como exemplo de uma generalização importante. Em outras palavras, um escritor precisa não só ter um tema (o tópico) mas também algo a dizer sobre ele (o objetivo).

Os escritores frequentemente relutam em telegrafar seu objetivo no começo. Às vezes temem que isso possa estragar o suspense. Às vezes são vítimas do narcisismo profissional e escrevem como se o leitor estivesse interessado em conhecer os becos sem saída, missões impossíveis, caças a tesouros em que os escritores se meteram durante a exploração do tópico. No mais das vezes, eles próprios não sabem o objetivo de seu próprio ensaio até terem escrito um primeiro esboço, e nunca voltam atrás para reformular e deixar claro esse objetivo desde o começo. Um velho desenho animado intitulado *A Tese de Doutorado* mostra um garotinho atirando uma flecha para o ar, observando onde ela cai, caminhando até aquele ponto e pintando um alvo ao redor dessa marca. Não é assim que a ciência deveria funcionar, mas é como a escrita deveria funcionar algumas vezes.

Alguns gêneros, como artigo em revista acadêmica, forçam o autor a expor seu objetivo num sumário, *abstract* ou sinopse. Outros, como as revistas destinadas ao grande público e os jornais, ajudam o leitor com uma chamada (explicação logo abaixo da manchete) ou uma citação em destaque (sentença esclarecedora exibida num box).

Alguns manuais de estilo, como o excelente *Style: Towards Clarity and Grace*, de Joseph Williams, aconselham os escritores a estruturar cada seção como uma "questão", seguida de uma "discussão" e a identificar o objetivo do texto ao final da questão.

O lugar exato em que é mostrado o objetivo do texto é menos importante do que o imperativo de explicitá-lo em algum lugar não muito longe do início. Existem, é claro, comediantes de *stand up*, contadores de histórias sem pé nem cabeça, ensaístas discutíveis e autores de romances de mistério que se alongam na construção do suspense e solucionam tudo com uma súbita revelação. Mas todos os demais deveriam esforçar-se para informar e não aturdir, ou seja, deixar claro para os leitores o que estão tentando fazer.

À medida que um leitor avança num texto, o desafio seguinte é ter controle das ideias que o atravessam e discernir a relação lógica entre uma ideia e a seguinte. Vejamos um texto simples, em que o autor facilita essa tarefa.

Meu modelo de discurso coerente é a versão original do texto que eu modifiquei para a abertura deste capítulo. O texto provém de uma coluna semanal de um tabloide local, o *Cape Codder*, intitulada "Pergunte ao pessoal dos pássaros". "Pessoal dos pássaros" na realidade é uma única pessoa, Mike O'Connor, proprietário da loja Bird Watcher's General Store em Orleans, Massachussets. Logo que abriu a loja, se viu respondendo a tantas perguntas de fregueses curiosos que se aventurou a escrever uma coluna. Nesta, O'Connor respondeu a uma leitora preocupada com uma garça que tinha aparecido num pântano próximo de sua casa e foi incapaz de alimentar-se porque o pântano tinha congelado.[4] Depois de tranquilizar a leitora quanto ao fato de que as garças podem sobreviver alguns dias sem comer, ele expõe os bastidores daquela cena patética:

> Great Blue Herons live and breed just about anywhere in the northern United States and most of Canada. When the cold weather arrives, the herons head south. A few come to Cape Cod where the winters usually aren't too bad. Most of these herons are either inexperienced young birds or lost adult males too stubborn to ask for directions south. Spending the winter here has its advantages, and I'm not talking about the free off-season parking in Provincetown. Herons are able to avoid the dangers of migrations, plus they can be one of the earliest to arrive on the breeding grounds.

However, there is a risk with staying this far north. Yes, our winters are often mild and pleasant. Then there is this winter, the winter that never ends. Snow, ice and cold are not kind to birds and I'd bet many herons won't be booking a visit to Cape Cod next year.

Herons have one thing in their favor: they are excellent hunters and are total opportunists. When the fish are frozen out, they'll eat other things, including crustaceans, mice, voles and small birds. One hungry heron was seen chowing down a litter of feral kittens. I know, I know, I too was upset to read about the herons eating small birds.

Herons also have one odd behavior that is not in their favor. In the winter they seem to choose and defend a favorite fishing hole. When these areas become frozen solid, some herons don't seem to catch on and often will stand over a frozen stream for days waiting for the fish to return. Boy, talk about stubborn.

Grandes garças azuis vivem e se reproduzem praticamente em qualquer lugar no norte dos Estados Unidos e na maior parte do território do Canadá. Quando chega o frio, as garças partem para o sul. Algumas chegam até Cape Cod, onde os invernos não costumam ser tão ruins. A maioria dessas garças são jovens e inexperientes ou machos adultos demasiado teimosos para pedir orientações que levem ao sul. Passar o inverno aqui tem suas vantagens, e eu não estou falando do estacionamento gratuito fora de estação em Provincetown. As garças são capazes de evitar os perigos da migração, e além disso podem estar entre as primeiras a chegar nos terrenos de acasalamento.

Contudo, há um risco em ficar tão ao norte. Sim, nossos invernos são frequentemente suaves e agradáveis. Mas sempre há um inverno daqueles, um inverno que nunca acaba. A neve, o gelo e o frio não são amigáveis com os pássaros, e eu apostaria que muitas garças não estarão marcando viagem para Cape Cod no próximo ano.

As garças têm uma coisa a seu favor: são excelentes caçadoras e totais oportunistas. Quando os peixes estão congelados, comem outras coisas, incluindo crustáceos, camundongos, ratazanas e passarinhos. Uma garça faminta foi até mesmo vista mastigando uma ninhada de gatinhos selvagens. Eu sei, eu sei, eu também fiquei chocado ao ler que as garças comem passarinhos.

As garças têm também um comportamento estranho, que não depõe em seu favor. No inverno, parece que escolhem e defendem um determinado buraco para pescar. Quando o gelo se solidifica nessas áreas, algumas garças parecem não se dar conta disso e ficam às vezes em cima de um curso de água congelado por vários dias, esperando a volta do peixe. Isso é que é ser teimoso.

A principal corda de segurança entre uma sentença nova e a rede de conhecimentos do leitor é o tópico. Na realidade, a palavra "tópico", na Linguística, tem dois sentidos.[5] Neste capítulo, temos olhado para o tópico do *discurso* ou do texto, ou seja, o assunto de uma série de sentenças interconectadas. No capítulo anterior, olhamos para o tópico da *sentença*, ou seja, aquilo de que a sentença trata. Na maioria das sentenças do inglês, o tópico coincide com o sujeito gramatical, embora possa também ser introduzido por uma outra expressão, como nas sentenças *Em matéria de frutas, eu prefiro mirtilos* [*blueberries*] ou *E por falar em patos, você já ouviu aquela sobre o cara que entrou no bar com um pato na cabeça?* Naquele capítulo, vimos que numa passagem de texto coerente, o tópico de discurso fica alinhado com o tópico da sentença. Vejamos agora como O'Connor usa esse princípio ao longo de uma extensa discussão.

O tópico da coluna é obviamente "garças no inverno"; a leitora tinha feito uma pergunta sobre isso. O objetivo da coluna consiste em explicar por que uma garça haveria de permanecer num pântano congelado. O tópico da primeira sentença – a saber, o sujeito – é também o tópico da coluna "Grandes garças azuis vivem e se reproduzem...". Imaginem se tivesse começado como minha versão modificada "O Canadá é uma região em que as garças vivem e se reproduzem...". Teria tirado o leitor do prumo, porque o leitor não tem nenhuma razão, nesse momento, para estar pensando no Canadá.

À medida que o texto avança, O'Connor mantém as garças na posição de sujeito. Aqui vai uma lista dos sujeitos na ordem, com aqueles que se referem às garças na coluna da esquerda e aqueles que se referem a outra coisa na coluna da direita, e linhas horizontais separando os parágrafos:

Grandes garças azuis vivem
As garças partem

Algumas chegam
A maioria dessas garças são

As garças são capazes de evitar

Passar o inverno aqui tem

Há um risco
Nossos invernos são
Há um inverno
A neve, o gelo e o frio não são amigáveis

As garças têm uma coisa
são excelentes caçadoras
Elas comerão
Uma garça faminta foi vista

Eu também fiquei chocado

As garças têm também
Elas parecem que escolhem
Algumas garças parecem não dar-se
conta

Isso é que é

Deixando de lado as interjeições no final dos dois últimos parágrafos, em que o autor se volta diretamente para o leitor buscando um efeito humorístico (*Eu sei, eu sei..., Eu também fiquei chocado... Isso é que é ser teimoso*), os sujeitos (e, portanto, também os tópicos de sentença) são notavelmente coerentes. No primeiro, terceiro e quarto parágrafos, todos os sujeitos com exceção de um consistem em garças. A lista coerente de tópicos de sentença, todos relacionados ao tópico da coluna jornalística, forma um arco satisfatório de coerência que abrange todo o trecho.

Melhor ainda, as garças não são apenas sujeitos quaisquer. São atores que fazem coisas. Elas migram, evitam o perigo, caçam, comem, ficam tomando conta de um lugar. Essa é uma marca registrada do estilo clássico, ou, melhor dizendo, de qualquer estilo que valha a pena. É sempre mais fácil para o leitor seguir uma narrativa se pode ficar de olho num protagonista que faz avançar o enredo do que acompanhar um desfilar de entidades afetadas passivamente ou de ações transformadas em zumbis.

Vale a pena olhar para um par de truques que permitem a O'Connor manter esse foco sobre suas protagonistas ininterruptamente. Ele passa estrategicamente para uma sentença passiva: *Uma garça faminta foi vista*, em vez de *Os observadores de aves viram uma garça faminta*. Embora a garça esteja apenas sendo olhada por um observador de aves não identificado a esta altura do texto, a voz passiva a mantém no foco de atenção do leitor. E O'Connor frequentemente desloca os modificadores temporais para o início da sentença: *Quando chega o frio*; *Quando os peixes estão congelados*; *No inverno*; *Quando o gelo se solidifica nessas áreas*. Essa anteposição evita a monotonia de uma longa série de sentenças parecidas, mesmo que as garças sejam o sujeito gramatical de cada uma delas.

Todos esses modificadores temporais têm algo a ver com tempo frio, e isso também é uma escolha consciente. A informação nova em cada sentença é sobre o modo como as garças reagem ao tempo frio. Portanto, em cada uma dessas sentenças, algum aspecto do tempo frio (mencionado no modificador do começo) cria um cenário para informar como as garças lidam com ele (mencionado na sentença principal que vem logo a seguir). A informação dada sempre precede a nova.

No segundo parágrafo, o tempo frio passa a ocupar a cena como um tópico independente. A transição é sem solavancos. É anunciada na penúltima sentença do primeiro parágrafo (*Passar o inverno aqui tem suas vantagens*) e é mantida coerentemente no segundo, em que duas sentenças têm coisas frias como sujeitos, e as outras duas sentenças as têm nos complementos de *Há*, que são como sujeitos. Temos um segundo arco de coerência abarcando o texto, que liga todas as manifestações do frio.

O arco que liga as sentenças sobre garças e o arco que liga as sentenças sobre o frio são dois exemplos daquilo que William chama de sequências tópicas (*topic strings*): elas mantêm o leitor focado num único tópico à medida que passa de uma sentença para a seguinte. Existe um outro tipo de arco de coerência que conecta as diferentes aparições de uma entidade no palco mental do leitor, à medida que vão e vêm no decorrer do trecho.

Os sistemas nominais do inglês e do português oferecem ao leitor maneiras de distinguir as entidades às quais o leitor é apresentado pela primeira vez das entidades que já conhece. Essa é a principal distinção entre o artigo indefinido *a* [*um, uma*] e o artigo definido *the* [*o, a, os, as*].[6] Quando uma personagem faz sua primeira aparição em cena, é introduzida pelo artigo indefinido. Quando nos contam sobre ela em seguida, nós já sabemos quem é, e ela é mencionada pelo artigo definido:

> An Englishman, a Frenchman, and a Jew are sitting in a doctor's waiting room and each is told he has twenty-four hours to live. They are asked how they plan to spend their final day. The Englishman says. "I'm going to my club to smoke my pipe, sip some sherry and chat with the blokes". The Frenchman says: "I'm going to call my mistress for a sumptuous dinner, a bottle of the finest wine, and a night of passionate lovemaking". The Jew says: "I'm going to see another doctor".

> Um inglês, um francês e um judeu estão sentados na sala de espera de um médico, e cada um deles é informado de que só lhe restam vinte e quatro horas de vida. Alguém pergunta como pretendem gastar seu último dia. O inglês diz: "Vou para meu clube fumar meu cachimbo, beber um pouco de sherry e jogar conversa fora com os sujeitos de lá". O francês diz: "Vou chamar minha amante para um suntuoso jantar, uma garrafa do melhor vinho e uma noite de amor apaixonado". O judeu diz: "Vou procurar outro médico".

*A* ou *an* [um/uma] e *the* [o, a] não são o único meio pelo qual a língua distingue substantivos indefinidos e definidos. Os plurais indefinidos e os nomes de massa podem ser introduzidos pelo artigo *some* [*algum, alguns; um pouco*] (*Some mud was on the floor; Some marbles were on the floor* [*No chão havia um pouco de lama, No chão havia algumas bolinhas de gude*]) e podem também aparecer totalmente desacompanhados de artigo (*Mud was on the floor; Marbles were on the floor* [*Havia lama no chão; Havia bolinhas de gude no chão*]). Em inglês, a definitude pode ser marcada por outras palavras que começam com *th*, tais como *this, that, these* e *those* [*este, esta, aquele, aquela, aqueles, aquelas, aqueles*] ou por um substantivo no genitivo, como em *Claire's knee* ou *Jerry's kids* [*O joelho de Claire / As crianças de Jerry*].

A distinção entre uma primeira aparição em cena e as aparições subsequentes pode também ser marcada pelo uso de nomes próprios ou substantivos indefinidos de um lado e pronomes de outro. Pronomes como *he, she, they* [*ele, ela, eles, elas*] fazem mais do que poupar a digitação de toques, eles avisam ao leitor: "Você já foi apresentado a este cara; não precisa parar para pensar: ei quem é esse aí?..."

> Stanley Goldfarb died and <u>his</u> relatives and the congregation gathered for an evening of prayers and mourning. When the time came for the mourners to come up and eulogize <u>him</u>, no one stirred. After several minutes, the rabbi was getting anxious. "Someone must have something nice to say about <u>him</u>" he implored. More silence. Finally a voice piped up from the back of the room: "<u>His</u> brother was worse".

> Stanley Goldfarb morreu e <u>seus</u> parentes e a comunidade de fiéis se reuniram para uma noite de orações e luto. Quando chegou o momento de os enlutados se levantarem para fazer o elogio fúnebre <u>dele</u>, ninguém se mexeu. Depois de alguns minutos, o rabino, já ansioso, implorou: "Alguém deve ter alguma coisa boa para dizer sobre <u>ele</u>". Mais silêncio. Finalmente uma voz gritou do fundo da sala: "O irmão <u>dele</u> era pior".

Ajudar o leitor a não perder o controle das entidades que fazem sucessivas aparições num texto é uma tarefa complicada. A repetição de um nome próprio ou de um substantivo indefinido pode confundir os leitores levando-os a pensar que uma nova personagem entrou em cena[7] (olhem só: *Stanley Goldfarb died and Stanley Goldfarb'relatives gathered for an evening of mourning* [*S.G. morreu e os parentes de S.G se reuniram para uma noite de luto*]).* Por outro lado, se novas personagens entram em cena no ínterim, ou passou tempo suficiente para tornar distante a primeira entrada, um pronome ou um substantivo definido pode confundir os leitores sobre quem é *he* ou *the man* [*ele, o homem*]. As gafes tornam evidente esse risco:[8]

---

\*  N.T.: Nem sempre a repetição de um nome próprio compromete a compreensão em português. Mas pode fazê-lo em um texto como este: "Um sujeito chamado Stanley Goldfarb morreu, e os parentes de um sujeito chamado Stanley Goldfarb se reuniram etc.". Há um ou dois sujeitos chamados Stanley Goldfarb na história?

Guilt, vengeance and bitterness can be emotionally destructive to you and your children. You must get rid of them.

A culpa, a vontade de vingança e o rancor podem ser destrutivos para você e para seus filhos. Trate de livrar-se deles.

---

After Governor Baldwin watched the lion perform, he was taken to Main street and fed 25 pounds of raw meat in front of the Cross Keys Theater

Depois que o governador Baldwin assistiu à apresentação do leão, ele foi levado à Main Street e alimentado com 11 quilos de carne crua em frente ao Teatro das Chaves Cruzadas.

---

The driver had a narrow escape, as a broken board penetrated his cabin and just missed his head. This had to be removed before he could be released.

O motorista escapou por um triz, porque uma tábua quebrada avançou em sua cabine e quase acertou sua cabeça. Esta teve que ser removida para que ele pudesse ficar livre das ferragens.

---

My mother wants to have the dog's tail operated on again, and if it doesn't heal this time, she'll have to be put away.

Minha mãe quer que o rabo da cachorra seja operado de novo, e se ele não sarar desta vez, ela terá que ser sacrificada.

Voltemos agora às garças e vejamos como O'Connor se refere a elas. Ele as introduz por meio de uma expressão nominal indefinida: *Great blue herons live* [*Grandes garças azuis vivem...*]. Agora que estão em cena, passa a uma expressão nominal definida: *the herons head* [*As garças partem...*]. Nesse ponto, ele quer referir-se a um subconjunto dessas garças, por isso introduz somente essas por meio de um artigo indefinido: *A few come to Cape Cod* [*Algumas chegam até Cape Cod*]. Mas logo ele se refere a esse subconjunto pela segunda vez, portanto é hora de voltar para o definido: *Most of these herons* [*A maioria dessas garças*]. Então ele comete um raro deslize: ele nos diz que *herons* [*garças*, indefinido] *can avoid the dangers of migration* [literalmente: "*Garças podem evitar os riscos da migração*"]. Como são as mesmas garças que ele já tinha nos apresentado algumas sentenças antes, a saber, as que se detêm em Cape Cod em vez de seguir rumo ao sul, penso que deveria ser *The herons* ou *These herons* [*As garças, Essas garças*].

Depois do interlúdio do parágrafo que tem por tópico o inverno, que introduz mais um conjunto de garças (as que, por hipótese, não estão marcando a viagem de retorno), precisamos de uma reinicialização, razão pela qual reaparece o indefinido *Herons*; na próxima menção, elas podem ser identificadas sem risco pelo pronome *they* [*elas*]. A garça comedora de gatinhos é diferente das demais e é introduzida pelo indefinido *One hungry heron* [*Uma garça faminta*], seguido por uma referência às garças que comem passarinhos; nós já as tínhamos encontrado, portanto, elas são *the herons* [*as garças*], e sua identidade é apontada e sublinhada por uma oração relativa reduzida (*that were*) *eating small birds* [(*que estavam*) *comendo passarinhos*].

Reparem também naquilo que O'Connor não faz em suas repetidas referências às garças. Além de passar de *Great blue herons* para *herons*, ele não procura encontrar maneiras novas de referir-se a essas aves. As garças são garças; elas não viram *Ardeae herodiae*, *nem pernudos atravessadores de pântanos* [*long-legged waders*], nem *voadores aviários azuis* [*azure airborne avians*], nem *sentinelas safirinas dos céus* [*sapphire sentinels of the skies*]. Muitos especialistas em estilo advertem contra a compulsão para nomear as coisas com palavras diferentes quando são mencionadas várias vezes. Henry Fowler, autor do *Dictionary of Modern English Usage* [*Dicionário de uso do inglês moderno*], o mais influente manual de estilo do século XX depois do de Strunk e White, estigmatizou sarcasticamente essa prática como "variação elegante". Theodore Bernstein chamou-lhe monologofobia, o medo de usar duas vezes a mesma palavra, e sinonimomania, a "compulsão para chamar uma pá sucessivamente de *instrumento de jardinagem* e *ferramenta de virar a terra*". Às vezes, os editores de jornais advertem seus colaboradores de que, ao obedecer à diretriz "Não use uma mesma palavra duas vezes numa mesma página", podem acabar caindo no jornalês, apimentando o texto com palavras que jornalistas usam, mas as pessoas em geral não, como os substantivos *blaze* [*chama*], *eatery* [*restaurante*], *moniker* [*alcunha*], *vehicle* [*veículo*], *slaying* [*assassinato*] e *white stuff* [*substância branca*, com o sentido de "neve"] e os verbos *pen* [*escrever*], *quaff* [*beber*], *slate* [*planejar*], *laud* [*louvar*], *boast* [com o sentido de "ter", o sentido normal é "gabar-se"] e *sport* [com o sentido de "vestir"].

Para sermos justos com os jornalistas e outros "sinonimomanía-cos", há momentos em que o escritor realmente precisa evitar a repetição de palavras que se seguiriam de perto. Tome-se a segunda sentença do parágrafo anterior, na qual eu passei de *herons* [garças] para *birds* [aves]. A alternativa teria sido "Além de passar de *grandes garças azuis* [great blue herons] para *garças* [herons], ele não procura encontrar maneiras novas de referir-se às garças" ["*Other than shifting from great blue herons to herons, he doesn't strain for new ways of referring to the herons*"]. Este terceiro "*herons*" é demasiado volumoso e chega a ser motivo de confusão, como teria sido motivo de confusão repetir o nome de *Stanley Goldfarb* na anedota do funeral. Ou então, considere-se esta sentença, extraída do verbete da Wikipedia para "*Oedipus*" ["Édipo"]: *The baby, he says, was given to him by another shepherd from the Laius household, who had been told to get rid of the child* [*A criança, diz ele, lhe foi dada por outro pastor do agregado familiar de Laio que tinha sido instruído para livrar-se do menino*]. O verbete usa "*the child*" porque uma segunda menção de "*the baby*" não teria funcionado. Quando um substantivo é repetido muito perto, os leitores podem entender que a segunda menção se refere a um indivíduo diferente, e esquadrinhar a cena para localizá-lo, sem resultado. Agem assim porque a maneira natural de se referir a um indivíduo pela segunda vez é com um pronome, palavra que sinaliza "Você sabe quem é esse cara". Mas às vezes um pronome não funciona – na sentença sobre Édipo, *get rid of him* teria deixado dúvidas sobre o referente de *him* – e nesse caso uma expressão definida de sentido geral como *the child* ou *the birds* pode funcionar como pronome honorário.

Portanto, qual a diretriz a pessoa deve seguir: "Evite a variação elegante" ou "Não use a mesma palavra duas vezes na mesma página"? Os manuais de estilo tradicionais não resolvem a contradição, mas a Psicolinguística pode trazer alguma ajuda.[9] A escolha das palavras não deve variar a esmo, porque em geral as pessoas entendem que quem usa duas palavras diferentes está se referindo a duas coisas também diferentes. E, como veremos daqui a pouco, a escolha de palavras nunca deve variar quando o escritor está comparando ou contrastando duas coisas. Mas a escolha de palavras deve variar quando uma mesma entidade é referida várias vezes num curto espaço de tempo, e a repetição do nome soaria monótona ou sugeriria erroneamente que um novo ator entrou em cena.

Quando a escolha de palavras é variada, somente certas variações farão sentido para o leitor. A segunda denominação está funcionando como um pseudopronome e, portanto, deve ser "pronominística" de duas maneiras: em primeiro lugar, deve ser mais genérica do que o substantivo original, aplicando-se a uma classe de entidades mais ampla; esta é a razão pela qual a primeira destas duas sequências (que foram usadas num experimento sobre compreensão de histórias) é mais fácil de entender do que a segunda:

A bus came roaring around the corner. The vehicle nearly flattened a pedestrian

Um ônibus virou a esquina ruidosamente. O veículo quase esmagou um pedestre.

---

A vehicle came roaring around the corner. The bus nearly flattened a pedestrian.

Um veículo virou a esquina ruidosamente. O ônibus quase esmagou um pedestre.

Além disso, a segunda denominação deveria remeter à primeira, para que os leitores não precisem torturar os cérebros para descobrir a quem ou a que o escritor está se referindo. Um ônibus é um exemplo típico de veículo, de modo que a associação retroativa com *veículo* não requer esforço. Mas se a primeira sentença tivesse sido *A tank came roaring around the corner* [*Um tanque virou a esquina ruidosamente*], que se refere a um exemplo atípico de veículo, o leitor teria tido dificuldade para estabelecer a conexão. Uma das razões pelas quais O'Connor evitou referir-se às garças como *birds* [*aves*] é que as garças não são um exemplo típico de ave, e, por essa razão, os leitores não teriam pensado nelas ao se depararem com a palavra *bird*. Seria diferente se a coluna tratasse de pardais.

No segundo capítulo, prometi explicar que função têm na língua inglesa substantivos zumbis como *anticipation* e *cancellation* [*antecipação* e *cancelamento*], em oposição a *anticipate* e *cancel* [*an-*

*tecipar, cancelar*]. A resposta geral é que eles funcionam como os pronomes, os artigos definidos e os sinônimos de sentido genérico que acabamos de examinar: permitem que o escritor se refira a algo pela segunda vez (no caso, uma situação ou um acontecimento, não uma pessoa ou coisa), sem causar tédio e sem repetições que confundem. Suponham que começamos um trecho com *The governor canceled the convention today* [*O governador cancelou a convenção hoje*]. Neste ponto, é mais coerente a continuação *The cancellation was unexpected* [*O cancelamento foi inesperado*] do que *It was unexpected that the governor would cancel the convention* ou *The fact that the governor canceled the convention was unexpected* [*Era inesperado que o governador cancelaria a convenção* ou *O fato de que o governador cancelaria a convenção era inesperado*]. Portanto, os substantivos zumbis têm seu lugar na língua. O problema é que os escritores sobre quem recaiu a maldição do conhecimento os usam como primeira opção porque já vinham pensando no evento como favas contadas, e portanto era mais cômodo usar um substantivo. Esquecem que os leitores estão tomando conhecimento do evento pela primeira vez e que precisam vê-lo representado com seus próprios olhos.

Além de um caminho coerente de tópicos sentenciais e uma maneira ordenada de referir a aparições repetidas, há um terceiro arco de coerência que abarca sentenças, a saber, a relação lógica entre uma proposição e outra. Voltemos a alguns exemplos dados na abertura deste capítulo. O que há de tão desconcertante a respeito desta sequência?

> It's an advantage for herons to avoid the dangers of migration. Herons head south when the cold weather arrives.
>
> É vantagem para as garças evitar os perigos da migração. As garças rumam para o sul quando chega o frio.

E o que há de tão engraçado nestas?

> The patient has been depressed ever since she began seeing me in 2008.
>
> Miss Charlene Mason sang "I will not pass this way again", giving obvious pleasure to the congregation

_Arcos de coerência_

> A paciente tem andado deprimida desde que começou a me procurar em 2008.

> A senhorita Charlene Mason cantou "Nunca mais passarei por estas quebra-das" proporcionando uma satisfação evidente aos membros da congregação.

No trecho modificado sobre as garças, a segunda sentença é um _non sequitur_: não conseguimos entender por que o autor nos diz que os pássaros migram para o sul logo depois de dizer que as garças precisariam evitar os perigos da migração. Na passagem original, as duas afirmações apareciam na ordem oposta, e o autor as conectava com uma sentença em que se diz que algumas garças vêm para Cape Cod, onde os invernos não são tão frios. Essa sentença estabelece dois arcos de coerência lógica. Cape Cod é um _exemplo_ de migração para o sul, e o fato de seus invernos não serem tão frios é uma _explicação_ do porquê de algumas garças irem parar ali. Os leitores poderiam ainda esperar que as garças escolham um destino mais quente do que Cape Cod – pode não ser tão frio quanto certos lugares, mas é bem mais frio do que outros – portanto, na próxima sentença, O'Connor reconhece essa _violação de expectativa_ e fornece duas explicações para a anomalia. A primeira é que algumas garças (as jovens e inexperientes) podem chegar a Cape Cod por acidente. A segunda é que passar o inverno numa latitude relativamente setentrional tem vantagens que compensam sua baixa temperatura. O'Connor, então, passa a _elaborar_ esta explicação (de que há vantagens que compensam) recorrendo a duas vantagens específicas: é mais seguro não viajar para longe e as garças locais têm primazia nos terrenos de acasalamento, uma vez chegada a primavera.

Voltemo-nos agora às mancadas. O psiquiatra que escreveu a primeira delas pretendia, presumivelmente, que sua segunda sentença veiculasse uma sequência temporal entre dois eventos: a) a paciente viu o médico e b) sua depressão foi depois da ocasião em que procurou o médico. Nós a interpretamos como uma sequência de causa e efeito: ela viu o doutor e por causa disso caiu em depressão. Na segunda mancada, o problema não está na relação entre duas sentenças – essa relação é de causa e efeito nas duas interpretações –, mas no que causa o quê. Na leitura desejada, o prazer é causado pelo canto; no sentido indesejado, é causado pelo não-passar-por-ali-de-novo.

Exemplos, explicações, expectativas violadas, elaborações, sequências, causas e efeitos são arcos de coerência que apontam como uma asserção se segue de outra. São menos componentes da linguagem do que componentes da *razão*, já que identificam os modos como uma ideia pode conduzir a outra em nossa linha de raciocínio. Você poderia pensar que há centenas ou mesmo milhares de modos como um pensamento pode levar a outro, mas de fato o número é menor. David Hume, em seu livro *An Inquiry Concerning Human Understanding* [*Investigação a respeito do entendimento humano*], de 1748, escreveu "Parece haver somente três princípios de conexão entre as ideias, a saber, a *semelhança*, a *contiguidade* e a *causa* ou *efeito*".[10] O linguista Andrew Kehler afirma que Hume basicamente estava certo, mas ele e outros linguistas subdividiram a grande tríade de Hume em mais ou menos uma dúzia de tipos de conexões mais específicas.[11] E, mais relevante para a questão da linguagem da coerência, mostraram como as conexões entre ideias são expressas como conexões entre sentenças. Os acopladores linguísticos chave são conectivos como *because, so* e *but* [*porque, logo* e *mas*]. Uma olhada na lógica das relações de coerência vai nos mostrar como elas costumam se exprimir.

Numa relação de semelhança, um enunciado faz uma afirmação que se superpõe em conteúdo ao que precede. Os dois mais óbvios são a similaridade e o contraste.

| Relação de Coerência | Exemplo | Conectivos típicos |
|---|---|---|
| Similaridade | Herons live in the northern United States. Herons live in most of Canada. | *and, similarly, likewise, too* |
| | As garças vivem no norte dos Estados Unidos. As garças vivem na maior parte do território do Canadá. | *e, analogamente, do mesmo modo, também* |

*Arcos de coerência*

Contraste

Herons have one thing in
their favor: they are opportunistic hunters.
Herons have one thing not
in their favor: they defend a
fishing hole even when it is
frozen.

*but, in constrast, on the other
hand, alternatively*

As garças têm uma vanta-
gem: são caçadoras oportunistas.
As garças têm uma desvan-
tagem: defendem um bura-
co de pescar mesmo quando
está congelado.

*mas, em contraste, por outro
lado, alternativamente*

A similaridade e o contraste ligam duas proposições que são semelhantes na maioria dos aspectos, mas diferentes em pelo menos um.
Chamam a atenção do leitor quer para as semelhanças quer para a
diferença. Essas relações podem ser veiculadas mesmo sem usar conectivos: o escritor só precisa escrever os enunciados usando uma
sintaxe paralela e variar apenas as palavras que indicam a diferença.
Infelizmente, muitos escritores jogam fora essa oportunidade e variam
a esmo a escolha de palavras ao comparar as duas coisas, um tipo per-
nicioso de sinonimomania que desconcerta o leitor deixando-o na dúvida entre observar a diferença entre as duas coisas em contraste ou
alguma diferença entre os sinônimos. Imagine que O'Connor tivesse
escrito *Herons are opportunistic hunters, but great blues defend a fishing hole
even when it's frozen* [*As garças são caçadoras oportunistas, mas as grandes
azuis defendem um buraco de pesca mesmo quando está congelado*] – o leitor
ficaria se perguntando se são somente as grandes garças azuis que defendem os buracos de pescar congelados ou todas as garças.

Sempre me surpreende ver quão frequentemente os cientistas usam
sinônimos inadvertidamente nas comparações, porque o princípio car-
dinal do projeto experimental é a Regra da Variável Única. Se você quiser ver os efeitos de uma variável causal, manipule somente essa variável, enquanto mantém todo o resto constante (se você quer ver se certo
medicamento faz baixar a pressão sanguínea, não aliste os sujeitos da

pesquisa num programa de treinos físicos ao mesmo tempo, porque, se se verificar uma baixa de pressão sanguínea, não saberá se foi efeito do medicamento ou do exercício). A sintaxe paralela nada mais é do que a Regra da Variável Única aplicada à escrita: se você quer que os leitores apreciem alguma variável, manipule a expressão da variável somente, enquanto mantém o resto da linguagem inalterado. A seguir, à esquerda, estão dois exemplos – o primeiro expressando similaridade, o segundo expressando contraste – nos quais os cientistas fazem em prosa o que não fariam nunca num laboratório. À direita, estão as alternativas controladas mais rigorosamente.

In the ten nations with the largest online populations, non-domestic news sites represent less than 8% of the 50 most visited news sites, while in France, 98% of all visits to news sources are directed to domestic sites.

Nos dez países com o maior número de habitantes conectados à internet, os novos sites não domésticos representam menos de 8% dos 50 sites mais visitados, ao passo que na França 98% de todas as visitas a novas fontes são dirigidas a sites domésticos.

In the ten nations with the largest online populations, non-domestic news sites represent less than 8% of the 50 most visited news sites; in France, the figure is just 2%.

Nos dez países com o maior número de habitantes conectados à internet, os novos sites não domésticos representam menos de 8% dos 50 sites mais visitados; na França, a porcentagem é de apenas 2%.

Children's knowledge of how to use tools could be a result of experience, but also object affordances defined by shape and manipulability may provide cues such that humans do not require much time experimenting with an object in order to discover how it functions.

O conhecimento das crianças sobre como usar ferramentas poderia ser o resultado da experiência, mas também as *affordances* do objeto definidas pela forma e pela manipulabilidade podem fornecer dicas de modo que os seres humanos não precisam de muito tempo experimentando um objeto para descobrir suas funções.

Children's knowledge of how to use a tool could be a result of their experience with the tool; alternatively, it could be a result of their perceiving the tool's affordances from shape and manipulability cues.

O conhecimento das crianças sobre como usar ferramentas poderia ser o resultado de sua experiência com a ferramenta; ou então poderia ser o resultado de sua percepção das *affordances* da ferramenta a partir da forma e de dicas de manipulabilidade.

A primeira sentença, que diz que a maioria dos usuários da internet procura sites novos em seus próprios países, subverte a tentativa de expressar uma relação de semelhança de três maneiras. Inverte a sintaxe (*New sites represent* versus a *visits to new sources* [*Novos sites representam* contraposto a *visitas a novas fontes*]), altera abruptamente a escala de medidas (da percentagem de visitas a sites *não domésticos* para a percentagem de visitas a sites *domésticos*) e usa um conectivo perversamente ambíguo. Se *while*\* é usado em sentido temporal ("no mesmo tempo em que"), implica similaridade; se é usado num sentido lógico ("embora"), sugere contraste. Relendo algumas vezes a passagem, fica claro que os autores queriam a leitura por similaridade.

O segundo exemplo também tropeça na mensagem. Ele vira de ponta cabeça a sintaxe de uma proposição para a outra (*Children know how to use tools from experience* e *Object affordances provide cues* [*to children about tools*] [*As crianças sabem como usar ferramentas a partir da experiência* e *As possibilidades do objeto fornecem pistas às crianças a respeito de ferramentas*]) e usa o conectivo *also* [*também*] de modo a criar confusão. *Also* implica similaridade ou elaboração (outra relação de semelhança à qual passaremos em breve) e o autor a usa aqui significando que há pelo menos duas hipóteses para o fato de as crianças saberem usar ferramentas (em vez da hipótese única de que sabem fazê-lo por experiência). Mas ele está de fato tentando contrastar as duas hipóteses, e por isso empurra o leitor na direção errada (o autor provavelmente escolheu essa forma porque há "também" outra hipótese em jogo a ser considerada pelos cientistas). À medida que avança, parece dar-se conta do problema, e então vai ao ponto com *such that* [*tal que*] para marcar que, ao fim e ao cabo, está contrastando as duas hipóteses. Mas teria sido melhor reescrever a sentença para veicular o contraste desde o início, usando um conectivo isento de ambiguidades como *alternatively* [*alternativamente*] (a propósito, *affordance* é um termo dos psicólogos para a qualidade visível do objeto que insinua o que se pode fazer com ele, como levantá-lo ou espremê-lo).

A similaridade e o contraste não são as únicas relações de semelhança. Na *elaboração*, um mesmo acontecimento é descrito de maneira

---

\*    N.T.: Como o português *enquanto*.

genérica e em seguida com detalhes específicos. Então há quatro relações que se enquadram em dois pares bem definidos, dependendo do acontecimento que o autor quer mencionar primeiro. Existem a *exemplificação* (uma generalização seguida por um ou mais exemplos) e a *generalização* (um ou mais exemplos seguidos por uma generalização). E existe o oposto, a *exceção* que pode ser introduzida ou com a generalização em primeiro lugar ou com a exceção em primeiro lugar.

| Relação de coerência | Exemplo | Conectivos típicos |
| --- | --- | --- |
| Elaboração | Herons have one thing in their favor: they are total opportunists. | (colon), *that is, in other words, which is to say, also, furthermore, in addition, notice that, which* |
| | As garças têm uma vantagem: são totais oportunistas. | (dois pontos), *isto é, em outras palavras, quer dizer, também, além disso, note-se que, que* |
| Exemplificação | Herons are total opportunists. When the fish are frozen out, they'll eat other things including crustaceans, mice, voles and small birds. | *for example, for instance, such as, including* |
| | As garças são totais oportunistas. Quando os peixes estão congelados, comem outras coisas, incluindo crustáceos, camundongos, ratazanas e passarinhos. | *por exemplo, tal como, incluindo* |

| Generalização | When the fish are frozen out, herons will eat other things, including crustaceans, mice, voles and small birds. They are total opportunists | *In general, more generally* |
| | Quando os peixes estiverem congelados, as garças comerão outras coisas, incluindo crustáceos, camundongos, ratazanas e passarinhos. Elas são umas totais oportunistas. | *em geral, mais geralmente* |
| Exceção com a generalização em primeiro lugar | Cape Cod winters are often mild and pleasant. Then there is this winter, the winter that never ends. | *however, on the other hand, then there is* |
| | Os invernos de Cape Cod são muitas vezes suaves e agradáveis. Mas sempre há um inverno daqueles, um inverno que nunca acaba. | *contudo, por outro lado, mas tem...* |
| Exceção com a exceção em primeiro lugar | This winter seems like it will never end. Nonetheless, Cape Cod winters are often mild and pleasant. | *nonetheless, nevertheless, still* |
| | O inverno parece que não vai acabar nunca. Ainda assim, os invernos de Cape Cod são com frequência suaves e agradáveis. | *ainda assim, entretanto, contudo* |

A segunda família de relações de Hume é a contiguidade; uma sequência de antes e depois, normalmente com alguma conexão entre os dois eventos. Aqui também a língua inglesa nos permite mencionar os eventos em qualquer ordem, sem alterar a mensagem.

*Guia de escrita*

| Relação de coerência | Exemplo | Conectivos típicos |
|---|---|---|
| Sequência antes e depois | The cold weather arrives and then the herons head South. | *and, before, then* |
| | O frio chega, e então as garças rumam para o sul. | *e, antes que, então* |
| Sequência depois e antes | The herons head south when the cold weather arrives. | *after, once, while, when* |
| | As garças rumam para o sul quando o frio chega. | *depois que, logo que, enquanto, quando* |

A língua oferece aos escritores um segundo meio para controlar a ordem em que os acontecimentos são mencionados. Não só eles podem escolher entre *before* e *after* [*antes que, depois que*], mas também podem escolher entre antepor um modificador temporal ou deixá-lo em seu lugar: *After the cold weather arrives, the herons head south* em contraste com *The herons head south after the cold weather arrives* [*Depois que chega o frio, as garças rumam para o sul* em contraste com *As garças rumam para o sul depois que chega o frio*].

Mas talvez aqui a língua seja sutil demais para seus usuários. Embora o inglês distinga de maneira clara a sequência em que duas coisas aconteceram no mundo da ordem em que são mencionadas num texto, os falantes do inglês tendem a ser mais concretos e assumem naturalmente que a ordem em que os acontecimentos são mencionados é aquela em que aconteceram (como no velho gracejo *"Eles se casaram e tiveram uma criança, mas não nessa ordem"*). Em igualdade de condições, convém que o escritor acompanhe o noticiário do que se passa na mente dos leitores e descreva os acontecimentos em ordem cronológica: *She showered before she ate* [*Ela tomou um banho de chuveiro antes de comer*] é mais fácil de compreender do que *She ate after she showered* [*Ela comeu depois de tomar um banho de chuveiro*]. Pela mesma razão, *After she showered, she ate* [*Depois que tomou um banho de chuveiro, ela comeu*] é mais fácil do que *Before she ate, she showered* [*Antes de comer, ela tomou um banho de chuveiro*].[12] Naturalmente, não é sempre que há "igualdade de condições". Se o foco da atenção ficou estacionado num evento posterior, e agora o escritor precisa introduzir outro, mais antigo, o imperativo de mencionar o já dado antes do novo prevalece sobre o imperativo de mencionar o anterior antes do seguinte. Por exemplo, na hipótese de que você esteja procurando uma explicação para as pegadas molhadas indo em direção à mesa do café da manhã que chamaram sua atenção, ajudaria mais ouvir *Before Rita ate, she showered* do que *After Rita showered, she ate*.

E com isso chegamos à terceira categoria de conexões de Hume, causa e efeito. Também neste caso, a língua inglesa é matematicamente elegante e fornece ao leitor um nítido grupo de simetrias. Ela permite dizer primeiro a causa ou primeiro o efeito, e a força causal pode ou fazer com que algo aconteça, ou impedir esse mesmo algo de acontecer.

| Relação de coerência | Exemplo | Conectivos típicos |
|---|---|---|
| Resultado (causa-efeito) | Young herons are inexperienced, so some of them migrate to Cape Cod. | *and, as a result, therefore, so* |
| | As garças jovens são inexperientes, portanto algumas migram para Cape Cod. | *e, como resultado, portanto, daí que* |
| Explicação (efeito-causa) | Some herons migrate to Cape Cod because they are young and inexperienced. | *because, since, owing to* |
| | Algumas garças migram para Cape Cod porque são jovens e inexperientes. | *porque, pois, devido a que* |

|  |  |  |
|---|---|---|
| Expectativa violada (evitador-efeito) | Herons have a tough time when the ponds freeze over. However, they will hunt and eat many other things. | *but, while, however, nonetheless, yet* |
|  | As garças enfrentam dificuldades quando as lagoas congelam. Entretanto, elas caçam e comem muitas outras coisas. | *mas, enquanto, contudo, ainda assim, entretanto* |
| Prevenção falhada (efeito-evitador) | Herons will hunt and eat many things in winter, even though the ponds are frozen over. | *despite, even though* |
|  | As garças caçam e comem muitas coisas no inverno, muito embora as lagoas estejam congeladas. | *apesar de que, embora* |

Outra relação de coerência importante que não se encaixa facilmente na tricotomia de Hume é a *atribuição*: tais e tais pessoas acreditam em tais e tais coisas. A atribuição é tipicamente indicada por conectivos como *according to* [*de acordo com*] ou *stated that* [*afirmou que*]. É importante lidar corretamente com isso. Em muitas passagens escritas, não fica claro se o autor está defendendo um ponto de vista próprio ou está expondo uma opinião defendida por outros. Esse é um dos tantos problemas na sentença de Bob Dole sobre a intervenção na Sérvia (página 143).

Há algumas outras relações de coerência, como a antecipação de uma reação do leitor (*yes, I know, I know* [*Sim, eu sei, eu sei*]). Há também áreas cinzentas e várias maneiras de embolar e desarticular as relações, que fornecem aos linguistas uma quantidade de coisas para discutir.[13] Mas aquelas que acabam de ser discutidas, cerca de uma dúzia, cobrem a maior parte do território. Um texto coerente é tal que o leitor sempre sabe que relação de coerência existe entre uma sentença e a seguinte. Na verdade, a coerência se estende além das sentenças individuais, e também se aplica a inteiras ramificações da árvore que representa o discurso (em outras palavras, aplica-se aos itens de um esboço de discurso). Várias proposições podem estar interconectadas por um conjunto de relações de coerência, e o bloco resultante interliga-se por sua vez com outros blocos. Por exemplo, a garça que mastiga gatinhos recém-nascidos era *similar* às garças que comiam crustáceos, camundongos e pequenas aves. O conjunto inteiro dessas refeições fica agora reunido num único bloco de texto que serve de *exemplificação* para garças que comem outra coisa que não peixe. E sua capacidade de comer refeições que não sejam peixe é, por sua vez, uma *elaboração* da característica de serem caçadoras oportunistas.

As relações de coerência entre conjuntos de sentenças não precisam ter a forma perfeita de árvore. Elas também cobrem longos trechos de texto. O estranho comportamento de defender um buraco de pescar congelado liga-se, por um longo caminho retrospectivo, à pergunta feita pelo leitor no início da coluna.

À medida que vai soltando sentenças, quem escreve precisa estar certo de que os leitores consigam reconstruir as relações de coerência que ele tem na cabeça. A maneira óbvia de fazer isso é usar os conectivos apropriados. Mas os conectivos "típicos" das tabelas são somente típicos e os escritores podem abrir mão deles quando a conexão é óbvia para o leitor. Essa é uma escolha importante. Conectivos demais podem dar a impressão de que o autor repisa o óbvio ou faz pouco do leitor, além de dar à prosa um gosto pedante. Imaginem tão somente uma sequência *Herons live in the northern United States; similarly, herons live in most of Canada* [*As garças vivem no norte dos Estados Unidos. Analogamente, as garças vivem na maior parte do território do Canadá*]. Ou *Herons have one thing in their favor... In contrast, herons have one thing not in their favor* [*As garças têm uma vantagem... em contrapartida elas têm uma desvantagem*]. Conectivos de menos, porém, podem deixar o leitor na dúvida sobre como um enunciado dá sequência ao anterior.

Um desafio ainda mais sério para definir o número ideal de conectivos é saber o nível de conhecimento do leitor.[14] Os leitores familiarizados com o assunto já sabem bastante sobre o que é similar a que, o que causa o que e o que tende a vir junto com o que, e não precisam que se gastem muitas palavras com essas conexões. Podem até mesmo ficar confusos quando o escritor verbaliza conexões óbvias: imaginam que o escritor deve ter uma boa razão para isso e, portanto, que deve estar fazendo alguma outra afirmação, uma afirmação menos óbvia, e os leitores acabam perdendo tempo tentando identificá-la. No caso do lugar onde vivem as garças, a maioria dos leitores sabe que o norte dos Estados Unidos faz divisa com o Canadá e que as duas regiões têm ecossistemas parecidos, de maneira que não precisam de um *analogamente*. Se o autor tivesse mencionado pássaros e territórios menos conhecidos – por exemplo, que as águias cobreiras vivem em Yukuts e Shenyand –, o leitor ficaria agradecido em saber se os territórios são parecidos, o que implicaria que a espécie é adaptada a um ecossistema específico, ou diferentes, o que implicaria que a espécie é disseminada e flexível.

Calcular o nível correto para explicitar as relações de coerência é uma razão suficiente para o escritor se preocupar com o estado de conhecimento dos leitores e, portanto, submeter um rascunho do texto a alguns deles para verificar se entenderam. É um aspecto da arte de escrever que depende de intuição, experiência e muita conjectura, mas também existe uma orientação genérica. Uma maldição que pesa sobre os seres humanos é que atribuem muito de seu próprio conhecimento aos outros (capítulo "A maldição do conhecimento"), o que significa que o risco de que a prosa seja desconcertante por ter conectivos a menos é sempre maior do que o de ser pedante por ter conectivos a mais. Na dúvida, conecte.

Mas se você indica uma conexão, faça-a apenas uma vez. A prosa se torna chata quando um escritor inseguro martela a cabeça do leitor com indicadores de conexão redundantes, temendo que um só não seja suficiente.

| | |
|---|---|
| Perhaps <u>the reason</u> so many people are in the dark is <u>because</u> they want it that way. [explanation] | Perhaps the reason so many people are in the dark is that they want it that way. |
| Provavelmente <u>a razão</u> pela qual tantas pessoas estão desinformadas é <u>porque</u> elas querem assim. [explicação] | Provavelmente a razão pela qual tantas pessoas estão desinformadas é que elas querem assim. |

There are many biological influences of psychological traits <u>such as</u> cognitive ability, conscientiousness, impulsivity, risk aversion, <u>and the like</u>. [exemplification]

There are many biological influences of psychological traits such as cognitive ability, conscientiousness, impulsivity and risk aversion.

Há muitas influências biológicas de características psicológicas <u>como a</u> capacidade cognitiva, a tendência a ser consciencioso, a impulsividade, a aversão ao risco <u>e outras semelhantes</u>. [exemplificação]

Há muitas influências biológicas de características psicológicas, como a capacidade cognitiva, a tendência a ser consciencioso, a impulsividade e a aversão ao risco.

---

We <u>separately</u> measured brainwide synchronization in local <u>versus</u> long-range channel pairs. [contrast]

We separately measured brainwide synchronization in local and long-range channel pairs.

Medimos <u>separadamente</u> a sincronização em nível de cérebro em pares de canais locais <u>versus</u> pares de canais de longo alcance. [contraste]

Medimos separadamente a sincronização em nível de cérebro em pares de canais locais e de longo alcance.

A primeira redundância, *the reason is because* [*a razão é porque*], é universalmente condenada, pois a palavra *reason* já implica que estamos lidando com uma explicação e não precisamos que *because* nos lembre disso (alguns puristas também torcem o nariz para *the reason why*, mas essa expressão foi usada por bons escritores durante séculos e não deveria ser mais criticável do que *the place where* [*o lugar onde*] ou *the time when* [*o tempo em que*]). A redundância gratuita torna a prosa difícil não só porque obriga os leitores a um esforço dobrado para imaginar coisas, mas também porque eles pressupõem naturalmente que o escritor que diz duas coisas quer significar duas coisas, e assim perdem tempo procurando o segundo objetivo inexistente.

Os conectivos de coerência são os heróis anônimos da prosa clara. Não são particularmente frequentes – a maioria só ocorre um punhado de vezes a cada cem mil palavras –, mas são o cimento do raciocínio e uma das ferramentas mais difíceis de usar e ainda assim mais importantes de dominar no trabalho de escrever. Um estudo recente sobre alunos do ensino médio com rendimento insuficiente mostrou que muitos deles, mesmo quando liam bem, ficavam travados pelo desafio de escrever uma passagem coerente.[15] Um desses estudantes, encarregado de escrever um trabalho sobre Alexandre, o Grande, conseguiu sair-se com *"I think Alexander the Great was one of the best military leaders"* ["Acho que Alexandre, o Grande, foi um dos melhores chefes militares"], e daí voltou-se para a mãe e disse *"Well, I got a sentence down. What now?"* ["Muito bem, eu pus uma sentença no papel. E agora?"]. A incapacidade de usar corretamente os conectivos da coerência acabou sendo identificada como uma das habilidades que distinguiam mais nitidamente os alunos em dificuldades de seus colegas bem-sucedidos. Quando se pediu a esses alunos que lessem *Of Mice and Men** e em seguida completassem uma sentença que começava por *"Although George..."*, muitos empacaram. Uns poucos escreveram *"Although George and Lenny were friends"* ["Embora George e Lenny fossem amigos"]. Os professores introduziram um programa que treinava explicitamente os alunos a construir argumentos coerentes, com foco nas conexões entre ideias sucessivas. É algo radicalmente diferente do que prevalece hoje no ensino médio,** em que se pede aos alunos que escrevam diários e reflexões pessoais. Os alunos apresentaram progressos notáveis nas avaliações em várias matérias e muitos conseguiram completar o ensino médio e tentaram a universidade.

Não é por coincidência que usamos a palavra "coerente" para fazer referência tanto a passagens concretas do texto como a linhas abstratas de raciocínio, porque as mesmas relações lógicas – implicação, generalização, contraexemplo, negação, causação – governam as duas coisas. A afirmação de que uma boa prosa leva a um bom raciocínio nem sempre é verdadeira (há pensadores brilhantes que são escritores desajeitados, e escritores escorregadios que são pensadores articulados), mas pode ser verdadeira quando se trata de dominar a coerência. Se você tenta consertar um texto incoerente e descobre que nenhuma inserção de *therefore, moreover* e *however* [*portanto, além do mais, entretanto*] dá conta de juntar as peças, é sinal de que o argumento subjacente pode ser incoerente também.

A coerência exige mais do que decisões mecânicas como manter o tópico na posição de sujeito ou escolher os conectivos apropria-

---

\* N.T.: *Ratos e homens*, o romance de John Steinbeck que tem por protagonistas George Milton e Lennie Small, e como pano de fundo a Grande Depressão.
\*\* N.T.: ...dos Estados Unidos.

dos. Depende também de impressões que vão se construindo no leitor no decorrer da leitura de muitos parágrafos, e isso depende do entendimento do autor quanto ao texto como um todo.

Vou explicar o que quero dizer com isso contando minhas reações a outro trecho, este muito mais elevado no tom e nas intenções do que "Ask the bird folks". É a abertura da obra-prima de John Keegan, *A History of Warfare* [*Uma história da guerra*], de 1993.

> War is not the continuation of policy by other means. The world would be a simpler place to understand if this dictum of Clausewitz's were true. Clausewitz, a Prussian veteran of the Napoleonic wars who used his years of retirement to compose what was destined to become the most famous book on war – called *On War* – ever written, actually wrote that war is the continuation "of political intercourse" (*des politischen Verkehrs*) "with the intermixing of other means" (*mit Einmischung anderer Mittel*). The original German expresses a more subtle and complex idea then the English words in which it is so frequently quoted. In either form, however, Clausewitz's thought is incomplete. It implies the existence of states, of state interests and of rational calculation about how they may be achieved. Yet war antedates the state, diplomacy and strategy by many millennia. Warfare is almost as old as man himself, and reaches into the most secret places of the human heart, places where self dissolves rational purpose, where pride reigns, where emotion is paramount, where instinct is king. "Man is a political animal", said Aristotle. Clausewitz, a child of Aristotle, went no further than to say that a political animal is a warmaking animal. Neither dared confront the thought that man is a thinking animal in whom the intellect directs the urge to hunt and the ability to kill.[16]

A Guerra não é a continuação da política por outros meios. O mundo seria um lugar mais fácil de entender se esse dito de Clausewitz fosse verdadeiro. Realmente, Clausewitz, um prussiano que passou pelas guerras napoleônicas e usou seus anos de aposentadoria para compor o que se destinava a tornar-se o mais famoso livro jamais escrito sobre a guerra – seu *Sobre a guerra* – escreveu que a guerra é a continuação do intercâmbio político (*des politisches Verkehrs*) "com a mistura de outros meios" (*mit Einmischung anderer Mittel*). O original alemão expressa uma ideia mais complexa e sutil do que as palavras inglesas em que é tão frequentemente citado. Em ambas as formas, contudo, o pensamento de Clausewitz é incompleto. Ele pressupõe a existência de Estados, interesses de Estados e de um cálculo racional sobre como esses interesses podem ser realizados. Mas a guerra antecede os Estados, a diplomacia e a estratégia em vários milênios. A guerra é quase tão antiga quanto o próprio homem e alcança os espaços mais secretos do coração humano, espaços nos quais a individualidade dissolve o objetivo racional, nos quais reina a arrogância, e onde a emoção é absoluta, onde reina o instinto. "O homem é um animal político", disse Aristóteles. Clausewitz, discípulo de Aristóteles, não foi além de dizer que um animal político é um animal que guerreia. Nenhum dos dois considerou o pensamento de que o homem é um animal pensante no qual o intelecto guia o impulso para caçar e a capacidade de matar.

Keegan está entre os mais respeitados historiadores da guerra que já existiram, e seu *A History of Warfare* foi um *best-seller* aclamado pela crítica. Muitos resenhadores apontaram elogiosamente qualidades de sua escrita. Certamente, o funcionamento do texto é bom e, à primeira vista, a coerência também. Os tópicos são a guerra e Clausewitz, e há um bom número de conectivos, como *however* e *yet* [*entretanto, mas*]. Ainda assim, eu achei que esse parágrafo beira a incoerência.

O problema começa com a primeira sentença. Por que um livro sobre o guerrear começa contando o que a guerra *não é*? Eu reconheci a definição de Clausewitz, mas em minha mente não dei a ela maior importância num livro sobre guerra pela simples razão de que sempre a achei obscura – uma impressão confirmada pela explicação confusa de Keegan na terceira e quarta sentenças. Se a definição de Clausewitz é tão sutil, complexa e mal compreendida, como o leitor estaria sendo esclarecido com a alegação de que ela é falsa? E se nem mesmo as pessoas que conhecem bem a definição sabem o que ela significa, como poderia o mundo ser "mais simples" caso ela fosse verdadeira? Aliás, a definição *é* realmente falsa? Keegan nos diz neste ponto que ela é somente "incompleta". Poderia ele ter dito, de saída, "A guerra não é *somente* a continuação da política por outros meios"?

Digo a mim mesmo: "Tudo bem, vamos esperar o resto da explicação". De pronto, diz-se que a guerra entra num domínio em que prevalece a emoção, em que reina o instinto. Mas duas sentenças adiante ficamos sabendo que o instinto de caçar e de matar é governado pelo intelecto. As duas coisas não podem ser ambas verdadeiras: quem reina não recebe ordens, e, portanto, o instinto não pode reinar e ser governado pelo intelecto. Sigamos a última coisa que foi dita, e vamos aceitar que a responsabilidade maior seja do intelecto. Então, qual foi a parte desse pensamento que Clausewitz e Aristóteles (como foi que este último entrou na conversa?) deixaram de encarar? O fato de que o homem é um animal pensante, ou o fato de que o objeto de seu pensamento é caçar e matar?

Esse início desconcertante de *A History of Warfare* nos dá a oportunidade de olhar para três outros fatores da coerência, que chamam a atenção aqui por sua ausência: negações claras e plausíveis, senso de proporção e consistência temática.

O primeiro problema é o uso desajeitado que Keegan faz da negação. Logicamente falando, uma sentença com uma palavra de negação como *not, no, neither, nor* ou *never* [não, não, nem, nem ou nunca] nada mais é do que a imagem em espelho da sentença afirmativa. Dizer que o número inteiro 4 não é ímpar é o mesmo que dizer que ele é par. Se alguma coisa não está viva está morta, e vice-versa. Mas psicologicamente falando, um enunciado negativo e um enunciado afirmativo diferem de uma maneira fundamental.[17]

Há mais de três séculos, Baruch Spinoza chamou a atenção para o fato de que a mente humana não consegue suspender a descrença na verdade ou falsidade de um enunciado, deixando-o pendente num limbo lógico à espera de que lhe seja pendurada uma etiqueta de "verdadeiro" ou "falso".[18] Ouvir ou ler um enunciado é acreditar nele, pelo menos por um instante. Para concluirmos que alguma coisa *não* é verdade, precisamos dar o passo cognitivo a mais de espetar a etiqueta mental "falso" numa proposição. Qualquer afirmativa sem etiqueta é tratada como verdade. O resultado é que, quando temos uma grande quantidade de enunciados em nossas mentes, podemos ficar confusos quanto ao lugar em que a etiqueta "falso" é cabível, ou podemos esquecer isso completamente. Richard Nixon não atenuou as suspeitas que pairavam sobre seu caráter quando declarou *"I am not a crook"* ["Não sou um bandido"], nem Bill Clinton acalmou os boatos quando disse *"I did not have sexual relations with this woman"* ["Não tive relações sexuais com essa mulher"]. Experimentos têm mostrado que quando os jurados são instruídos para desconsiderar as observações de uma testemunha eles nunca o fazem, exatamente como você, leitor, que não consegue seguir a instrução "No próximo minuto, trate de não pensar num urso branco".[19]

A diferença cognitiva entre acreditar que uma proposição é verdadeira (que não exige que se faça nada além de compreendê-la) e acreditar que é falsa (que obriga a acrescentar e lembrar uma etiqueta mental) tem implicações enormes para o escritor. A mais óbvia é que um enunciado negativo como *The king is not dead* [O rei não está morto] é mais difícil para qualquer leitor do que um enunciado afirmativo como *The king is alive* [O rei está vivo].[20] Toda negação requer trabalho mental, e quando uma sentença contém muitas delas o leitor pode ficar sobrecarregado. Pior ainda, uma sentença pode ter mais negações do que se pensa. Nem todas as palavras negativas começam por *n-*: muitas têm o conceito de negação embutido nelas, como *few, little, seldom, though, rarely, instead, doubt, deny, refute, avoid* e *ignore* [*poucos, pouco, raramente, embora, raramente, em vez de, duvidar, negar, refutar, evitar* e *ignorar*].[21] O uso de negações múltiplas numa sentença (como as da coluna esquerda a seguir) é trabalhoso na melhor das hipóteses, e desconcertante na pior.

According to the latest annual report on violence, Sub-Saharan Africa for the first time is <u>not</u> the world's <u>least</u> peaceful region.

De acordo com o mais recente relatório anual sobre violência, a África Subsaariana pela primeira vez <u>não</u> é a região <u>menos</u> pacífica do mundo.

According to the latest annual report on violence, Sub-Saharan Africa for the first time is not the world's most violent region.

De acordo com o mais recente relatório anual sobre violência, a África Subsaariana pela primeira vez não é a região mais violenta do mundo.

The experimenters found, <u>though,</u> that the infants did <u>not</u> respond as predicted to the appearance of the ball, but <u>instead</u> did not look significantly longer than they did when the objects were not swapped.

Os experimentadores verificaram, <u>contudo,</u> que os bebês não respondiam conforme o previsto à aparição da bola, mas, <u>ao invés disso,</u> não olhavam de maneira significativamente mais demorada do que o faziam quando os objetos não eram trocados.

The experimenters predicted that the infants would look longer at the ball if it had been swapped with another object than if it had been there all along. In fact, the infants looked at the balls the same amount of time in each case.

Os experimentadores predisseram que os bebês olhariam mais longamente para a bola se ela tivesse sido trocada por outro objeto do que se ela tivesse estado presente o tempo todo. Na realidade, os bebês olharam para as bolas o mesmo tanto de tempo em ambos os casos.

The three-judge panel issued a ruling lifting the stay on a district judge's injunction to not enforce the ban on same-sex marriages.

The three-judge panel issued a ruling that allows same-sex marriages to take place. There had been a ban on such marriages, and a district judge had issued an injunction not to enforce it, but a stay had been placed on that injunction. Today, the panel lifted the stay.

A comissão de três juízes emitiu uma instrução suspendendo a ordem de um juiz distrital de não executar a proibição sobre os casamentos de pessoas do mesmo sexo.

A comissão de três juízes emitiu uma instrução que permite a realização de casamentos entre pessoas do mesmo sexo. Tinha havido uma proibição desse tipo de casamento, e um juiz distrital tinha emitido uma ordem de não executá-la, mas um embargo tinha sido aplicado a essa ordem. Hoje, a comissão suspendeu o embargo.

Como explicava a Duquesa em *Alice in Wonderland* [*Alice no país das maravilhas*], *"The moral of that is – 'Be what you would seem to be' – or, if you'd like it put more simply – 'Never imagine yourself not to be otherwise than what it might appear to others that what you were or might have been was not otherwise than what you had been would have appeared to them to be otherwise'"*. ["A moral disso é – 'Seja o que você pareceria ser' – ou, se prefere em termos mais simples – 'Nunca imagine que você não é diferente do que poderia parecer a outros que o que você fosse ou pudesse ter sido não era diferente do que tinha sido ou poderia ter parecido a eles ser diferente'"].

Não são apenas os leitores que se confundem com as negações. Os próprios escritores podem perder o controle e colocar um excesso delas numa palavra ou numa sentença, fazendo com que signifique o oposto do que queriam dizer. O linguista Mark Liberman chama a isso de desnegações [*"misnegations"*], e assinala que "elas são fáceis de falhar em negligenciar":[22]

> After a couple of days in Surry Country, I found myself no less closer to unraveling the riddle.
>
> Depois de um par de dias no condado de Surry, eu me achei não menos perto de desvendar o enigma.

> No head injury is too trivial to ignore.
>
> Nenhum ferimento na cabeça é banal demais para ser ignorado.

> It is difficult to underestimate Paul Fussell's influence.
>
> É difícil subestimar a influência de Paul Fussell.

> Patty looked for an extension cord from one of the many still unpacked boxes.
>
> Patrícia procurou um cabo de extensão numa das muitas caixas ainda não abertas.

> You'll have to unpeel those shrimps yourself.
>
> Você vai ter que descascar esses camarões sozinha (por você mesma).

> Can you help me unloosen this lid?
>
> Você me ajuda, por favor, a desatarraxar esta tampa?

A dificuldade posta pelas negações vem sendo assinalada há tempos nos manuais de estilo. O livro *Ask Mr. Language Person*, de Dave Barry,* satiriza assim sua recomendação mais típica:

> WRITING TIP FOR PROFESSIONALS: To make your writing more appealing to the reader, avoid "writing negatively". Use positive expressions instead.
>
> WRONG: "Do not use this appliance in the bathtub."
>
> RIGHT: "Go ahead and use this appliance in the bathtub."
>
> SUGESTÃO DE REDAÇÃO PARA PROFISSIONAIS: Para tornar sua escrita mais atraente para o leitor, evite "escrever negativamente". Use ao invés disso expressões positivas.
>
> ERRADO: "Não use este eletrodoméstico na banheira."
>
> CERTO: "Vá em frente e use este eletrodoméstico na banheira."

Essa sátira levanta uma questão séria. Como a maioria dos conselhos sobre estilo que são formulados como ordens e não como explicações, a

---

\* N.T.: Jornalista americano responsável por uma coluna chamada precisamente "Ask Mr. Language Person", na qual discute vários tipos de problemas da atualidade fazendo-se passar humoristicamente por um especialista da língua.

orientação rasa no sentido de evitar negações é quase inútil. Como Mr. Language Person dá a entender, às vezes quem escreve precisa, sim, expressar uma negação. Por quanto tempo num dia você conseguiria ficar sem usar a palavra *não*? A pergunta sarcástica *"What part of 'NO' don't you understand?"* ["Que parte de 'NÃO' você não compreende?"] lembra-nos que as pessoas lidam muito facilmente com a negação na fala do dia a dia. Por que ela é tão complicada na escrita?

A resposta é que a negação é fácil de entender quando a proposição que está sendo negada é plausível ou atraente.[23] Comparem-se as negações nestas duas colunas;

| | |
|---|---|
| A whale is not a fish. | A herring is not a mammal. |
| A baleia não é um peixe. | Um arenque não é um mamífero. |

| | |
|---|---|
| Barak Obama is not a Muslim. | Hillary Clinton is not a Muslim. |
| Barak Obama não é um muçulmano. | Hillary Clinton não é uma muçulmana. |

| | |
|---|---|
| Vladimir Nobokov never won a Nobel Prize. | Vladimir Nobokov never won an Oscar. |
| Vladimir Nobokov nunca ganhou um Prêmio Nobel. | Vladimir Nobokov nunca ganhou um Óscar. |

Todas as sentenças da coluna da esquerda negam uma proposição que seria razoavelmente aceita pelos leitores. A baleia é parecida com um grande peixe. Obama foi assunto de boatos por causa de sua religião. Nobokov foi alijado de um prêmio Nobel de literatura que seria merecido na opinião de muitos críticos. Alguns experimentos mostraram que enunciados como os da coluna da esquerda, que negam uma crença plausível, são mais fáceis de compreender do que os enunciados da coluna da direita, que negam uma crença implausível. A primeira reação ao ler uma sentença da direita é: "Quem jamais teria pensado que fosse? (ou ela fosse? ou ele ganhou?)". As sentenças negativas são fáceis quando o leitor já tem uma afirmativa na cabeça, ou pode criar uma bem depressa; tudo que tem de fazer é espetar nela uma etiqueta de "falso". Mas tirar da cartola um enunciado no qual, para começar, você não consegue acreditar (como "Um arenque é um mamífero") e em seguida negá-lo exige dois lances de pesado esforço cognitivo em vez de um.

E assim vemos por que a abertura da *A History of Warfare* é tão intrincada. Keegan começa negando uma proposição que, por si só, não era particularmente convincente para o leitor (e que não se tornou mais convincente com a explicação que seguiu). O mesmo vale para as duas sentenças desconcertantes que usei na abertura do capítulo na página 178-179, sobre bebedores moderados e intervenção na Sérvia. Em todos esses casos, o leitor tende a pensar "Que ideia é essa?" Quando um autor tem que negar alguma coisa em que o leitor ainda não acredita, ele tem que incuti-la no leitor como uma crença plausível antes de derrubá-la. Ou, para colocar a coisa em termos mais positivos, quando o escritor quer negar uma proposição pouco conhecida, tem que apresentar a sentença em duas etapas:

1. Você poderia pensar que...
2. Mas não é isso.

Foi o que eu fiz ao "consertar" as sentenças da página 179.

A outra exigência da negação em relação à qual Keegan foi infeliz é o modo como se eliminam as ambiguidades de uma negação, o que depende de identificar duas coisas: o *escopo* da negação e seu *foco*.[24] O escopo de um operador lógico como *not, all* ou *some* [*não, todos* ou *alguns*] consiste na exata proposição à qual a negação pertence. Quando o trem Boston-Nova York chega às estações menores ao longo do percurso, o maquinista anuncia *"All doors will not open"* [literalmente: "Todas as portas não vão abrir"]. Eu entro em pânico por um instante, pensando que estamos todos engaiolados. Naturalmente, o que ele quer dizer é que nem todas as portas vão abrir. No sentido desejado, o operador de negação *not* tem escopo sobre a proposição quantificada universalmente *"All doors will open"* ["Todas as portas vão abrir"]. O maquinista quer dizer então "É falso que [todas as portas vão abrir]". No sentido não desejado, o quantificador universal *all* tem escopo sobre a proposição negada, a saber *"Doors will not open"* ["Portas não vão abrir"]. E os passageiros claustrofóbicos ouvem o aviso do chefe de trem assim: "Aviso a respeito de todas as portas: o que vai acontecer é que [essas portas não vão abrir]" (= "Nenhuma porta vai abrir").

O maquinista não está cometendo um erro gramatical. É comum em inglês coloquial que um termo lógico como *all, not* e *only* [todos, não e somente] fique preso à esquerda do verbo, mesmo quando seu escopo abrange uma frase diferente.[25] No aviso do maquinista, *not* não tem motivo algum para estar perto de *open*; seu escopo lógico *é All doors will open*, e portanto o lugar dele seria fora da sentença, ou seja, antes de *All*. Mas o inglês é mais flexível do que teria planejado um lógico, e o contexto geralmente esclarece o que o falante tem em mente (ninguém no trem, exceto eu, pareceu achar que houvesse alguma coisa de alarmante no aviso). Analogamente, um lógico poderia dizer que a canção *"I only have eyes for you"* ["Eu só tenho olhos para você"] deveria ter seu título corrigido para *"I have eyes only for you"* ["Eu tenho olhos somente para você"] porque o cantor tem mais coisas além dos olhos, e usa os olhos para mais coisas do que contemplar amorosamente alguém; é que quando ele contempla amorosamente alguém com esses olhos é você que ele contempla. Na mesma linha, o lógico exigiria que *"You only live once"* ["Você só vive uma vez"] fosse reescrito *"You live only once"* com *only* [só] próximo daquilo que quantifica, *once* [*uma vez*].

O lógico seria insuportavelmente pedante, mas há um grão de bom gosto em seu pedantismo. A escrita é frequentemente mais clara e mais elegante quando o escritor empurra um *only* ou um *not* [somente, não] para perto daquilo que ele quantifica. Em 1962, John Kennedy declarou *"We choose to go to the moon not because it is easy, but because it is hard"* ["Nós escolhemos ir para a lua não porque é fácil, mas porque é difícil"].[26] Isso soa bem mais elegante do que *"We don't choose to go to the moon because it is easy but because it is hard"* ["Nós não escolhemos ir para a lua porque é fácil, mas porque é difícil"]. E não é apenas mais refinado, é também mais claro. Sempre que uma sentença tem um *not* e um *because* [um *não* e um *porque*], e o *not* fica preso ao verbo auxiliar, os leitores podem ficar no escuro quanto ao escopo da negação, e, portanto, quanto ao significado da sentença. Suponha-se que Kennedy tivesse dito *"We don't choose to go to the moon because it is easy"* ["Nós não estamos escolhendo ir para a lua porque é fácil"].

Os ouvintes não saberiam se Kennedy estava optando por fechar o programa espacial (por ser fácil demais) ou escolhendo prosseguir no programa espacial (mas por outra razão, diferente de ele ser fácil). Empurrando o *not* para perto da frase que ele nega, elimina-se a ambiguidade de escopo. Aqui vai uma regra: Nunca escreva uma sentença com o formato *"X not Y because Z"* ["X não Y porque Z"], como *Dave is not evil because he did what he was told* [*Dave não é mau porque ele fez o que lhe disseram para fazer*]. Seria melhor uma das duas opções: *Dave is not evil, because he did what he was told* [*Dave não é mau, porque fez o que lhe disseram para fazer*], em que a vírgula mantém o *because* [*porque*] fora do escopo do *not* [*não*]; ou *Dave is evil not because he did what he was told* [*Dave é mau não porque fez o que lhe disseram para fazer*] (mas por alguma outra razão), em que o *because* ocorre próximo do *not*, indicando que está dentro de seu escopo.

Quando um elemento negativo tem escopo amplo (isto é, quando se aplica à sentença subordinada como um todo), ele não é literalmente ambíguo, mas pode ser absurdamente vago. A vagueza reside no foco da negação – que sentença o escritor tinha em mente como causadora da falsidade da sentença como um todo. Tome-se a sentença *I didn't see a man in a gray flannel suit*. Ela poderia significar

I didn't see him; Amy did.

*Eu* não o vi. Foi Amy quem viu.

---

I *didn't* see him: you just thought I did.

Eu *não* o vi; você pensou que eu o vi, só isso.

---

I didn't *see* him; I was looking away.

Eu não o *vi*: eu estava olhando em outra direção.

---

I didn't see *him*; I saw a different man.

Eu não vi a *ele*: eu vi outro homem.

---

I didn't see a *man* in a gray suit; it was a woman.

Eu não vi *um homem* de terno cinza: era uma mulher.

*Arcos de coerência*

---

I didn't see a man in a *gray* flannel suit; it was brown.

Eu não vi um homem num terno de flanela *cinza*: era marrom.

---

I didn't see a man in a gray *flannel* suit; it was polyester.

Eu não vi um homem num terno de *flanela* cinza: era (de) poliéster.

---

I didn't see a man in a gray flannel *suit*; he was wearing a kilt.

Eu não vi um homem num *terno* de flanela cinza: ele estava vestindo uma saia escocesa.

Na conversação, podemos marcar com acento de intensidade a frase que queremos negar, e na escrita podemos usar itálicos com o mesmo objetivo. Na maioria dos casos, o contexto esclarece qual enunciado afirmativo era mais plausível e, portanto, qual enunciado o escritor está se dando o trabalho de negar. Mas se o assunto é desconhecido e tem muitas subpartes, e se o escritor não prepara o leitor pondo em foco uma dessas partes como um fato digno de ser levado a sério, o leitor pode não saber o que não deveria continuar pensando. Esse é o problema na embaraçosa especulação de Keegan sobre o pensamento multifacetado que Aristóteles e Clausewitz não ousaram enfrentar, ou seja, na observação de que o homem é um animal pensante cujo intelecto domina o impulso de caça e a habilidade de matar. O que os assustou foi a possibilidade de o homem pensar, de ele ser um animal ou de ele pensar em caçar e matar?

Vamos dar agora a Keegan a chance de explicar o pensamento. Ele o faz no segundo parágrafo do livro, que usarei para exemplificar – pela falta que faz – outro princípio da coerência: o senso da proporcionalidade.

> This is not an idea any easier for modern man to confront than it was for a Prussian officer, born the grandson of a clergyman and raised in the spirit of the eighteenth century Enlightenment. For all the effect that Freud, Jung and Adler have had on our outlook, our moral values remain those of the great monotheistic religions, which condemn the killing of fellow souls in all but the most constrained circumstances. Anthropology tells us and archaeology implies that our uncivilized ancestors could be red in tooth and claw; psychoanalysis seeks to persuade us that the savage in all of us lurks not far below the skin. We

prefer, none the less, to recognize human nature as we find it displayed in the everyday behavior of the civilized majority in modern life – imperfect, no doubt, but certainly cooperative and frequently benevolent. Culture to us seems the great determinant of how human beings conduct themselves; in the relentless academic debate between "nature and nurture", it is the "nurture" school which commands greater support from the bystanders. We are cultural animals and it is the richness of our culture which allows us to accept our undoubted potentiality for violence but to believe nevertheless that its expression is a cultural aberration. History lessons remind us that the states in which we live, their institutions, even their laws, have come to us through conflict, often of the most bloodthirsty sort. Our daily diet of news brings us reports of the shedding of blood, often in regions quite close to our homelands, in circumstances that deny our conception of cultural normality altogether. We succeed, all the same, in consigning the lessons both of history and reportage to a special and separate category of "otherness" which invalidate our expectations of how our own world will be tomorrow and the day after not at all. Our institutions and our laws, we tell ourselves, have set the human potentiality for violence about with such restraints that violence in everyday life will be punished as criminal by our laws, while its use by our institutions of state will take the particular form of "civilized warfare". [27]

Esta não é de modo algum uma ideia mais fácil de encarar para o homem moderno do que era para um oficial prussiano, neto de um clérigo e criado no espírito do Iluminismo do século XVIII. Em que pese o efeito que Freud, Jung e Adler tiveram sobre o nosso modo de ver as coisas, nossos valores morais continuam sendo os das grandes religiões monoteístas, que condenam o assassinato de irmãos de fé a não ser em circunstâncias muito específicas. A Antropologia nos conta e a Arqueologia sugere que nossos antepassados ainda não civilizados podem ter sido grandes carniceiros; a Psicanálise tenta persuadir-nos de que o selvagem que há em todos nós está à espreita não muito abaixo da pele. Preferimos, contudo, reconhecer a natureza humana como a vemos mostrada no comportamento diário da maioria civilizada na vida moderna – imperfeita, sem dúvida, mas certamente cooperativa e muitas vezes benevolente. A cultura para nós parece ser o grande determinante de como os seres humanos se conduzem; no interminável debate entre "natureza e cultura", é a escola da "cultura" que recebe o maior apoio dos espectadores. Somos animais culturais e é a riqueza de nossa cultura que nos permite aceitar nossa inegável potencialidade para a violência, acreditando, contudo, que sua manifestação é uma aberração cultural. As lições da História nos lembram que os países em que vivemos, suas instituições e mesmo suas leis chegaram até nós por meio de conflitos, muitas vezes do tipo mais sangrento. Nossa dieta diária de notícias nos traz o relato de derramamentos de sangue, muitas vezes em regiões bem próximas de nossas pátrias, em circunstâncias que refutam por completo nossa concepção de normalidade cultural. Conseguimos, seja como for, confinar as lições tanto da história como do

> noticiário numa categoria separada como "outros", que invalida nossas expectativas de como nosso mundo será amanhã, e não mais no outro dia. Nossas instituições e nossas leis, dizemos a nós mesmos, assentaram a tendência humana para a violência com restrições tais que a violência no dia a dia será punida como criminosa por nossas leis, enquanto seu uso por parte de nossas instituições de estado tomará a forma particular de "guerra civilizada".

Penso entender aonde Keegan quer chegar: os seres humanos têm impulsos inatos para a violência, no entanto hoje tentamos rejeitá-los. Mas o peso de sua argumentação leva a outra direção. A maior parte desse trecho diz o contrário: que não podemos evitar ter consciência do lado sombrio da humanidade. Keegan nos abarrota de lembranças desse lado obscuro, incluindo Freud, Jung, Adler, Antropologia, Arqueologia, Psicanálise, o selvagem que há em cada um de nós, nossa inegável potencialidade para a violência, as aulas de História sobre conflitos, a violência carniceira, nossa dieta diária de notícias, reportagens de derramamentos de sangue, o potencial humano para a violência e a violência no dia a dia. O leitor começa a pensar: Quem é esse "nós", incapaz de perceber tudo isso?

O problema aqui é falta de equilíbrio, de proporção. Um princípio importante da composição é que o tanto de palavreado que se dedica a um ponto tem que ser proporcional à importância que esse ponto tem na argumentação. Quando o escritor acredita que 90% das provas e dos argumentos apoiam certa posição, então, cerca de 90% da discussão deveria ser dedicada às razões para acreditar nela. Se o leitor gasta somente 10% de seu tempo com as razões de que algo é uma boa ideia, e nada menos do que 90% com as razões pelas quais é razoável pensar que é uma má ideia – ao passo que o escritor insiste o tempo todo que a ideia é realmente boa –, a opinião que o leitor vai formando estará em contradição com as intenções do autor. Portanto, o autor precisa tratar de minimizar drasticamente o que andou dizendo, que só levanta suspeitas no leitor. Keegan tenta desvencilhar-se do monte de evidências contrárias que empilhou, insistindo em posições defensivas na voz de um "nós" não identificado – o que induz o leitor a pensar: "Fale por você mesmo!". O leitor fica com a sensação de estar sofrendo *bullying*, não de estar sendo convencido.

Naturalmente, os escritores responsáveis precisam lidar com contra-argumentos e evidências contrárias. Mas se estes forem numerosos o bastante para justificar uma discussão mais extensa, merecem uma seção específica, cujo objetivo declarado será o de examinar a posição contrária. Um exame imparcial das evidências contrárias poderá então ocupar todo o espaço de que precisa, porque seu volume refletirá sua importância *internamente a essa seção*. Essa estratégia de dividir e conquistar é melhor do que promover a repetida intromissão de contraexemplos na linha principal de argumentação, acompanhada de intimidações que afastem os leitores.

Depois de uma discussão de uma página sobre pacifismo, cristianismo e o Império Romano, Keegan volta ao que há de errado na máxima de Clausewitz e no entendimento moderno da guerra que ela resume. Essa passagem nos ajudará a apreciar um terceiro princípio de coerência do texto como um todo.

[Clausewitz's dictum] certainly distinguished sharply between the lawful bearer of arms and the rebel, the freebooter and the brigand. It presupposed a high level of military discipline and an awesome degree of obedience by subordinates to their lawful superiors... It assumed that wars had a beginning and an end. What it made no allowance for at all was war without beginning or end, the endemic warfare of non-state, even pre-state peoples, in which there was no distinction between lawful and unlawful bearers of arms, since all males were warriors; a form of warfare which had prevailed during long periods of human history and which, at the margins still encroached on the life of civilized states and was, indeed, turned to their use through the common practice of recruiting its pratictioners as "irregular" light cavalry and infantrymen... During the eighteenth century, the expansion of such forces – Cossacks, "hunters", "Highlanders", "borderers", Hussars – had been one of the most noted contemporary military developments. Over their habits of loot, pillage, rape, murder, kidnap, extortion and systematic vandalism their civilized employers chose to draw a veil.[28]

Inegavelmente, [a máxima de Clausewitz] estabelecia uma distinção clara entre o portador legítimo de armas e o rebelde, salteador ou bandido. Ela pressupunha um alto nível de disciplina militar e um grau surpreendente de obediência dos subordinados a seus superiores legais... Presumia que as guerras tinham começo e fim. Não abria espaço algum para guerra sem começo nem fim, o conflito endêmico de povos sem caráter de Estados, ou mesmo com caráter de pré-Estados, em que não havia distinção entre portadores de armas legais ou ilegais, porque todos os indivíduos do sexo masculino eram guerreiros: uma forma de guerra que tinha prevalecido

> durante longos períodos da história humana e que, pelas bordas, ainda se intrometia na vida dos estados civilizados, que de fato a absorviam pelo hábito de recrutar seus praticantes como combatentes da cavalaria ligeira "irregular" ou da infantaria... Durante o século XVIII, a expansão dessas forças – cossacos, "caçadores", *highlanders*, "homens da fronteira", hussardos – tinha sido um dos desenvolvimentos militares mais notados da época. Sobre seus hábitos de saque, pilhagem, estupro, assassinato, sequestro, extorsão e vandalismo sistemático, seus empregadores civilizados escolheram estender um véu.

Isso é muito fascinante, mas nas próximas seis páginas os parágrafos pulam da descrição do modo de guerrear dos cossacos para outras exegeses de Clausewitz e vice-versa. Como o "nós" do segundo parágrafo, isto é, nós que supostamente assistimos a uma quantidade de violências cuja importância menosprezamos, a infeliz personagem "Clausewitz" dessa narrativa demonstra estar inteiramente ciente dos métodos cruéis e covardes dos cossacos, mas, na opinião de Keegan, ainda não conseguiu lidar com eles. Mais uma vez, o peso do palavreado leva para uma direção, enquanto o conteúdo da argumentação do autor leva para outra. Keegan conclui a seção assim:

> It is at the cultural level that Clausewitz's answer to his question, What is war? is defective... Clausewitz was a man of his times, a child of Enlightenment, a contemporary of the German Romantics, an intellectual, a practical reformer... Had his mind been furnished with just one extra intellectual dimension... he might have been able to perceive that war embraces much more than politics: that it is always an expression of culture, often a determinant of cultural forms, in some societies the culture itself.[29]

> É no nível cultural que a resposta de Clausewitz à sua pergunta, "O que é a guerra?", é falha... Clausewitz foi um homem de seu tempo, um filho do Iluminismo, um contemporâneo dos românticos alemães, um intelectual, um reformista prático... Se sua mente fosse dotada de pelo menos uma dimensão intelectual a mais, teria talvez conseguido perceber que a guerra abrange muito mais do que política: que é sempre uma expressão da cultura, frequentemente um determinante de formas culturais, e em algumas sociedades a própria cultura.

Agora, espera aí: Keegan não tinha nos dito no segundo parágrafo que o problema de Clausewitz e seus herdeiros consistia em colocar coisas *demais* na cultura? Não tinha dito que é a nossa cultura que nos permite acreditar que a violência é uma aberração e que o modo primitivo de guerrear que optamos por ignorar é uma manifestação da natureza, da biologia e do instinto? Então, como o problema de Clausewitz foi ele ter colocado coisas *de menos* na cultura? E além disso, como pode Clausewitz ser um produto *ao mesmo tempo* do Iluminismo e do movimento romântico alemão, que surgiu como reação ao Iluminismo? E, já que entramos nesse assunto, como conciliar o fato de ele ter sido neto de um clérigo, e os nossos valores morais decorrerem das religiões monoteístas, com o fato de sermos todos filhos do Iluminismo, que *combateu* as religiões monoteístas?

Para ser honesto com Keegan, depois de ter terminado o livro, não penso que seja tão confuso como sugerem as primeiras páginas. Se se desconsiderarem as alusões erráticas a grandes movimentos intelectuais, percebe-se que ele tem um objetivo, a saber: que o modo disciplinado de guerrear dos tempos modernos se afasta da pilhagem oportunista das tribos tradicionais, que a guerra tradicional sempre foi mais comum e nunca desapareceu. O problema de Keegan é que ele faz pouco de outro princípio de coerência na escrita, o último que visitaremos neste capítulo.

Joseph Williams refere-se a esse princípio falando de *consistent thematic strings* [cordas temáticas coerentes] ou, abreviadamente, *thematic consistency* [coerência temática].[30] Um escritor, depois de propor seu tópico, introduz um grande número de conceitos que explicam, enriquecem ou comentam esse tópico. Esses conceitos vão convergir para um certo número de temas que aparecem repetidamente na discussão. Para manter o texto coerente, o escritor precisa permitir que o leitor mantenha um controle sobre esses temas, referindo-se a eles de uma maneira coerente ou explicando sua conexão. Vimos uma versão desse princípio quando observamos que, para ajudar o leitor a manter o controle sobre uma única entidade ao longo de múltiplas menções, o escritor não deveria ir e vir entre sinônimos desnecessários. Agora, podemos generalizar o princípio para *conjuntos* de conceitos correlatos, isto é, para temas. O escritor teria que se referir a cada tema de um modo coerente, que permita ao leitor saber qual é qual.

Aqui, então, reside o problema. O tópico de Keegan é a história da guerra – essa parte é bem clara. Seus temas são a forma primitiva de guerrear e a forma moderna de guerrear. Mas ele discute os dois temas circulando por um conjunto de conceitos que estão só frouxamente ligados ao tema e entre si, cada um de um modo que chamou a atenção de Keegan, mas que é obscuro para o leitor desprotegido. Com o benefício de olhar para as coisas retrospectivamente, podemos ver que os conceitos caem em dois grupos, correspondentes aos dois temas de Keegan:

| | |
|---|---|
| Clausewitz, modern warfare, states, political calculations, strategy, diplomacy, military discipline, "we", the intellect, Aristotle, the pacifist aspect of monotheistic religions, the criminal justice system, civilized constraints on warfare, the intellectualizing aspect of the Enlightenment, the ways in which culture constrains violence. | Primitive warfare, tribes, clans, irregulars, freebooters, brigands, Cossacks, looting and pillaging, instinct, nature, Freud, the emphasis on instinct in psychoanalysis, anthropological evidence for violence, archaeological evidence for violence, conflict in history, crime in the news, the ways in which culture encourages violence. |
| Clausewitz, guerra moderna, estados, cálculos políticos, estratégia, diplomacia, disciplina militar, "nós", o intelecto, Aristóteles, o aspecto pacifista das religiões monoteístas, o sistema de justiça criminal, limitações civilizadas à guerra, o aspecto intelectualizante do Iluminismo, as maneiras como a cultura limita a violência. | Guerra primitiva, tribos, clãs, irregulares, salteadores, bandidos, cossacos, saques e pilhagens, instinto, natureza, Freud, a ênfase dada ao instinto na Psicanálise, evidências antropológicas da violência, conflito na história, o crime nas notícias, em que condições a cultura encoraja a violência. |

Podemos também reconstruir as razões pelas quais cada termo pode ter lembrado ao autor algum outro termo. Mas é melhor quando os percursos comuns são explicitados, porque na vasta rede privada da imaginação de um escritor qualquer coisa pode ser semelhante a qualquer outra coisa. A Jamaica é como Cuba: ambos são países insulares do Caribe. Cuba é como a China; ambos são liderados por regimes que se autodenominam comunistas. Mas uma discussão sobre "países como a Jamaica e a China" que não explicita a característica compartilhada – que as torna de algum modo semelhantes a Cuba – está fadada a ser incoerente.

Como poderia o autor apresentar esses temas de forma mais co-erente? Em *The Remnants of the War* [*Os remanescentes da guerra*], o cientista político John Mueller cobre o mesmo território que Keegan e começa de onde Keegan parou. Ele sustenta que a guerra moderna está se tornando obsoleta, deixando subsistir o modo de guerrear primitivo e indisciplinado como o principal tipo de guerra que so-brevive no mundo hoje. Mas a exposição de Mueller sobre os dois temas é um modelo de coerência:

> Broadly speaking, there seem to be two methods for developing combat for-ces – for successfully cajoling or coercing collections of men into engaging in the violent, profane, sacrificial, uncertain, masochistic, and essentially absurd enterprise known as war. The two methods lead to two kinds of warfare and the distinction can be an important one.
>
> Intuitively, it might seem that the easiest (and cheapest) method for recruiting combatants would be to… enlist those who revel in violence and routinely seek it out or who regularly employ it to enrich themselves, or both. We have in civi-lian life a name for such people – criminals… Violent conflicts in which people like that dominate can be called criminal warfare, a form in which combatants are induced to wreak violence primarily for the fun and material profit they de-rive from the experience.
>
> Criminal armies seem to arise from a couple of processes. Sometimes criminals – robbers, brigands, freebooters, highwaymen, hooligans, thugs, bandits, pira-tes, gangsters, outlaws – organize or join together in gangs or bands or mafias. When such organizations become big enough, they can look and act a lot like full-blown armies.
>
> Or criminal armies can be formed when a ruler needs combatants to prosecute a war and concludes that the employment or impressment of criminals and thugs is the most sensible and direct method for accomplishing this. In this case, criminals and thugs essentially act as mercenaries.
>
> It happens, however, that criminals and thugs tend to be undesirable war-riors… To begin with, they are often difficult to control. They can be trouble-makers: unruly, disobedient, and mutinous, often committing unauthorized crimes while on (or off) duty that can be detrimental or even destructive of the military enterprise…
>
> Most importantly, criminals can be disinclined to stand and fight when things become dangerous, and they often simply desert when whim and opportunity coincide. Ordinary crime, after all, preys on the weak – on little old ladies rather than on husky athletes – and criminals often make willing and able executioners of defenseless people. However, if the cops show up they are given to flight.

The motto for the criminal, after all, is not a variation of 'Semper fi', "All for one and one for all", "Duty, honor, country.", "Banzai", or "Remember Pearl Harbor" but "Take the money and run"...

These problems with the employment of criminals as combatants have historically led to efforts to recruit ordinary men as combatants – people who, unlike criminals and thugs, commit violence at no other time in their lives...

The result has been the development of disciplined warfare in which men primarily inflict violence not for fun and profit but because their training and indoctrination have instilled in them a need to follow orders; to observe a carefully contrived and tendentious code of honor; to seek glory and reputation in combat; to love, honor or fear their officers; to believe in a cause; to fear the shame, humiliation or costs of surrender; or, in particular, to be loyal to and to deserve the loyalty of, their fellow combatants... [31]

Em termos gerais, parece haver dois métodos para reunir forças de combate – para convencer ou obrigar com sucesso coleções de homens a se envolverem no empreendimento violento, profano, sacrificial, incerto, masoquista e essencialmente absurdo conhecido como guerra. Os dois métodos levam a modos de guerrear distintos, e a distinção pode ser importante.

Intuitivamente, poderia parecer que o método mais fácil (e mais barato) para recrutar combatentes é... alistar indivíduos que se deleitam com violência e a adotam rotineiramente, ou que a empregam para se enriquecerem ou as duas coisas. Na vida civil, temos um nome para essas pessoas – criminosos... Os conflitos violentos em que pessoas desse tipo são maioria podem ser chamados de guerras criminais, uma forma em que os combatentes são induzidos a causar violência primeiramente pelo divertimento e pelo proveito material que tiram da experiência.

Os exércitos de criminosos parecem surgir por dois processos. Às vezes, os criminosos – assaltantes, bandidos, aventureiros, sequestradores de cargas, vândalos, arruaceiros, salteadores, piratas, gangsters, indivíduos fora da lei – se organizam ou se juntam em gangues, bandos ou máfias. Quando essas organizações se tornam suficientemente grandes, podem ficar parecidas com verdadeiros exércitos e agir praticamente da mesma forma como estes o fariam.

Alternativamente, os exércitos criminosos podem ser formados quando um governante precisa de combatentes para levar a termo uma guerra e conclui que empregar ou recrutar criminosos e bandidos é o método mais eficaz para conseguir isso. Neste caso, os criminosos e bandidos agem essencialmente como mercenários.

Acontece, porém, que criminosos e bandidos tendem a ser guerreiros indesejáveis. Para começar, são frequentemente difíceis de controlar. São desordeiros, indisciplinados, desobedientes e rebeldes, cometendo frequentemente, em serviço ou fora dele, crimes não autorizados que podem ser prejudiciais ou mesmo deletérios para a ação militar.

O mais importante é que criminosos tendem a ser pouco dispostos a resistir e combater quando as situações se tornam perigosas, e muitas vezes simplesmente desertam, quando há uma oportunidade que coincide com seus caprichos. O crime comum, afinal de contas, faz vítimas entre os fracos – velhinhas e não atletas sarados – e criminosos com frequência mostram ser executores prontos e eficientes de pessoas indefesas. Mas, quando aparecem os guardas, estão sempre prontos para fugir. O lema para o criminoso, afinal, não é uma variante de "Semper fi", "Um por todos e todos por um", "Dever, honra, pátria", "Banzai" ou "Lembrem-se de Pearl Harbour",* mas "Pega a grana e dá no pé"...

Esses problemas com o emprego de criminosos como combatentes levaram a esforços para recrutar pessoas comuns – pessoas que, à diferença dos criminosos e bandidos, não cometem violências em nenhum outro momento da vida.

O resultado tem sido o desenvolvimento de um guerrear disciplinado, no qual os homens infligem a violência em geral não por diversão e interesse, mas porque seu treinamento e doutrinação incutiram neles a necessidade de obedecer ordens; de observar um código de honra coerentemente orientado e cuidadosamente restritivo; de buscar a glória e a reputação em combate; de amar, honrar ou temer seus oficiais; de acreditar numa causa; de temer a vergonha, humilhação e custos da rendição; ou, em particular, de ser leal a e merecer a lealdade de seus companheiros de armas.

Não há como entender errado quais são os temas da discussão de Mueller; ele os diz com todas as letras. Um deles, ele chama de guerra criminosa, e então o esmiúça em seis parágrafos seguidos. Ele começa por nos lembrar o que é um criminoso e por explicar como funciona a guerra quando fica por conta de criminosos. Os dois parágrafos seguintes elaboram cada um dos modos de formar exércitos criminosos, e os dois seguintes explicam os dois problemas que os exércitos de criminosos colocam para os chefes, um problema em cada parágrafo. Esses problemas levam naturalmente Mueller a seu segundo tema, a guerra disciplinada, que ele explica nos dois parágrafos que seguem.

---

* N.T.: "Semper Fi", isto é, "Sempre Fiéis", é o lema da Marinha dos Estados Unidos. As fórmulas seguintes são, respectivamente, o lema dos mosqueteiros de Dumas, o da Academia Militar de West Point, o das forças japonesas que atuaram no pacífico durante a Segunda Guerra Mundial e o título de um hino que celebra as vítimas do ataque japonês a Pearl Harbour.

A discussão de cada tema é coerente não só porque é localizada num segmento de parágrafos consecutivos, mas também porque se refere ao tema usando termos relacionados entre si de forma transparente. Numa sequência temática, encontramos palavras como *criminals, criminal warfare, crime, fun, profit, gangs, mafias, thugs, mercenaries, troublemakers, preys on the weak, executioners, violence, desertion, flight, whim, opportunity* e *run* [*criminosos, guerra criminosa, crime, diversão, interesse, gangues, máfias, bandidos, mercenários, desordeiros, assalto contra os fracos, executores, violência, deserção, fugir, capricho, ocasião* e *dar no pé*]. Na outra, temos *ordinary men, training, indoctrination, honor, glory, reputation, shame, loyalty, code* e *believe in a cause* [*homens comuns, treinamento, doutrinação, honra, glória, reputação, vergonha, lealdade, código* e *acreditar numa causa*]. Não há dificuldade em saber o que liga entre si as palavras de cada grupo, ao contrário do que aconteceu com as de Keegan, *Clausewitz, culture, states, policy, Enlightenment, political animal, criminal justice, monotheistic religions, Aristotle* [*Clausewitz, cultura, Estados, política, Iluminismo, animal político, justiça criminal, religiões monoteístas, Aristóteles*] e assim por diante. Os caminhos que ligam entre si as palavras de Mueller são óbvios.

A coerência temática da exposição de Mueller é uma consequência feliz de ele ter usado o estilo clássico, particularmente o imperativo de mostrar em vez de contar. Assim que vemos os bandidos vitimando velhinhas e fugindo quando aparece a polícia, avaliamos como um exército composto de homens desse tipo atuaria. Também vemos como o governante de um Estado moderno procuraria um modo mais confiável de mostrar força para promover seus interesses, a saber montando um exército moderno bem treinado. Podemos até mesmo compreender como, para esses Estados modernos, a guerra pode vir a ser a continuação da política por outros meios.

Em todos os meus exemplos anteriores de escrita ruim, eu mexi com alvos fáceis: jornalistas pressionados pelo horário de fechamento do jornal, intelectuais empolados, picaretas corporativos, um ocasional estudante inexperiente. Como poderia um autor festejado como John Keegan, um homem que apresenta frequentes relances de sagacidade como escritor, servir de amostra de uma redação incoerente, perdendo na comparação para o sujeito que vende sementes para pássaros em Cape Cod? Parte da resposta é que os leitores homens estarão dispostos a enfrentar muita coisa num livro chamado *A History of Warfare*. Mas a maior parte do problema vem exatamente da competência que tornava Keegan tão qualificado para escrever o livro. Mergulhado como ele estava no estudo da guerra, tornou-se vítima do narcisismo profissional e foi capaz de confundir a História da Guerra com a História de um Grande Homem Em Meu Campo Que É Muito Citado Quando O Assunto É A Guerra. E ao final de uma vida de ensino, ele estava tão carregado de erudição que suas ideias se atropelavam como numa avalanche, mais depressa do que ele poderia organizá-las.

Há uma grande diferença entre uma passagem de escrita coerente e a ostentação da erudição, um diário de pensamentos ou uma versão publicada de anotações. Um texto coerente é um objeto planejado: uma árvore ordenada de seções dentro de seções, atravessada em várias direções por arcos que recuperam tópicos, objetivos, agentes e temas, e unida por conectores que ligam uma proposição à seguinte. Como outros objetos planejados, um texto coerente não fica pronto por acaso, mas requer a elaboração de um roteiro, atenção para o detalhe e um senso geral de harmonia e equilíbrio.

## NOTAS

[1] Tirado na maior parte de Lederer, 1987.
[2] Wolf & Gibson, 2006.
[3] Bransford & Johnson, 1972.
[4] M. O'Connor, "Surviving winter: Heron", *The Cape Codder*, 28 de fev. de 2003; reimpresso em Pinker, 2004.
[5] Huddleston & Pullum, 2002; Huddleston & Pullum, 2005.
[6] Huddleston & Pullum, 2002; Huddleston & Pullum, 2005.
[7] Gordon & Hendrick, 1998.
[8] Tirado na maior parte de Lederer, 1987.
[9] Garrod & Sanford, 1977; Gordon & Hendrick, 1998.
[10] Hume, 1748/1999.
[11] Grosz, Joshi & Weinstein, 1995; Hobbs, 1979; Kehler, 2002; Wolf & Gibson, 2006. As conexões de ideias de Hume, conforme sua explicação original, não são idênticas às que Kehler distingue, mas sua tricotomia é útil para organizar as relações de coerência.
[12] Clark & Clark, 1968; Miller & Johnson-Laird, 1976.
[13] Grosz, Joshi & Weinstein, 1995; Hobbs, 1979; Kehler, 2002; Wolf & Gibson, 2006.
[14] Kamalski, Sanders & Lentz, 2008.

[15] Peg Tyre, "The writing revolution", *The Atlantic*, out. 2012. http://www.theatlantic.com/magazine/archive/2012/10/the-writing-revolution/309090/.

[16] Keegan, 1993, p. 3.

[17] Clark & Chase, 1972; Gilbert, 1991; Huddleston & Pullum, 2002; Huddleston & Pullum, 2005; Miller & Johnson-Laird, 1976; Horn, 2001.

[18] Gilbert, 1991; Goldstein, 2006; Spinoza, 1677/ 2000.

[19] Gilbert, 1991; Wegner et al., 1987.

[20] Clark & Chase, 1972; Gilbert, 1991; Miller & Johnson-Laird, 1976.

[21] Huddleston & Pullum, 2002.

[22] Liberman & Pullum, 2006; ver também numerosas postagens sobre *"misnegation"* no blog *Language Log*, http://languagelog.ldc.upenn.edu/nll/.

[23] Wason, 1965.

[24] Huddleston & Pullum, 2002.

[25] Huddleston & Pullum, 2002.

[26] Para sermos exatos, ele disse *"We choose to go to the moon in this decade and do the other things, not because they are easy, but because they are hard…"* ["Estamos escolhendo ir para a lua nesta década e fazer as outras coisas não por serem fáceis, mas por serem difíceis"] http://er.jsc.nasa.Gov/seh/ricetalk.htm.

[27] Keegan, 1993, pp. 3-4.

[28] Keegan, 1993, p. 5.

[29] Keegan, 1993, p. 12.

[30] Williams, 1990.

[31] Mueller, 2004, pp. 16-18.

# *Agradecimentos*

Sou grato a muitas pessoas por terem melhorado meu entendimento do que é estilo, bem como este *Guia de escrita*.

Durante três décadas, Katya Rice me ensinou muito do que sei sobre estilo, revisando seis de meus livros com precisão, ponderação e bom gosto. Antes de revisar este, ela o leu na condição de consultora, detectando problemas e oferecendo sábios conselhos.

Tenho a sorte de estar casado com minha escritora preferida. Além de inspirar-me com seu próprio estilo, Rebecca Newberger Goldstein incentivou este projeto, comentou com perícia o manuscrito e pensou o título.

Muitos acadêmicos tem o lamentável hábito de usar a expressão *"my mother"* como uma denominação prototípica de leitor pouco exigente. Minha mãe, Rosalyn Pinker, é uma leitora exigente, e eu tirei proveito de suas observações agudas sobre o uso corrente da língua, dos numerosos artigos sobre língua e linguagem que ela me mandou ao longo de décadas e de seus comentários incisivos sobre meu manuscrito.

Les Perelman foi diretor do programa Writing Across the Curriculum no MIT durante as duas décadas em que trabalhei naquela instituição, e me ofereceu apoio e aconselhamento de valor inestimável sobre ensinar estudantes universitários a escrever. De Jane Rosenzweig, diretora do Writing Center da Universidade de Harvard, tenho recebido um incentivo igualmente encorajador, e os comentários de ambos sobre o manuscrito foram muito proveitosos.

Meus agradecimentos vão também para Erin Driver-Linn e Samuel Moulton, da Harvard Initiative for Learning & Teaching.

A *Cambridge Grammar of the English Language* e o *American Heritage Dictionary*, quinta edição, são duas grandes realizações do ensino universitário do século xxi, e fui abençoado com conselhos e comentários de seus supervisores, Rodney Huddleston e Geoffrey Pullum, coautores da *Cambridge Grammar*, e de Steven Kleinelder, editor executivo do AHD. Agradeço também a Joseph Pickett, antigo editor executivo do AHD, que me convidou a assumir o Usage Panel e me deu uma visão de *insider* de como é feito um dicionário, bem como aos editores atuais, Peter Chipman e Louise Robbins.

Como se toda essa competência não bastasse, beneficiei-me dos comentários de outros colegas sábios e eruditos. Ernest Davis, James Donaldson, Edward Gibson, Jane Grimshaw, John R. Hayes, Oliver Kamm, Gary Marcus e Jeffrey Watumull ofereceram comentários penetrantes sobre a primeira versão. Paul Adams, Christopher Chabris, Philip Corbett, James Engell, Nicholas Epley, Peter C. Gordon, Michael Hallsworth, David Halpern, Joshua Hartshorne, Samuel Jay Keyser, Stephen Kosslyn, Andrea Lunsford, Liz Lutgendorff, John Maguire, Jean-Baptiste Michel, Debra Poole, Jesse Snedeker e Daniel Wegner responderam a consultas que fiz e me encaminharam para pesquisas relevantes. Muitos dos exemplos do livro foram sugeridos por Ben Backus, Lila Gleitman, Katherine Hobbs, Yael Goldstein Love, Ilavenil Subbiah, e autores de e-mails que são tantos que é impossível listar nominalmente. Faço um agradecimento especial a Ilavenil, pelas muitas e sutis variações e matizes do uso para os quais me chamou a atenção ao longo dos anos e por ter esquematizado os diagramas e árvores deste livro.

Meus editores na Penguin, Wendy Wolf nos Estados Unidos, Thomas Penn e Stefan McGrath no Reino Unido, e meu agente literário, John Brockman, apoiaram este projeto em todas as fases, e Wendy ofereceu crítica e aconselhamento detalhados sobre a primeira versão.

Sou grato também a outros membros de minha família pelo amor e apoio recebido: meu pai, Harry Pinker; minhas enteadas, Yael Goldstein Love e Danielle Blau; minha sobrinha e sobrinhos; meus cunhados, Martin e Kris; e finalmente meus irmãos Susan Pinker e Robert Pinker, a quem este livro é dedicado.

# Glossário

**adjetivo** (adjective). A **classe gramatical** de palavras que se referem tipicamente a uma propriedade ou a um estado: *big, round, green, afraid, gratuitous, hesitant* [*grande, redondo, verde, assustado, gratuito, hesitante*].

**advérbio** (adverb). A **classe gramatical** de palavras que modificam verbos, adjetivos, preposições e outros advérbios: *tenderly, cleverly, hopefuully, very, almost* [*carinhosamente, astutamente, desejavelmente, muito, quase*].

**artigos** (article). Uma pequena classe de palavras, da qual fazem parte o artigo definido *the* [*o, a, os, as*] e os artigos indefinidos *a, an* e *some* [*um, uma, uns, umas*], cuja função é marcar a definitude de uma frase nominal A *Cambrigde Grammar* subsume os artigos na categoria maior dos determinativos, que inclui além deles **quantificadores** e demonstrativos como *this* [*este, esta, isto*] e *that* [*esse, essa, isso, aquele, aquela, aquilo*].

**auxiliar** (auxiliary). Verbos de um tipo especial que veiculam informações relevantes para a verdade da oração, incluindo informações de **tempo**, **modo** e negação. *She doesn't love you, I am resting, Bob was criticized, The train has left the station, You should call, I will survive.* [---, *Estou descansando, Bob foi criticado, O trem acaba de sair da estação, Você deveria ligar, Eu vou sobreviver.*]

---

N.T.: Este glossário é uma explicação sucinta da terminologia gramatical empregada no livro. Conforme o autor declara em vários momentos, essa explicação se baseia na *Cambridge Grammar of English Language*, considerada uma das mais importantes sistematizações gramaticais disponíveis para o inglês. **Seria um equívoco esperar que essa sistematização – e a terminologia que a expressa – se apliquem de maneira automática ao português**, que é outra língua e tem uma estrutura gramatical parcialmente diferente.

# Guia de escrita

**auxiliar de modo** (modal auxiliary). Os auxiliares *will, would, can, could, may, might, shall, should, must* e *ought* [que se traduzem em português pelos morfemas do futuro ou pelas formas conjugadas dos verbos *poder* e *dever*]. Eles denotam necessidade, possibilidade, obrigação, tempo futuro e outros conceitos relacionados a modalidades.

**caso** (case). Marca que se aplica a um substantivo para indicar sua **função gramatical**, incluindo o caso nominativo (para os sujeitos), o caso genitivo (para os determinantes, incluindo os possessivos) e o caso acusativo (para os objetos e tudo mais). Em inglês, o caso é marcado somente nos pronomes (nominativo *I, he, she, we* e *they* [*eu, ela, nós* e *eles*]; acusativo *me, him, her, us* e *them* [*me, -o, -a* e *-os*]; e genitivo *my, your, his, her, our* e *their* [*meu, teu, seu, nosso* e *seu*]), exceto para o genitivo, que pode ser marcado pelos sufixos *'s* nas frases nominais singulares e *s'* nas frases nominais plurais.

**categoria gramatical** (grammatical category). Cada uma das classes formadas por palavras que são intercambiáveis em suas posições sintáticas e no modo como são flexionadas: **substantivo** ["noun"], **verbo, adjetivo, advérbio, preposição, determinativo** (incluindo os **artigos**), **coordenador, subordinador, interjeição.** As categorias gramaticais são também chamadas **classes de palavras** e **partes do discurso.**

**complemento** (complement). Uma frase que pode ou precisa aparecer junto a um núcleo, completando seu sentido: *smell the glove* [N.T.: "Smell the glove" é o título de um álbum da banda de rock Spinal Tap.]; *scoot into the cave; I thought you were dead; a Picture of Mabel; proud of his daughter* [*cheirar a luva, mandar-se para dentro da caverna; eu pensava que você estivesse morto; uma pintura de Mabel; orgulhoso de sua filha*].

**concordância** (agreeement). Alterações na forma de uma palavra para coincidir com alguma outra palavra ou frase. Em inglês, um verbo no tempo presente precisa concordar em pessoa e número com o sujeito: *I snicker; He snickers; They snicker* [*Eu rio; Ele ri; Eles riem*].

**conectivo de coerência** (coherence connective). Uma palavra, frase ou sinal de pontuação que assinala a relação semântica entre uma oração ou um trecho e os que precedem: *Anna eats a lot of broccoli, because she likes the taste. Moreover, she thinks it's healthy. In contrast, Emile never touches the stuff. And neither does Anna's son.* [*Ana come um monte de brócoli porque gosta do sabor. Além disso, acredita que isso faz bem à saúde. Ao contrário, Emile nunca toca nessa comida. E o filho de Ana também não*].

**conjunção** (conjunction). É o termo tradicional para a classe gramatical das palavras que ligam duas frases, incluindo as conjunções coordenativas (*and, or, nor, but, yet, so* [*e, ou, nem, mas, contudo, portanto*]) e as subordinativas (*whether, if, to* [traduções possíveis: *se, se, para* ]). Seguindo a *Cambridge Grammar,* uso em vez disso os termos **coordenador** e **subordinador.**

**coordenação** (coordination). Uma frase que comporta duas ou mais frases com a mesma função, usualmente ligadas por um coordenador: *parsley, sage, rosemary and thyme* [*salsinha, sálvia, alecrim e timo*]; *She is poor but honest* [*Ela é pobre mas honesta*]; *To live and die in LA* [*Viver e morrer em Los Angeles*]; *Should I stay or should I go?* [*Devo ficar ou devo ir?*]; *I came, I saw, I conquered* [*Vim, vi, venci*].

**coordenador** (coordinator). A categoria gramatical das palavras que unem duas ou mais frases com a mesma função, como *and, or, nor, but, yet, and so* [*e, ou, nem, mas, porém* e *portanto*].

## Glossário

**definitude** (definiteness). Uma característica semântica marcada pelo determinante de uma frase nominal, que indica se o conteúdo do núcleo é suficiente para identificar o referente no contexto. Se eu digo *I bought the car* [*Comprei o carro*] (definido), estou assumindo que você já sabe de que carro estou falando; se eu digo *I bought a car* [*Comprei um carro*] (indefinido), estou apresentando-o a você pela primeira vez.

**determinante** (determiner). A parte da frase nominal que ajuda a determinar o referente do substantivo núcleo, respondendo à pergunta "Qual deles?" ou "Quantos?" A função de determinante é desempenhada por artigos (*a, an, the, this, that, these, those* [*um, um, o, este aquele, estes, aqueles*]), quantificadores (*some, any, many, few, one, two, three* [*alguns, quaisquer, muitos, poucos, um, dois, três*]) e genitivos (*my mother; Sara's iPhone* [*minha mãe, o iPhone de Sara*]). Note-se que **determinante** é uma **função gramatical**; **determinativo** é uma **categoria gramatical**.

**determinativo** (determinative). É o nome que a *Cambridge Grammar* usa para a **classe grammatical** das palavras que podem funcionar como **determinantes**, incluindo os **artigos** e os **quantificadores**.

**discurso** (discourse). Uma sequência conexa de sentenças, como uma conversa, um parágrafo, uma carta, uma mensagem ou um ensaio.

**formação de palavras** (word formation). Também chamada de morfologia: o componente da gramática que estuda as alterações na forma das palavras (*rip → ripped* [*rasgam, rasgaram*]) ou que cria palavras novas a partir de palavras já existentes (*a demagogue → to demagogue ; priority → prioritize; crowd + source → crowdsource* [*um demagogo → fazer demagogia*]. [N.T.: *crowdsource* combina *crowd* e *source*, isto é, "multidão" e "fonte", e é hoje usada para indicar uma forma de terceirização.]

**frase** (phrase). Qualquer grupo de palavras que, numa sentença, se comporta como uma unidade e que, tipicamente, tem algum sentido coerente: *in the dark; the man in the gray suit; dancing in the dark; afraid of the wolf* [*no escuro; o homem de terno cinza; dançando no escuro; com medo do lobo*].

**frase nominal** (noun phrase). Uma frase encabeçada por um substantivo: *Jeff; the muskrat; the man who would be king; anything you want* [*Jeff; o rato almiscarado; o homem que se tornaria rei; qualquer coisa que você queira*].

**frase verbal** (verb phrase). Frase encabeçada por um verbo, que inclui o verbo mais seus **complementos** e **adjuntos** *He tried to kick the football; I thought I saw a pussycat; I am Strong* [*Ele chutou a bola; (Eu) pensei ter visto um gatinho; Eu sou forte*].

**função gramatical** (grammatical function). Cada um dos papéis que uma frase desempenha no interior de uma frase maior, entre os quais se incluem os de sujeito, objeto, predicado e determinante.

**genitivo** (genitive). Termo técnico para aquilo que é chamado informalmente de caso "possessivo", a saber, o caso de um substantivo que funciona como determinante, como *Ed's head* [*a cabeça de Ed*] ou *my theory* [*minha teoria*]. É marcado em inglês pela escolha de certos pronomes (*my, your, his, her, their* etc. [*meu, teu, dele, dela, deles, delas* etc.]) e, com todas as outras frases nominais, pelos sufixos *'s* ou *s'*: *John's guitar* [*a guitarra de John*]; *The Troggs' drummer* [*o baterista dos Troggs*].

**governo** (government). Um termo tradicional que designa genericamente as maneiras como o núcleo de uma frase pode determinar as propriedades gramaticais de outras palavras da mesma frase, incluindo concordância, marcação de caso e a seleção de complementos. [N.T.: Outro termo não exatamente equivalente é **regência**].

**Gramática de Cambridge** (*Cambridge Grammar*). Trata-se da *Cambridge Grammar of the English Language*, uma obra de referência de 2002, escrita pelos linguistas Rodney Huddleston e Geoffrey Pullum em colaboração com mais 13 linguistas. Utiliza a Linguística moderna para fornecer análises sistemáticas praticamente de qualquer construção gramatical do inglês. No presente livro, a terminologia e as análises baseiam-se na *Gramática de Cambridge*.

**hipercorreção** (hypercorrection). A extensão indevida de uma regra prescritiva mal assimilada a casos em que não se aplica, como em *I feel terribly; They planned a party for she and her husband; one fewer car; Whomever did this should be punished.* [*Eu me sinto horrível; Planejaram uma festa para ela e seu marido; Um carro a menos Quem quer que tenha feito isso precisa ser punido.* [N.T.: A forma correta para estas frases seria *I feel terrible; They planned a party for her and her husband; one less car; Whoever did this should be punished.* Nas traduções, a hipercorreção não se mantém.]

**intonação** (intonation). A melodia, ou seja, o contorno de altura da fala.

**intransitivo** (intransitive). Verbo que não aceita objeto direto: *Martha fainted; The chipmunk darted under the car* [*Marta desmaiou; O esquilo correu pra baixo do carro*].

**metadiscurso** (metadiscourse). Palavras que se referem ao discurso que está em andamento: *To sum up; In this essay I will make the following seventeen points; But I digress* [*Para resumir; Neste ensaio, vou tratar dos dezessete pontos seguintes; Mas estou saindo do assunto*].

**metro** (meter). O ritmo de uma palavra ou conjunto de palavras, que consiste num padrão de sílabas fortes e sílabas fracas.

**modalidade** (modality). Aspectos do sentido relevantes para o *status* factual de uma proposição, por exemplo, se ela está sendo assertada como um fato, sugerida como uma possibilidade, colocada como uma pergunta ou baixada como uma ordem, um pedido ou uma obrigação. São estes os sentidos expressos pelo sistema gramatical do **modo**.

**modificador** (modifier). Frase opcional que faz comentários ou agrega informação a um núcleo: *a nice boy; See you in the morning; the house that everyone tiptoes past* [*um rapaz legal; Vejo você amanhã de manhã; a casa pela qual todos passam na ponta dos pés.*]

**nominalização** (nominalization). Um nome formado a partir de um verbo ou de um adjetivo: *a cancellation, a fail, an enactment* [*um cancelamento, uma falha, uma promulgação.*

**núcleo** (head). Numa frase, a palavra que determina o sentido e as propriedades da frase como um todo: *the man who knew too much* [*o homem que sabia demais*]; *give a moose a muffin* [*dê ao alce um muffin*]; *afraid of his own shadow* [*temeroso de sua própria sombra*]; *under the boardwalk* [*abaixo do calçadão*]). [N.T.: "Under the boardwalk" é o título de uma canção lançada na década de 1960 pelo conjunto Drifters. "The man who knew too much" é o título de um célebre *thriller* de Alfred Hitchcock, estrelado por James Stewart e Doris Day.]

**objeto** (object). Um complemento que segue um verbo ou uma preposição, indicando habitualmente uma entidade que é essencial para a definição da ação, estado ou situação: *spank the monkey; prove the theorem; into the cave; before the party* [*espancar o macaco; provar o teorema; para dentro da caverna; antes da festa*]. Inclui objetos **diretos**, **indiretos** e **oblíquos**.

# Glossário

**objeto direto** (direct object). O objeto do verbo (ou, se o verbo tem dois objetos, o segundo dos dois) inicando habitualmente a entidade que é diretamente movida ou afetada pela ação (*spank the monkey*; *If you give a muffin to a moose*; *If you give a moose a muffin*; *Cry me a river* [espancar *o macaco*; se você der *um muffin* a um alce; se você der a um alce *um muffin*; Chore *um rio (de lágrimas)* por mim]).

**objeto indireto** (indirect object). O primeiro dos dois objetos consecutivos de um verbo, que indica habitualmente o receptor ou beneficiário: *If you give a moose a muffin*; *Cry me a river* [Se você der *a um alce* um muffin; Chore *para mim* um rio (de lágrimas)] [N.T.: Essa definição de objeto indireto baseada na ordem não vale, para o português, onde sequência objeto direto → objeto indireto é possível, e mais frequente].

**objeto oblíquo** (oblique object). O objeto de uma preposição: *under the door* [sob *a porta*].

**oração** (clause). O tipo de frase que corresponde a uma sentença, independentemente de aparecer isoladamente ou estar encaixada numa sentença maior: *Ethan likes figs*; *I wonder whether Ethan likes figs*; *The boy who likes figs is here*; *The claim that Ethan likes figs is false*. [*Ethan gosta de figos*; Eu me pergunto *se Ethan gosta de figos*; O rapaz *que gosta de figos* está aqui; A afirmação de *que Ethan gosta de figos* é falsa].

**oração principal** (main clause). A oração que expressa a principal asserção de uma sentença, e na qual podem estar encaixadas orações subordinadas: *She thinks [I am crazy]*; *Peter repeated the gossip [that Melissa was pregnant] to Sherry* [Ela pensa [que eu estou louco]; Peter repetiu a fofoca [de que Melissa está grávida] a Sherry].

**oração relativa** (relative clause). Oração que modifica um substantivo, contendo frequentemente uma lacuna que indica o papel que o substantivo desempenha no interior dessa frase: *five fat guys who .....rock*; *a clause that..... modifies a noun*; *women we love....*; *violet eyes to die for.....*; *fruits for the crows to pluck.....* [cinco caras gordos *que..... balançam*; uma oração *que.....modifica um substantivo*; mulheres *que amamos.....*; olhos violetas *que morremos por...*; frutas *para os corvos bicarem .....*] [N.T.: "Violet eyes to die for" é parte do título de uma história em quadrinhos de G.B. Trudeau.]

**parte do discurso** (part of speech). Termo tradicional para uma **categoria gramatical**.

**pé** (foot). Uma sequência de sílabas pronunciadas como uma unidade, e com um ritmo específico: *The SUN/ did not shine / It was TOO / wet to PLAY*.

**pessoa** (person). Distinção gramatical entre o falante (primeira pessoa), o destinatário (segunda pessoa) e aqueles que não participam da conversação (terceira pessoa). É marcada somente nos pronomes: primeira pessoa: *I, me, we, us, my, our*; segunda pessoa *you, your*; terceira pessoa, *he, him, she, her, they, their, it, its*. [Eu, me, nós, nos, meu, nosso / você, seu / ele, -o, ela, -a, eles, elas, seu].

**predicado** (predicate). A função gramatical de uma frase verbal correspondente a um estado, acontecimento ou relação assertados como verdadeiros do sujeito: *The boys are back in town*; *Tex is tall*; *The baby ate a slug* [Os rapazes *estão de volta à cidade* / Tex é *alto* /O bebê *comeu uma lesma*]. Às vezes, o termo é também usado para referir-se ao verbo que encabeça o predicado (por exemplo, *ate*) ou, se o verbo é *to be* [ser], para indicar o verbo, substantivo, adjetivo ou preposição que encabeça seu complemento (por exemplo, *tall* [alto]).

**preposição** (preposition). A **categoria gramatical** das palavras que, tipicamente, expressam relações espaciais ou temporais: *in, on, at, near, by, for, under, before, after, up* [em, sobre, junto a, perto de, por, sob, antes de, depois de, acima de].

**pronome** (pronoun). Uma pequena subcategoria de substantivos que inclui os pronomes pessoais (*I, me, my, mine, you, your, yours, he, him, his, she, her, hers, we, us, our, ours, they, them, their, theirs* [*eu, me, meu, meu, teu, teu, ele, -o, ela, dela, dela, nós, nos, nosso, nosso, eles, os, deles, deles*]) e os pronomes relativos e interrogativos (*who, whom, whose, what,which, where, why, when* [*que(m), que(m), cujo, o que, qual, onde, por que, quando*]).

**prosa clássica** (classic prose). Termo introduzido pelos estudiosos de teoria literária Francis-Noël Thomas e Mark Turner no livro de 1994, *Clear and Simple as the Truth*, para referir-se a um estilo de prosa em que se representa o escritor dirigindo a atenção do leitor para uma verdade objetiva e concreta acerca do mundo, engajando-o numa conversa. Contrasta com o estilo prático, o estilo autossuficiente, o estilo contemplativo, o estilo oracular e outros.

**prosódia** (prosody). A melodia, tempo e ritmo da fala.

**quantificador** (quantifier). A palavra (habitualmente um determinativo) que especifica o tanto ou a quantidade de um nome-núcleo: *all, some, none, any, every, each, many, most, few* [*todo(s), algum/alguns, nenhum, qualquer, todo(s), cada, muitos, a maioria, poucos*].

**semântica** (semantics). O sentido de uma palavra, frase ou sentença. Não tem a ver com a discussão de sutilezas a respeito de definições exatas.

**sintaxe** (syntax). Componente da gramática que regula o arranjo das palavras em frases e sentenças.

**subordinador** (subordinator). Uma categoria gramatical contendo um pequeno número de palavras que introduzem uma oração subordinada: *She said that it will work; I wonder whether he knows about the party; For her to stay home is unusual* [*Ela disse que a coisa vai funcionar; Eu me pergunto se ela está a par da festa; Que ela fique em casa é estranho*]. Corresponde aproximadamente à categoria tradicional das conjunções subordinativas.

**substantivo** (noun). Categoria gramatical das palavras que se referem a coisas, pessoas e outras entidades passíveis de serem nomeadas ou concebidas: *lily, joist, telephone, bargain, grace, prostitute, terror, Joshua, consciousness* [*lírio, viga, telefone, pechincha, graça, prostituta, terror, Joshua, (estado de) consciência*].

**substantivo zumbi** (zombie noun). O apelido dado por Helen Sword para uma nominalização desnecessária que esconde o agente da ação. Seu exemplo: *The proliferation of nominalizations in a discourse formation may be an indication of a tendency toward pomposity and abstraction* [*A proliferação de nominalizações na construção de um discurso pode ser indicação de uma tendência para a pompa e a abstração*] (em vez de *Writers who overload their sentences with nouns derived from verbs and adjectives tend to sound pompous and abstract* [*Os escritores que sobrecarregam suas sentenças com substantivos derivados de verbos e adjetivos tendem a parecer pomposos e abstratos*]).

**sujeito** (subject). A função gramatical da frase sobre a qual o predicado diz algo. Nas sentenças ativas com verbos de ação, corresponde ao agente ou causa da ação: *The boys are back in town; Tex is tall; The baby ate a slug; Debbie broke the violin* [*Os rapazes estão de volta à cidade; Tex é alto; O bebê comeu uma lesma; Debbie quebrou o violino*]. Na voz passiva, corresponde usualmente à entidade afetada: *A slug was eaten* [*Uma lesma foi comida*].

**tempo gramatical** (tense). A marcação no verbo que indica o tempo do estado ou evento relativamente ao momento em que a sentença é pronunciada, incluindo o tempo presente (*He mows the lawn every week* [*Ele apara a grama toda semana*]), e o tempo passado (*He mowed the lawn last week* [*Ele aparou a grama a semana passada*]). Um tempo verbal pode ter vários outros significados além de seu significado temporal padrão.

**tópico** (topic). Um tópico sentencial é a frase que indica do que trata a sentença; em inglês é normalmente o sujeito, embora possa também expressar-se mediante adjuntos como em *As for fish, I like scrod* [*Em matéria de peixes, eu gosto de peixe de carne branca*]. Um tópico **do discurso** é o assunto de que trata a conversação ou texto; pode ser mencionado reiteradamente pelo discurso afora, às vezes por meio de palavras diferentes.

**verbo** (verb). **Categoria gramatical** de palavras que se flexionam em tempo e que, com frequência, se referem a uma ação ou estado: *He kicked the football; I thought I saw a pussycat; I am Strong* [*Ele chutou a bola; Pensei ter visto um gatinho; Eu sou forte*].

**verbo denominativo** (denominal verb). Um verbo derivado de um substantivo: *He elbowed his way in; She demonized him* [literalmente: *Ele cotovelou seu caminho para entrar – elbow* = cotovelo, ou seja: *Ele abriu seu caminho às cotoveladas. Ela o demonizou* = representou como o demônio].

**voz ativa** (active voice). A forma padrão de uma oração, na qual o agente ou a causa (se houver) é o sujeito gramatical. *A rabbit bit him* [*Um coelho o mordeu*] (em oposição à **voz passiva**: *He was bitten by a rabbit* [*Ele foi mordido por um coelho*]).

**voz passiva** (passive voice). Uma das duas principais vozes do inglês. É uma construção na qual a frase que seria normalmente o objeto aparece como sujeito, e o sujeito habitual é objeto da preposição *by* [*por*], ou simplesmente desaparece. *He was bitten by a rabbitt* [*Ele foi mordido por um coelho*] (compare-se com a **voz ativa**: *A rabbit bit him* [*Um coelho o mordeu*]; *We got screwed* [*Fomos ferrados*]; *Attacked by his own supporters, he had nowere else to turn* [*Atacado por seus próprios seguidores, ele não tinha por onde sair*]).

# Referências

ADAMS, P.; HUNT, S. *Encouraging consumers to claim redress*: evidence from a field trial. London: Financial Conduct Authority, 2013.
BERNSTEIN, T. M. *The careful writer*: a modern guide to English usage. New York: Atheneum, 1965.
BEVER, T. G. The cognitive basis for linguistic structures. In: HAYES, J. R. (ed.). *Cognition and the development of language*. New York: Wiley, 1970.
BIRCH, S. A. J.; BLOOM, P. The curse of knowledge in reasoning about false beliefs. *Psychological Science*, 18, 2007, pp. 382-386.
BOCK, K.; MILLER, C. A. Broken agreement. *Cognitive Psychology*, 23, 1991, pp. 45-93.
BRANSFORD, J. D.; JOHNSON, M. K. Contextual prerequisites for understanding: some investigations of comprehension and recall. *Journal of Verbal Learning and Verbal Behavior*, 11, 1972, pp. 717-726.
CABINET OFFICE BEHAVIOURAL INSIGHTS TEAM. *Applying behavioural insights to reduce fraud, error and debt*. London: Cabinet Office Behavioural Insights Team, 2012.
CAMERER, C.; LOWENSTEIN, G.; WEBER, M. The curse of knowledge in economic settings: an experimental analysis. *Journal of Political Economy*, 97, 1989, pp. 1232-1254.
CHOMSKY, N. *Aspects of the theory of syntax*. Cambridge, Mass.: MIT Press, 1965.
CLARK, H. H.; CHASE, W. G. On the process of comparing sentences against pictures. *Cognitive Psychology*, 3, 1972, pp. 472-517.
CLARK, H. H.; CLARK, E. V. Semantic distinctions and memory for complex sentences. *Quarterly Journal of Experimental Psychology*, 20, 1968, pp. 129-138.
CONNORS, R. J.; LUNSFORD, A. A. Frequency of formal errors in current college writing, or Ma and Pa Kettle do research. *College Composition and Communication*, 39, 1988, pp. 395-409.
COOPER, W. E.; ROSS, J. R. World order. In: GROSSMAN, R. E.; SAN, L. J.; VANCE, T. J. (eds.). *Papers from the parasession on functionalism of the Chicago Linguistics Society*. Chicago: University of Chicago Press, 1975.
CUSHING, S. *Fatal words*: communication clashes and aircraft crashes. Chicago: University of Chicago Press, 1994.
DANIELS, H. A. *Famous last words*: the American language crisis reconsidered. Carbondale: Southern Illinois University Press, 1983.

Duncker, K. On problem solving. *Psychological Monographs*, 58, 1945.

Eibach, R. P.; Libby, L. K. Ideology of the good old days: exaggerated perceptions of moral decline and conservative politics. In: Jost, J. T.; Kay, A.; Thorisdottir, H. (eds.). *Social and psychological bases of ideology and system justification*. Oxford: Oxford University Press, 2009.

Epley, N. *Mindwise*: (mis)understanding what others think, believe, feel, and want. New York: Random House, 2014.

Fischhoff, B. Hindsight ≠ foresight: the effect of outcome knowledge on judgment under uncertainty. *Journal of Experimental Psychology: human perception and performance*, 1, 1975, pp. 288-299.

Florey, K. B. *Sister Bernadette's barking dog*: the quirky history and lost art of diagramming sentences. New York: Harcourt, 2006.

Fodor, J. D. Prosodic disambiguation in silent reading. Paper presented at the North East Linguistic Society, 2002a.

_____. *Psycholinguistics cannot escape prosody*, 2002b. Disponível em: <https://gc.cuny.edu/CUNY_GC/media/CUNY-Graduate-Center/PDF/Programs/Linguistics/Psycholinguistics-Cannot-Escape-Prosody.pdf>. Acesso em: 25 abr. 2016.

Freedman, A. *The party of the first part*: the curious world of legalese. New York: Henry Holt, 2007.

Garrod, S.; Sanford, A. Interpreting anaphoric relations: the integration of semantic information while reading. *Journal of Verbal Learning and Verbal Behavior*, 16, 1977, pp. 77-90.

Garvey, M. *Stylized*: a slightly obsessive history of Strunk and White's "The Elements of Style." New York: Simon & Schuster, 2009.

Gibson, E. Linguistic complexity: locality of syntactic dependencies. *Cognition*, 68, 1998, pp. 1-76.

Goldstein, R. N. *Betraying Spinoza*: the renegade Jew who gave us modernity. New York: Nextbook/ Schocken, 2006.

Gordon, P. C.; Hendrick, R. The representation and processing of coreference in discourse. *Cognitive Science*, 22, 1998, pp. 389-424.

Gordon, P. C.; Lowder, M. W. Complex sentence processing: a review of theoretical perspectives on the comprehension of relative clauses. *Language and Linguistics Compass*, 6/7, 2012, pp. 403-415.

Grice, H. P. Logic and conversation. In: Cole, P.; Morgan, J. L. (eds.). *Syntax & semantics* (Vol. 3, *Speech acts*). New York: Academic Press, 1975.

Grosz, B. J.; Joshi, A. K.; Weinstein, S. Centering: a framework for modeling the local coherence of discourse. *Computational Linguistics*, 21, 1995, pp. 203-225.

Hayes, J. R.; Bajzek, D. Understanding and reducing the knowledge effect: implications for writers. *Written Communication*, 25, 2008, pp. 104-118.

Herring, S. C. Questioning the generational divide: technological exoticism and adult construction of online youth identity. In: Buckingham, D. (ed.), *Youth, identity, and digital media*. Cambridge, Mass.: MIT Press, 2007.

Hinds, P. J. The curse of expertise: the effects of expertise and debiasing methods on predictions of novel performance. *Journal of Experimental Psychology: Applied*, 5, 1999, pp. 205-221.

Hobbs, J. R. Coherence and coreference. *Cognitive Science*, 3, 1979, pp. 67-90.

Huddleston, R.; Pullum, G. K. *The Cambridge Grammar of the English Language*. New York: Cambridge University Press, 2002.

Huddleston, R.; Pullum, G. K. *A student's introduction to English grammar*. New York: Cambridge University Press, 2005.

Hume, D. *An enquiry concerning human understanding*. New York: Oxford University Press, 1999 [1748].

Kamalski, J.; Sanders, T.; Lentz, L. Coherence marking, prior knowledge, and comprehension of informative and persuasive texts: sorting things out. *Discourse Processes*, 45, 2008, pp. 323-345.

Keegan, J. *A history of warfare*. New York: Vintage, 1993.

Kehler, A. *Coherence, reference, and the theory of grammar*. Stanford, Calif.: Center for the Study of Language and Information, 2002.

Kelley, C. M.; Jacoby, L. L. Adult egocentrism: subjective experience *versus* analytic bases for judgment. *Journal of Memory and Language*, 35, 1996, pp. 157-175.

# Referências

Keysar, B. The illusory transparency of intention: Linguistic perspective taking in text. *Cognitive Psychology*, 26, 1994, pp. 165-208.

Keysar, B.; Shen, Y.; Glucksberg, S.; Horton, W. S. Conventional language: how metaphorical is it? *Journal of Memory and Language*, 43, 2000, pp. 576-593.

Kosslyn, S. M.; Thompson, W. L.; Ganis, G. *The case for mental imagery*. New York: Oxford University Press, 2006.

Lanham, R. *Style*: an anti-textbook. Philadelphia: Paul Dry, 2007.

Lederer, R. *Anguished English*. Charleston, SC.: Wyrick, 1987.

Levy, R. Expectation-based syntactic comprehension. *Cognition*, 106, 2008, pp. 1126-1177.

Liberman, M.; Pullum, G. K. *Far from the madding gerund*: and other dispatches from Language Log. Wilsonville, Ore.: William, James & Co, 2006.

Lindgren, J. Fear of writing (review of *Texas Law Review Manual of Style*, 6th ed., and *Webster's Dictionary of English Usage*). *California Law Review*, 78, 1990, pp. 1677-1702.

Lloyd-Jones, R. Is writing worse nowadays? *University of Iowa Spectator*, April 1976.

Lunsford, A. A. Error examples. Unpublished document, Program in Writing and Rhetoric, Stanford University, 2006.

_____. Our semi-literate youth? Not so fast. Unpublished manuscript, Dept. of English, Stanford University, 2013.

Lunsford, A. A.; Lunsford, K. J. "Mistakes are a fact of life": a national comparative study. *College Composition and Communication*, 59, 2008, pp. 781-806.

Macdonald, D. The string untuned: a review of *Webster's New International Dictionary* (3rd ed.). *New Yorker*, March 10, 1962.

McNamara, D. S.; Crossley, S. A.; McCarthy, P. M. Linguistic features of writing quality. *Written Communication*, 27, 2010, pp. 57-86.

Miller, G. A.; Johnson- Laird, P. N. *Language and perception*. Cambridge, Mass.: Harvard University Press, 1976.

Mueller, J. *The remnants of war*. Ithaca, N.Y.: Cornell University Press, 2004.

Nickerson, R. S.; Baddeley, A.; Freeman, B. Are people's estimates of what other people know influenced by what they themselves know? *Acta Psychologica*, 64, 1986, pp. 245-259.

Nunberg, G. *The linguistics of punctuation*. Stanford, Calif.: Center for the Study of Language and Information, 1990.

Nunberg, G.; Briscoe, T.; Huddleston, R. Punctuation. In: Huddleston, R.; Pullum, G. K. *The Cambridge Grammar of the English Language*. New York: Cambridge University Press, 2002.

Piaget, J.; Inhelder, B. *The child's conception of space*. London: Routledge, 1956.

Pickering, M. J.; Ferreira, V. S. Structural priming: A critical review. *Psychological Bulletin*, 134, 2008, pp. 427-459.

Pickering, M. J.; Van Gompel, R. P. G. Syntactic parsing. In: Traxler, M.; Gernsbacher, M. A. (eds.). *Handbook of Psycholinguistics* (2nd ed.). Amsterdam: Elsevier, 2006.

Pinker, S. *The language instinct*. New York: HarperCollins, 1994.

_____. *How the mind works*. New York: Norton, 1997.

_____. (ed.). *Best American science and nature writing 2004*. Boston: Houghton Mifflin, 2004.

_____. *The stuff of thought*: language as a window into human nature. New York: Viking, 2007.

_____. George A. Miller (1920-2012). *American Psychologist*, 68, 2013, pp. 467-468.

Pinker, S.; Birdsong, D. Speakers' sensitivity to rules of frozen word order. *Journal of Verbal Learning and Verbal Behavior*, 18, 1979, pp. 497-508.

Poole, D. A.; Nelson, L. D.; McIntyre, M. M.; Van Bergen, N. T.; Scharphorn, J. R.; Kastely, S. M. The writing styles of admired psychologists. Unpublished manuscript, Dept. of Psychology, Central Michigan University, 2011.

Pullum, G. K. 50 years of stupid grammar advice. *Chronicle of Higher Education*, Dec. 22, 2009.

_____. The land of the free and "The Elements of Style." *EnglishToday*, 26, 2010, pp. 34-44.

Rayner, K.; Pollatsek, A. *The psychology of reading*. Englewood Cliffs, N. J.: Prentice Hall, 1989.

Ross, L.; Greene, D.; House, P. The "false consensus effect": an egocentric bias in social perception and attribution processes. *Journal of Experimental Social Psychology*, 13, 1977, pp. 279-301.

Sadoski, M. Mental imagery in reading: a sampler of some significant studies. *Reading Online*. 1998. Disponível em: <www.readingonline.org/researchSadoski.html>.

SADOSKI, M.; GOETZ, E. T.; FRITZ, J. B. Impact of concreteness on comprehensibility, interest, and memory for text: implications for dual coding theory and text design. *Journal of Educational Psychology*, 85, 1993, pp. 291-304.

SCHRIVER, K. A. What we know about expertise in professional communication. In: BERNINGER, V. (ed.). *Past, present, and future contributions of cognitive writing research to cognitive psychology*. New York: Psychology Press, 2012, pp. 275-312.

SMITH, K. *Junk English*. New York: Blast Books, 2001.

SOUKHANOV, A. *Encarta World English Dictionary*. New York: St. Martin's Press, 1999.

SPINOZA, B. *Ethics* (G. H. R. Parkinson, trans.). New York: Oxford University Press, 2000 [1677].

STRUNK, W.; WHITE, E. B. *The elements of style* (4th ed.). New York: Longman, 1999.

SUNSTEIN, C. R. *Simpler*: The future of government. New York: Simon & Schuster, 2013.

SWORD, H. *Stylish academic writing*. Cambridge, Mass.: Harvard University Press, 2012.

THURLOW, C. From statistical panic to moral panic: the metadiscursive construction and popular exaggeration of new media language in the print media. *Journal of Computer-Mediated Communication*, 11, 2006.

TRUSS, L. *Eats, shoots & leaves*: the zero tolerance approach to punctuation. London: Profile Books, 2003.

VAN ORDEN, G. C.; JOHNSTON, J. C.; HALE, B. L. Word identification in reading proceeds from spelling to sound to meaning. *Journal of Experimental Psychology: Learning, Memory, and Cognition*, 14, 1988, pp. 371-386.

WASON, P. C. The contexts of plausible denial. *Journal of Verbal Learning and Verbal Behavior*, 4, 1965, pp. 7-11.

WEGNER, D.; SCHNEIDER, D. J.; CARTER, S. R. I.; WHITE, T. L. Paradoxical effects of thought suppression. *Journal of Personality and Social Psychology*, 53, 1987, pp. 5-13.

WILLIAMS, J. M. The phenomenology of error. *College Composition and Communication*, 32, 1981, pp. 152-168.

_____. *Style*: toward clarity and grace. Chicago: University of Chicago Press, 1990.

WIMMER, H.; PERNER, J. Beliefs about beliefs: representation and constraining function of wrong beliefs in young children' s understanding of deception. *Cognition*, 13, 1983, pp. 103-128.

WOLF, F.; GIBSON, E. Parsing: an overview. In: NADEL, L. (ed.). *Encyclopedia of Cognitive science*. New York: Macmillan, 2003, pp. 465-476.

WOLF, F.; GIBSON, E. *Coherence in natural language*: data structures and applications. Cambridge, Mass.: MIT Press, 2006.

ZWICKY, A. M.; SALUS, P. H.; BINNICK, R. I.; VANEK, A. L. (eds.). *Studies out in left field*: defamatory essays presented to James D. McCawley on the occasion of his 33rd or 34th birthday. Philadelphia: John Benjamins, 1992 [1971].

# O autor

**Steven Pinker** é psicólogo e professor do Departamento de Psicologia da Universidade de Harvard. Também foi professor em Stanford e no MIT. Autor de uma dezena de livros, escreve também para diversas publicações, como *The New York Times* e *Time*. Estuda linguagem e cognição e por suas pesquisas recebeu vários prêmios acadêmicos, além de já ter sido considerado uma das 100 pessoas mais influentes no mundo pela revista *Time*.

# O tradutor

**Rodolfo Ilari** foi professor titular do Departamento de Linguística da Unicamp e de Português no Instituto de Espanhol, Português e Estudos Latino-americanos da Universidade de Estocolmo. Publicou diversos livros, entre os quais *A expressão do tempo em português*, *Introdução à semântica*, *Introdução ao estudo do léxico*, e é coautor de *Brasil no contexto* e *O português da gente* (todos publicados pela Contexto). Traduziu várias obras, entre as quais o *Dicionário de linguagem e linguística*, de R. L. Trask (Prêmio União Latina).

**GRÁFICA PAYM**
Tel. [11] 4392-3344
paym@graficapaym.com.br